国家电网公司科技资助项目
项目号：SGSDDK00KJJS1600067

U0517545

全球能源互联网制度构建
与创新战略
——以国家电网公司为例

徐向艺◎等著

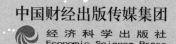

中国财经出版传媒集团
经济科学出版社
Economic Science Press

图书在版编目（CIP）数据

全球能源互联网制度构建与创新战略：以国家电网公司为例/徐向艺等著. —北京：经济科学出版社，2020.6

ISBN 978 - 7 - 5218 - 1608 - 2

Ⅰ.①全… Ⅱ.①徐… Ⅲ.①电力工业－工业企业管理－研究－中国 Ⅳ.①F426.61

中国版本图书馆 CIP 数据核字（2020）第 094055 号

责任编辑：于海汛 李 林
责任校对：隗立娜
责任印制：李 鹏 范 艳

全球能源互联网制度构建与创新战略
——以国家电网公司为例
徐向艺 等著

经济科学出版社出版、发行 新华书店经销
社址：北京市海淀区阜成路甲 28 号 邮编：100142
总编部电话：010 - 88191217 发行部电话：010 - 88191522
网址：www. esp. com. cn
电子邮箱：esp@ esp. com. cn
天猫网店：经济科学出版社旗舰店
网址：http：//jjkxcbs. tmall. com
北京季蜂印刷有限公司印装
710×1000 16 开 17.75 印张 250000 字
2020 年 6 月第 1 版 2020 年 6 月第 1 次印刷
ISBN 978 - 7 - 5218 - 1608 - 2 定价：68.00 元
（图书出现印装问题，本社负责调换。电话：010 - 88191510）
（版权所有 侵权必究 打击盗版 举报热线：010 - 88191661
QQ：2242791300 营销中心电话：010 - 88191537
电子邮箱：dbts@ esp. com. cn）

前　言

2016 年，全球能源互联网大会发布的《全球能源互联网发展合作宣言》指出：面对能源安全、环境污染和气候变化严峻挑战，根本出路是加快能源变革，实现从化石能源为主向清洁能源为主转变。全球能源互联网是以特高压电网为骨干网架、全球互联的坚强智能电网，是清洁能源在全球范围大规模开发、配置、利用的平台。构建全球能源互联网，形成清洁主导、电为中心、全球配置的能源新格局，实施清洁替代和电能替代，是实现世界能源可持续发展的必由之路，对于推动清洁发展、应对气候变化、拉动经济增长、促进世界和平具有重大意义。

但是，构建全球能源互联网，涉及世界政治、经济、能源、环境等方方面面，需要各国政府、企业加强合作。在这一背景下，2016 年，以徐向艺教授为负责人的团队，申请了国家电网有限公司科技项目——《全球能源互联网构建中宏观战略关键问题研究》课题，并获得重点资助。在国家电网公司、山东电网公司、山东省全球能源互联网协同创新中心指导下，山东大学管理学院、经济学院、政治学与公共管理学院、法学院、社会科学研究院的教授、老师们组织了项目组，严格按照项目合同书中的设计和要求展开研究。经过三年的努力工作，项目组取得如下研究成果：（1）技术总报告 1 份（37 万字）；（2）技术分报告 10 份；（3）发表论文 57 篇（其中，发表在 SSCI 来源期刊及国际学术会议上的英文论文合计 15 篇，发表在 CSSCI 来源期刊及各类核心期刊上的中文论文 28 篇，发表在其他全国类期刊及国内学术会议上的论文 14 篇）；（4）法律汇编 1 部；（5）编写案例 2 篇；（6）获奖 4 项。项目研究成果于 2018 年 10 月通过国家电网公司专家组的鉴定验收。验收专家在充分肯定本项目研究成果的基础上，同时提出了中肯、详细的指导意见。

由于整体项目研究范围广泛，内容庞大，为了使内容更加具有逻辑性、结论与政策建议更加集中并具有针对性，本书仅汇集了项目研究成果的部分内容。本书主要探讨了全球能源互联网架构下国家电网公司全球治理与制度创新战略的相关研究。基于全球能源互联网架构下的国家电网中长期发展需求，研究内容包括嵌入性视角下能源互联网与企业发展模式及成长路径的协同性进化；全球能源互联网背景下国家电网公司全球化治理路径选择；全球化背景下国家电网公司全球治理机制和评价体系；新规制经济视角下政府规制对国家电网公司治理的影响分析；国家电网公司技术、制度与管理协同创新战略研究；全球能源互联网架构下国家电网公司全球治理与制度创新的保障机制等。通过对全球能源互联网架构下国家电网公司全球治理与制度创新战略的一系列研究，探索国家电网公司全球治理路径、治理效应评价、创新协同机制等问题，并提出相应的政策措施，为全球能源互联网框架下国家电网公司治理效率提升和持续成长路径提供参考借鉴。本书的出版，是希望能够在梳理项目组前期研究成果的基础上，进一步实现科研成果的创新转化与应用，为全球能源互联网的构建提供决策支持。

本书内容的研究人员及撰稿人有徐向艺教授、张晓峰副教授、徐鹏副教授，方政副教授、王旭副教授以及张虹霓、李海石、杨英英、房林林博士。项目负责人徐向艺教授设计内容框架体系，提出研究思路，并对各章内容进行修改定稿；张晓峰副教授协助项目负责人做了大量的课题组织工作；徐鹏副教授、方政副教授、张虹霓博士对该书内容进行了梳理和技术性修改，并对项目研究做了大量事务性工作。在项目开展工作中，山东大学全球能源互联网研究院、国家电网公司、山东电网公司、山东省全球能源互联网协同创新中心、山东省电力科学院等单位领导、专家给予了无私的支持和悉心指导，我们在此表示诚挚的感谢！

徐向艺

2020 年 3 月 6 日

目 录 Contents

第一章

绪　　论

第一节　研究背景与意义

能源问题关系国计民生和人类福祉,是影响经济社会发展的全局性、战略性问题,保障能源安全是世界各国面临的共同挑战。尤其是进入 21 世纪后,大规模开发利用化石能源导致资源紧张、环境污染、气候变化诸多全球性难题,对人类生存发展构成严重威胁,建立在传统化石能源基础上的能源发展方式难以为继。加快转变能源发展方式,推进能源绿色低碳高效发展,成为我国和世界能源可持续发展的必然选择。

习近平总书记在 2014 年 6 月中央财经领导小组第六次会议上指出,面对能源供需格局新变化、国际能源发展新趋势,保障国家能源安全,必须推动能源生产和消费革命[①]。可以概括为“四个革命”“一个合作”。“四个革命”是能源消费革命、能源供给革命、能源技术革命、能源体制革命,“一个合作”就是加强全方位国际合作。这是我国能源发展的国策,为我国能源行业未来发展指明了方向,同时也为能源行业的发展提供了新的机遇。2015 年 9 月 26 日,习近平总书记在联合国发展峰会上发表重要讲话,倡议探讨构建全球能源互联网,推动以清洁和绿色方式满

---

① 人民网,http://cpc.people.com.cn/n/2014/0614/c64094 - 25147885.html.

足全球电力需求①。这是习总书记站在世界高度，继"一带一路"之后提出的又一重大倡议，是对传统能源发展观的历史超越和重大创新，是中国政府积极应对气候变化，推动联合国 2015 年后发展议程做出的重要倡议，对实现中华民族伟大复兴中国梦和人类社会可持续发展具有深远的意义。

2015 年 2 月，国家电网公司时任董事长刘振亚撰写的《全球能源互联网》一书中提出全球能源互联网计划，即"以特高压电网为骨干网架，以输送清洁能源为主导，全球互联泛在的坚强智能电网"。全球能源互联网将解决长期困扰人类发展的能源紧缺、环境污染、经济危机等问题，对世界能源可持续发展能发挥全局性、战略性引领作用。除助理清洁能源开发，在全球能源互联网的带动下，新能源、新材料、智能装备、电动汽车等新一代信息产业焕发生机，将助推新一轮工业革命。2015 年 10 月 22 日，《人民日报》刊登刘振亚《构建全球能源互联网，推动能源清洁绿色发展》一文，这是国家电网公司深刻领会习近平总书记联大峰会讲话精神的集中体现。文章指出，构建全球能源互联网是"一带一路"建设的创新发展，是推进能源革命的重大举措，是推动经济社会发展的强大引擎，是应对全球气候变化的根本途径，是促进世界和平发展的重要平台。全球能源互联网要加快"两个替代"，即在能源开发上实施清洁替代，以太阳能、风能等清洁能源替代化石能源，推动能源结构从化石能源为主向清洁能源为主转变；在能源消费上实施电能替代，以电能替代煤炭、石油、天然气等化石能源，提高电能在终端能源消费中的比重。为此，国家电网公司未来成长路径应体现"四个加快"，分别是加快我国能源互联网建设、加快清洁替代和电能替代、加快全球能源互联网技术创新和加快全球能源互联网国际合作，这是未来相当长一段时期内，国家电网发展的指导性纲领。

全球能源互联网的构建将会形成国际间大宗的电力交易，并会改变各个国家在国际能源市场的地位，甚至影响到地缘政治的变革。全球能

---

① 新华网，http://www.xinhuanet.com/world/2015-09-27/c_1116687800.htm.

源互联网不仅需要特高压、智能电网和可再生能源等领域的技术支撑，同时也离不开涉及国际能源变革及其可能产生的后续效应的分析和应对措施。需要对全球能源互联网构建中的风险与法律制约机制、知识产权，综合社会效益，乃至国家电网公司的全球治理格局等关键战略问题进行系统研究。

第二节　主要研究内容

本书结合我国能源互联网行动计划、工业 4.0 的时代背景，针对国家电网公司在全球能源互联网架构下的中长期发展需求，研究服务于"建设世界一流电网、建设国际一流企业"的具体对策和方法，提出在国家电网国际化过程中可采取的全球治理结构和持续协同创新的保障机制。通过以全球治理结构和制度创新为核心的国家电网公司中长期战略规划与实施路径的研究，切实提高国家电网公司的国际竞争力。

本书主要分为四个部分。

一、全球能源互联网对电网企业发展模式的影响分析

能源互联网是未来以电力系统为核心的能源系统的具体实现形式，对于逐渐在全球范围内推广可再生能源而言，是必不可少的重要方式。能源互联网掀起的能源革命打破了电力企业传统发展模式的市场格局。新形势下嵌入其中的以国家电网为代表的电力企业如何实现自身企业转型成长成为亟待解决的问题。本部分内容主要是通过梳理国家电网的嵌入性特征，构建国家能源互联网运行机制，并借助商业模式分析，探索性提出了"嵌入性视角下能源互联网与国家电网发展模式协同进化模型"，为电网企业成长路径转型提供可参考的建议。

第二章

全球能源互联网对电网企业
发展模式的影响分析

当前世界能源需求持续增长，以化石能源为主的传统能源发展模式难以持续，清洁化和低碳化是能源发展的方向。2000 年，美国科学家基金会首次提出能源互联网的概念，指出能源互联网是把电子技术与信息网络技术相互融合在互联网的支持下应用到电力系统（牛禄青，2015）。2012 年，美国经济学家杰里米·里夫金（Jeremy·Rifkin）在《第三次工业革命：新经济模式如何改变世界》中提到以新能源技术和互联网技术为代表的第三次工业革命正在兴起，他认为能源互联网包含五大内涵：一是持续型能源转型；二是能源多途径广泛式生产，即将地域范围内可用于再生能源生产的各种设施实现收集利用；三是科学合理储备能源，是指通过相关技术将所生产的能源实现科学合理化储存；四是合理均匀分配能源，是指在互联网模式下实现对能源使用者均匀分配；五是向新型能源交通方式转型，是指由传统、高耗能交通出行方式向清洁能源交通出行方式顺利转型，大力推广电动汽车，实现对其所需电网的构建。

由于一次能源都可以转化为电能，各种终端能源都可用电能替代，未来全球能源供应主要是清洁发电，终端能源主要是电能消费，电网必将成为各类能源开发、配置、使用的基本平台。在这场能源革命中，电力企业必将通过嵌入能源互联网参与全球能源市场的治理，通过市场竞争实现全球能源资源的再分配。本章从嵌入性视角分析能源互联网对电力企业发展模式的影响，探索能源互联网与电力企业之间协同进化格局，

6

构建国家能源互联网运行机制，进而对电力企业发展模式以及成长路径进行创新和优化，为最终实现全球能源互联网搭建平台。

第一节 "一带一路" 背景下全球能源互联网 运行机制构建[①]

一、"一带一路" 与构建全球能源互联网两大战略的耦合与互动

"一带一路"建设对于构建战略协作区和发展合作区具有非凡意义，是开展国际能源合作重要的物质支撑。在"一带一路"倡议下进一步提出的全球能源互联网（Global Energy Interconnection）建设是 21 世纪能源发展机制的重大创新，是应对世界能源可持续发展问题的必由之路，也是"一带一路"能源领域建设的重要构想。全球能源互联网实质上是"智能电网＋特高压电网＋清洁能源"，其中智能电网是基础，特高压电网是关键，清洁能源是根本。随着清洁能源经济性的快速提升，特高压输电技术更加先进成熟，智能电网技术进一步突破发展，全球电力联网将会得到前所未有的发展。当前能源资源分配不均衡的特征决定了能源资源全球配置的需求差异，而构建全球能源互联网是一项复杂的系统工程，需要政府、企业、社会组织的积极参与和共同行动。同时，在当今"互联网＋"的新型商业思维模式下，不仅已有的传统产业需要进行理念的革新和技术的创新，能源领域的不同方向的企业也应该具备互联网思维来考虑新型战略转型问题。全球能源互联网是一个开放的能源领域的生态系统，既具备了互联网的开放与包容，也要坚守能源行业与能源企业既有的稳定性。在"一带一路"沿线进行的区域性能源互联将是全球

---

① 本节内容刊于山东大学学报（理工版），2017（6）.

能源互联一次区域性的创新与尝试，需要充分依靠中国发挥自身优势与有关国家既有的、新建的双边或多边机制，建立并借助互信、互融、互赢的区域合作平台，积极发展与沿线国家的经济合作伙伴关系，共同打造利益共同体。全球能源互联网的构建，既是实现"一带一路"倡议的重要举措，也是对"一带一路"构想的丰富和具体化。

当前世界能源发展面临资源紧张、环境污染、气候变化三大难题。据国际能源署（IEA）2014 年统计数据，全球消费煤炭、石油、天然气分别达到了 82 亿吨、336 亿桶和 3.5 万亿米，依照现阶段全球开采强度而言，未来煤炭、石油和天然气资源技术可开发量仅能再开采 110 年、53 年和 54 年。全球化石能源消费总量从 1965 年的 51 亿吨标准煤增加到 2014 年的 159 亿吨标准煤，在生产、运输、存储、使用各环节，对大气、水质、土壤、地貌等造成严重污染和破坏（刘振亚，2015）。全球化石能源消费目前每年排放二氧化硫 1.2 亿吨、氮氧化物 1 亿吨。化石能源的碳排放是气候变化的主要原因，且全球二氧化碳排放总量仍以年均 2% 的速度增长。在未来想要最大程度解决这三大难题就必须走清洁发展道路，大力实施"两个替代"，优化全球能源领域内的资源配置，强化清洁能源在能源利用中的地位，全面革新全球能源需求方式。构建全球能源互联网，推动能源生产和消费革命，是能源安全发展、清洁发展、可持续发展的必由之路。

截至 2015 年底，我国风电、太阳能发电装机容量分别达到 1.283 亿千瓦、0.4157 亿千瓦，分别比 2000 年增长了 375 倍、8918 倍，新能源发展势头比预期的更快更猛。传统能源技术的进步加之绿色清洁的新能源发展，让越来越多的能源可以转化为电能。全球能源互联更是全球清洁能源全球电能的有效互联，让所有能源都转化为——电。这种清洁高效的二次能源各种终端能源都可用电能替代，实施电能替代对于提高终端能源利用效率具有显著优势。

现阶段世界各国不仅正在积极推动以清洁低碳为核心的能源转型，纷纷制定清洁能源发展目标和规划。而且在智能电网领域，许多国家加快建设和升级改造，努力提高电网的灵活性、适应性和自愈能力。区域性电网互联趋势日益加快，欧洲超级电网、东北亚互联电网、北非向欧洲输电的"沙漠太阳能计划"等正在积极研究推进。中国在能源转型发展方面开展了富有成效的工作，水电、风电和太阳能发电装机容量居世界首位，成功研发了特高压技术和装备，已商业化运营九条特高压交直流工程，为推进跨国跨洲联网提供了可行的技术选择。各国实践表明，当前建设全球能源互联网已具备良好基础和条件。

全球能源互联网的构建大体可分为国内互联、洲内互联、洲际互联三个阶段。按全球能源互联网合作组织（GEIDCO）的构想，到 2020 年，是通过推广"特高压"技术加快各国国内电网互联并进一步加快世界领域内的清洁能源开发利用的建设时期；到 2030 年，加快洲际能源领域的合作与互联，推动洲内能源基地开发和电网跨国互联；到 2050 年，在进一步完善多洲际能源互联的基础上加快"一极一道"能源基地开发，基本建成一个涵盖世界几大洲的全球能源互联网。如表 2－1 列示了全球能源互联网在如何通过洲内互联基础上，畅想建设的洲际之间的网络互联。

表 2－1　　　　　　　　　全球能源互联网构想

亚洲电网	东北亚	形成中韩日俄四国环网结构	亚欧非互联	欧洲电网	围绕负荷中心，建设洲内及跨洲输电通道，形成密集网格状结构，实现北欧水电、北海风电以及北非太阳能、亚洲太阳能和风电的受入和消纳
	中亚	建设东、西2个纵向输电通道与南亚、西亚联网		亚欧	南、北2个横向通道（北通道：中国－中亚－欧洲；南通道：南亚－西亚－欧洲）
	南亚	形成南、北2个横向输电通道		亚非	南、北2个横向通道（北通道：埃及－以色列；南通道：埃及－沙特）
	东南亚	依托中南半岛形成环网结构		欧非	东通道：埃及－希腊；中通道：阿尔及利亚/突尼斯－意大利；西通道：摩洛哥/阿尔及利亚－西班牙/葡萄牙）
	西亚	围绕阿拉伯半岛形成环网结构			

续表

非洲电网	北部	向北外送欧洲、向东与亚洲互联互济	美洲电网	北美洲 - 南美洲	通过巴拿马～哥伦比亚，实现跨洲联网。远期，可经美国～古巴～多米尼加～委内瑞拉实现联网
	北部与中部	形成东、中、西 3 个联网通道		南美洲	形成东西海岸纵向通道、中部横向通道，总体形成大环网结构
	中部与南部	形成东、西 2 个联网通道		北美洲	形成东部和西部纵向通道、中西部至东西海岸多个横向通道，温哥华南部与南美洲电网互联。远期，东部受入北极风电、西部经阿拉斯加与亚洲电网互联

资料来源：笔者根据全球能源互联网合作组织（GEIDCO）相关资料整理。

在全球范围内，构建全球能源互联网的战略构想得到日益广泛的认同，规划研究、技术探讨、政策设计、合作交流等相关工作正在不同层面以不同方式展开（刘振亚，2015）。2017 年 5 月 14 日，中国国家主席习近平在"一带一路"国际合作高峰论坛开幕式上指出，"一带一路"倡议的提出是落实并践行全球能源洲际互联的重要途径，沿线各国要借助"一带一路"建设契机，以能源开发为切入点，促进产业合作，推动沿线周边国家能源战略布局，深化国家间的战略合作关系，提高自身在能源市场中的地位①。

二、全球能源互联网建设现状透视与问题分析

全球能源互联网是一项全球电力能源系统领域内的具有变革性的世纪性"工程"，不仅需要完善各国国内电力网的建设也需要在洲际之间进

---

① 新华网，http：//www.xinhuanet.com/world/2015 - 09/27/c_1116687800.htm.

行电力网络建设。构建全球能源互联网需要连接"一极一道"（北极、赤道）大型能源基地，适应各种集中式、分布式电源，能够将风能、太阳能、海洋能等可再生能源输送到各类用户，是服务范围广、配置能力强、安全可靠性高、绿色低碳的全球能源配置平台，具有网架坚强、广泛互联、高度智能、开放互动的特征。当前世界能源领域范围内，智能电网的可靠性、适应性、互动性已全面提升。智能电网通过应用先进的电力电子技术、自动控制技术、信息技术和互联网技术，将多种能源、储能设备、各类负荷相连，将逐步实现电源、电网和用户的深度互动。在电源侧，新能源发电功率预测、并网仿真分析和调度控制水平进一步提升，实现高比例新能源的可预测、可控制、可调度；在用户侧，实现多类型分布式电源、多样负荷和微网的灵活友好接入，推动能源消费从单向被动接受的方式向双向互动、灵活智能的用电方式转变。智能电网作为电力能源一项新的应用技术早已在世界主要国家开展并取得了重大进展，智能电网发展将为进一步的能源生产、消费革命和全球能源互联提供必不可少的技术支撑。如表2-2所示是当前世界主要国家及地区在智能电网领域建设方面取得的已有成就。

表2-2　　　　　　　　世界主要智能电网工程

国家（地区）	项目
中国	截至2015年底，中国国家电网公司累计安排智能电网试点项目38类352项，建成试点项目32类342项，智能电能表3.17亿只，充换电站1537座，充电桩3万个，覆盖80多个城市的高速公路快充网络，智能变电站2554座，新一代24座，智能电网综合示范工程20个
美国	能源部牵头推动智能电网项目，西北太平洋智能电网工程是美国最大跨州示范工程之一
欧洲	欧盟主导开展智能电网建设，德国E-Energy项目利用信息通信技术实现能源电力和信息的深度融合

国家（地区）	项目
日本	经济产业省组织开展智能电网研究实践，"新一代能源社会系统"示范工程设立了四种各具特色智能电网模式
韩国	成立国家层面智能电网发展协调组织机构，济州岛智能电网工程主要用于先进技术以及新商业模式的开发

资料来源：全球能源互联网合作发展组织. 全球能源互联网发展战略白皮书［R］, 2017.

  智能电网的发展在发达国家及地区已经取得了显著的成果，而"一带一路"沿线的广大发展中国家现阶段不具备大力发展智能电网的实力，急需的是完善其单边和双边的电力网络建设。在面对世界上跨度最长的经济长廊，贯通了中亚、东南亚、西亚乃至欧洲部分地区，这同样也是世界上最具发展潜力的经济合作带。表2-3列示了目前主要运营及在建的特高压工程建设项目，这也是中国结合其自身特高压先进成熟的技术经验，在"一带一路"沿线推广以帮助沿线国家完善其国内电网网络。从战略布局来看，"一带一路"发端于中国，东西两端经济发展最活跃，而中间地带基础薄，潜力大，发展要求迫切。由此可以见特高压技术在"一带一路"建设过程中和全球能源互联网建设中起到了关键的作用，是具体落实跨地区、跨国、跨洲电力输送与调度的重要技术支撑。中国已建立全面与系统的特高压交、直流标准体系，现已发布33项国家标准，41项电力行业标准。截至2016年底，中国已全面掌握了特高压交、直流输电关键技术，攻克了诸多全新电压等级面临的关键难题，研制了全套特高压设备，代表了世界输电领域最高水平，中国会积极推动目前国内电力能源互联所取得的巨大经验。在未来的全球能源互联网的建设当中，随着特高压输电距离和输电能力进一步提升，具有引领示范作用的跨国跨洲重大联网项目的实施，以特高压为骨干网架的跨国跨洲互联网络将逐步建成，最终形成全球范围配置能源资源的大格局，能够充分利用时区差、季节差，获得显著联网效益。届时，跨国跨洲电力贸易规模将大幅提升，预计2030年、2050年跨国跨洲电力贸易量占全球电力消费的比重将分别达到 10%，30%。

表 2 - 3　　　　　　　　　　　世界特高压工程情况

国家（地区）	项目
中国	到 2016 年底，中国已建成并运行特高压工程 13 项，包括中国国家电网公司 11 条线路（"六交五直"）和南方电网公司 2 条线路（直流）。此外，中国在建的特高压线路共 9 条（"两交七直"）；中国新能源并网装机已突破 2.2 亿千瓦，成为世界风电并网规模最大，太阳能发电增长最快的电网
印度	在建两项 ±800 千伏特高压直流输电工程； 阿萨姆邦 - 阿格拉城工程，线路长度 1728 千米，输电能力 600 万千瓦。 坚巴 - 古鲁格舍德拉工程，线路长度 1365 千米，输电能力 600 万千瓦
巴西	在建两项 ±800 千伏特高压直流输电工程。 巴西美丽山一期工程，线路长度 2092 千米，输电能力 400 万千瓦。 巴西美丽山二期工程，线路长度 2518 千米，输电能力 400 万千瓦

资料来源：国网能源研究院 . 2016 全球能源分析与展望［M］. 北京：中国电力出版社，2017.

　　全球能源互联网建设在推动生态环境可持续发展的作用将进一步凸显，能够有效控制温室气体排放，保护生态环境。依托全球能源互联网，二氧化碳排放将大幅降低，可以实现全球温升控制在 2℃ 以内，各类污染物排放也将显著下降。预计 2025 年全球二氧化碳排放将由 2014 年的 335 亿吨增至 360 亿吨，提前 10 年达到峰值，之后进入下降通道，到 2050 年二氧化碳排放量降低到 115 亿吨，相当于 1990 年排放量的 50%。清洁能源将成为世界主导能源并逐步取代化石能源地位。到 2050 年清洁能源占一次能源比重 80%；清洁能源发电量将占总发电量的 90%。此外，随着清洁能源发电技术、储能技术的快速进步，风电、太阳能发电的经济性将大幅提高，预计 2025 年前后在发电成本上与化石能源基本持平，2030 ~ 2050 年将更具竞争优势。考虑环境成本，表 2 - 4 显示 2010 年到 2050 年的化石能源发电成本将上升，而陆上风电和光伏发电成本将会大幅下降。

表 2 - 4　　　　　　　　　2010 年和 2050 年主要发电能源成本

类别	2010 年	2050 年
化石能源发电	9 美分/千瓦时	20 美分/千瓦时
陆上风电	11 美分/千瓦时	6 美分/千瓦时
光伏发电	34 美分/千瓦时	5 美分/千瓦时

　　资料来源：国网能源研究院 . 2016 全球能源分析与展望［M］. 北京：中国电力出版社，2017.

　　构建全球能源互联网的关键技术将加快突破、优化和提升新能源、新材料、通信、人工智能等各类新技术将实现集成式、聚合式突破，更好地适应清洁能源发电的间歇性、波动性特征，各类设备的适应性将进一步增强，满足全球能源互联网"一极一道"等复杂环境下清洁能源开发和输送要求。权楠等（2016）提出在全球能源互联网的新需求下，不仅绿色的新型能源会带来能源系统的巨大变革，绿色的新型互联网信息渠道也将支撑全球能源互联网的信息系统将发生巨大变化，带动传统能源领域的交流由封闭走向开放，由地区性中心走向全球性的网络型连接。

　　除了在清洁能源、智能电网和特高压等能源应用领域的大力研发与创新，2016 年，全球能源互联网发展合作组织（GEIDCO）的成立会在组织层面对推广新能源的有效利用及特高压建设将会发挥积极作用，将为全球能源互联能有效落实与推进开创了一个新局面。作为以中国为主导倡议成立的一项全球性的组织，无论是推动全球领域内的智能电网合作，推广清洁能源的在世界各国的替代使用，还是推广特高压技术在现阶段区域性能源互联，都必须用全球化的思维和视野来处理能源互联中出现的各种棘手问题。全球能源互联网发展合作组织（GEIDCO）建立以来，虽提出了许多建设性的意见和方案，并举办了多次世界范围内的会议，但现阶段并未在全球能源互联的实际运行当中找到切实有效的方案。如何在世界范围内克服地域性等多种问题并能够有效促成各国能源领域的局部或是洲际性合作项目也是合作组织目前面对的重大问题。

三、全球能源互联网运行机制的构建

构建全球能源互联网需要世界各国在能源领域进行全方面合作，打破不同发展水平国家间的能源政策壁垒，逐步建立相互依存、互信互利的组织机制，实现各国政府、企业与用户间的全方位参与与合作，探索建立新形式的运行机制与商业模式，以保障全球能源互联网的建设有序开展。全球能源互联过程中涉及不同国家、政府与企业间的合作与交流，这就需要建立一套适应于全球能源领域的运行机制来保障在区域性、洲际性能源互联时能有效的推进。全球能源互联网发展合作组织（GEI-DCO）要积极搭建能源合作领域的各项平台并吸引全球性的人才进行全球能源互联在技术领域、商业领域等的各项运行保障机制探索与创新。完善全球能源互联过程当中的机制建设是实现全球能源互联网安全经济运行、引导各方积极参与全球能源互联网发展、全面提升各国电网发展能力的重要保障。要注重全球能源互联网发展过程中的组织保障机制、市场机制、协同创新机制、金融机制及多元化投融资平台的建设。全球能源互联网建设无论在各个阶段还是各个领域都是一项巨大的工程建设项目，都需要政府与企业巨额投入。建立一个成熟有序的多元化融资平台（见图2-1）就尤为重要，是各项机制建设的"基石"；完善的组织机制建设是为了全球互联网在地区领域及世界范围内的有效运行所必需的保障；有效的市场机制建设是全球能源为了互联所推行的各项具体措施及手段；进一步优化各项协同创新机制会为全球能源互联提供源源不断的新思路。

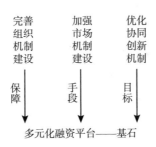

图2-1 构建全球能源互联网运行平台

（一）在全球能源互联中构建新型投融资机制

全球能源互联网是资本密集型的系统，资金需求庞大需构建开放创新的全球能源互联网投融资模式，建立多元化、多主体、多层次的投融资体系。在互联网思维的新经济形式下不光要发挥本国资本优势更要利用多元化的国际资本平台，利用世界资本市场的优势。对于各国政府或企业而言要充分利用好银行业金融系统和非银行业金融系统的直接融资与间接融资，来自资本市场中的需求多元化的股权融资与债权融资，将传统融资与创新融资工具相结合，通过资本全球化构建起多元化的融资保障体系。如图 2–2 所示多元化的融资平台其实就是多种融资方式共同构成的融资保障体系的循环系统，各项融资手段互相交融，这样才会盘活全球能源互联过程当中出现的大量项目。当前世界各国能源企业进行能源项目投资时大多是综合利用绿地投资、跨国并购、合作开发等多种方式。从全球基础设施投资经验来看，政府与社会资本合作的 PPP 投资方式是当前较为理想的项目投资模式。这种政府与社会资本合作的模式有利于整合区域性乃至全球性的各类资源，会切实强化政府在企业进行项目投资当中作用，有效分担和化解投资风险，对于普遍项目周期较长的能源类项目及大型电网项目较为适用。

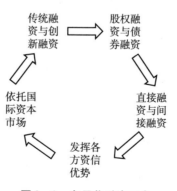

图 2–2 多元化融资平台

全球能源互联网面临相对有利的融资环境便于建立多层次的融资保

障体系。构建全球能源互联网，推动全球能源的可持续发展，让清洁绿色能源能够在全球普遍应用，从而优化全球环境与气候，这也是全球各国政府及人民达成的共识。这种全球性共识会让全球能源互联网在建设过程当中获得异于其他项目的融资优势。当前，在面对大型建设类项目时中国的金融机构多偏向选择主权担保类项目，而非项目融资类项目。而在"一带一路"沿线建设的国家中，大多国家甚至是国内政局都不稳定，进行大规模基础设施建设的能力甚至都不具备，在大型项目建设中很难进行主权担保。"一带一路"沿线的能源互联是全球能源互联网的初步尝试，如果中国的金融机构不做出契合现状的改变将很难以配合中国电力企业的对外建设，区域性的能源互联网建设也将难以开展。面对这种艰难的局面不仅是电力企业，银行等金融机构也要积极进行金融创新，通过结合各类企业的自身优势，在项目上通过各方的加强合作，探索开放创新的投融资模式。中国作为全球能源互联网的发起国，现阶段的内外形势也有利于加快推动全球能源互联。于内，中国已成功掌握了特高压技术并已在国内开展应用并尝试性的帮助周边国家完善其国内电网，现阶段正在实施"一带一路"的战略也将大力支持相关项目建设。中国在 2016 年正式被纳入进 SDR（特别提款权）、A 股被纳入MSCR，加之目前中国国内发展兴盛的互联网金融以及中国正在逐步完善的国内资本市场体制，这些条件都将丰富中国企业的融资手段，也有利于中国企业对外推广能源的区域互联和洲际互联。此外，能够参与到国内、洲内甚至洲际能源互联过程中的企业一般是各国规模实力与资信较好的企业，这些企业本身庞大的规模也是进行各种能源项目建设与融资的保证。

（二）推动全球能源互联中市场机制建设

全球化的市场机制是形成全球能源互联网发展动力的制度基础，建立起完善的市场机制保障体系就必须建立起适合于全球能源大系统的供求机制，适应于全球能源建设与发展的竞争机制以及建立起在全球能源体系中认同的电力价格机制。为配合各项机制的有效建立应逐步构建全球电力市场体系，建立健全跨国跨洲电力市场交易机制，探索建立一个全球性的能源交易平台，并尝试性地在全球能源互联过程当中创新商业模式。全面开展全球能源互联网工程建设合作形成全球统一市场机制示范先行，共享技术成果，联合开展示范项目建设。重点突破，共同推进一批大型清洁能源基地输电工程及跨国跨洲联网等重大项目，形成全球统一市场机制。

首先，全球能源互联网的建设是全球能源供求机制的一次改革与创新，通过能源互联将本来只局限于本国的电力供给提供给全世界的电力需求市场，能源的供给与需求成了一项在全球领域内开放的交易标的。为了配合全球领域内电力交易就需要建立跨国跨洲电力调度机制，研究适应各类集中式和分布式清洁能源特性的电力调度运行规则，建立跨国跨洲联合调度机制，形成全球联合调度协议机制和体系，实现各层级调度的统筹协调，为全球能源供给方与需求方做好资源调度的渠道与技术保障。

其次，全球能源互联过程当中急需建立起一套适用于各国各方面的市场竞争机制，最重要的是建立跨国跨洲电力交易机制，建立促进跨国跨洲输电的中长期交易机制，形成稳定的电量和收益预期，并且尝试性建立起灵活的短期交易机制，适应清洁能源波动和需求变化带来的资源配置需求。通过种种方面的尝试以便建立健全跨国跨洲电力市场交易机制和运行规则，保证全球电力市场安全、稳定运转。最终做到全球能源互联中各利益方能以公开、公平、公正原则进行竞争与交易，无论是对于各国国内经济发展还是世界经济发展都将产生巨大的经济效应。以中国为例，中国能源互联网的建设将带动经济增长，2016～2025 年，按电网、电源投资 1:1 的比例，每年投资可达 2 万亿元人民币，总计投资 20 万亿元人民币，每年可拉动 GDP 增长超过 1.5 个百分点，对众多产业具有带动作用。全球能源互联网将带动中国相关企业在依托"一带一路"建设过程当中逐渐开始国际化路程。

再次，电力价格在全球能源资源配置当中起到决定性作用，应统筹协调各国电价与税收机制，构建科学、完善的跨国跨洲电力交易结算体系，保障市场主体利益，维护市场稳定运行，而后进一步建立促进跨国跨洲交易的税收与电价机制，适应跨国跨洲电力交易需要；逐步构建多方参与、平等开放、充分竞争的全球电力市场交易体系，建设支撑全球能源互联网发展的统一电力市场交易平台，全球能源互联网将成为拉动经济增长的新引擎，成为世界经济新的增长点。

最后是要建立全球能源互联网人才合作培养机制，构建多层次、跨学科的全球能源互联网人才培养体系，为构建全球能源互联网提供专业型和复合型人才。制定适应全球能源互联网发展需要的学科建设和人才培养规划，依托重大项目实施，在全球范围培育一批高层次的国际、政治、经济、技术、管理和金融等领域的综合性人才，并依托全球化信息平台组织开展专项教育培训，设立全球能源互联网战略研究基金，引导国际组织、各国智库、咨询机构等开展重大问题研究，培育一批高端智库。

（三）推动全球能源互联中协同创新机制建设

新能源将在技术经济性上全面赶超化石能源，风电、太阳能等清洁性能源发电的经济性将会有一个明显的提高，预计2025年前后在发电成本上与化石能源基本持平，在2030~2050年阶段将会取得具有更强的竞争力。构建全球能源互联网关键技术将加快突破、优化和提升新能源、新材料、通信等各类新技术将实现集成式、聚合式突破，满足全球能源互联网安全运行和清洁能源的大规模消纳要求。实现全球能源互联是一个系统性、综合性的过程，需要在各个方面不断进行创新以应对在全球化建设过程当中会出现的各种问题，需要进行充分的协同创新。

建立联合研发机制，推动组建全球能源互联网联合研究中心，开展重大战略问题研究和关键技术联合攻关。整合利用各类创新资源，共享研发设施、科研成果，以重大研发项目为纽带，开展产学研用、跨机构、上下游联合攻关。联合打造一批高层次、开放型、面向全球的技术研发中心和成果转化中心。共同构建数据资源共享平台，积极开展能源数据领域合作，挖掘全球能源互联网大数据商业价值。合作制定全球能源互联网国际标准；各国科研机构和标准机构加强合作，制定全球能源互联网相关的能源转换类、信息交换类、安全防护类、能源交易类、计量采集类等关键领域的国际技术标准体系，并在世界范围内推广应用。此外应积极探索全球能源互联网商业合作模式，构建覆盖能源生产、传输、消费全环节的新型商业模式，让投资者、消费者和其他市场参与者都能获得合理收益和回报。

全球能源互联网下的跨国电网调度的难度要远远大于国内电网调度，鉴于各洲际内部各国发展政治、经济、技术的差别很难以形成一套刚性的电力调度体系，潮流调度具有较强的双边协商和自组织特性，传统调度系统不能应对这种应用场景。松散的多源交互应用适合采用信息化手段进行支撑，通过数据平台、数据交互总线、数据分析应用实现互利、互惠的综合性的电网调度体系，探索性的发展跨国电网互联的新型电力调度模式。电网互联涉及不同管辖区，因此任何联网电力交易也必然涉及公用事业单位或其他责任方之间的协调。为此，IEA2015 年提出了相关电力跨境交易模型，这些模型从简单到复杂，涵盖了基于成本差异或独立发电公司（IPP）进口的单向交易的双边或多边电力贸易，基于成本差异或独立发电公司进口的单向交易以及多买方、多卖方市场。在国家公用事业之间综合了与不同市场化程度的电力跨境交易相对应，在不同的管辖区边界，考虑不同的市场框架或电力市场化程度，可能采用混合模型。跨境电力贸易的关键在于得到国家法律法规许可，并尽可能获得与本国发电相同的地位。跨国电力市场框架主要考虑两个方面内容，一是新的电网项目如何开发和获利，二是既有项目如何运营。其中新建项目最关键的是成本分摊和商业投资问题，电网运营最关键的是确定联网传输容量及其分配。

（四）推动全球能源互联中组织保障机制建设

刘振亚（2015）提出全球能源互联网是在全球范围内集能源传输、资源配置、市场交易、信息交互、智能服务于一体的"物联网"，是共建共享、互联互通、开放兼容的"巨系统",是创造巨大经济、社会、环境综合价值的发展平台,需要完善其各项组织机制建设。基于全球化平台建设的能源互联网在运行之初也就应该逐步建立起全球性质的官方机构及非官方合作组织。

首先,应在联合国设立全球能源互联网合作联盟,在现有的国际电工委员会(IEC)、国际大电网会议(CIGRE)、电气和电子工程师协会(IEEE)等全球性专业机构当中加强合作,建立常态化工作机制,以全球能源互联网合作组织为主体倡议成立全球能源互联网相关标准工作组或者技术委员会。中国作为地区性能源互联网领域的先行者,结合自身优势发挥积极作用,国家电网下属全球能源互联网研究院应在各项技术标准领域与世界各国各地区进行接轨,将先进的研发管理经验介绍给合作国家及地区。各国也应加强能源领域的合作形成应对气候变化共识。当前世界各国在能源低碳发展方向上已经形成了基本共识,但是在过渡能源品种和路径选择上还各自存在差异,未来全球能源互联网建设需要各国能源政策的进一步协调,所以要保障各国能源政策协调推进。对于"一极一道"地区的清洁能源,合作开发的价值高于拥有的价值,只有资源所在国和消费国家的政府和企业通力合作,清洁能源才能成为有价值的资源。这需要各国达成共识,走向从资源争夺向合作开发转变的合作共赢的能源地缘政治。虽然面对巨大的困难及挑战,但也要尝试性的建立合作共赢的地缘政治格局。

其次,中国作为全球能源互联网建设的发起国,当前不仅要进一步充分依托并加强与世界贸易组织(WTO)、世界银行、国际货币基金组织(IMF)、亚太经合组织(APEC)、亚洲开发银行(ADB)等全球性组织的联系,更需要借机推进上海合作组织、亚洲基础设施投资银行(AIIB)在区域及全球能源建设中扮演重要的角色。通过众多全球性组织的已有渠道推动全球能源互联网在世界范围内达成有效共识,并借助其强大的资源平台逐步推进区域性的能源互联建设。全球能源互联网发展合作组织(GEIDCO)作为目前唯一的全球性的非政府、非营利性的能源领域国际组织,应积极推广全球能源互联网理念,组织制定全球能源互联网发展规划，建立技术标准体系，开展联合技术创新、重大问题研究和国际交流合作，推动工程项目实施，提供咨询服务，引领全球能源互联网发展。

最终，要建立跨国跨洲项目协调管理机制，推进项目顺利实施，需要依托全球能源互联网合作组织尝试建立多区域性的便于不同国家、不同领域与不同专业间的能源领域交流的调度管理平台，倡议多边的能源合作与交流，举办具有国际影响力的高端论坛。"一带一路"建设虽然在地区性能源合作中取得了一定的成果，但合作潜力并没有充分释放，供应安全的保障体系也尚未建立，贸易投资的经济效益还有待提升，与当地社会沟通交流的能力需要同步加强。以"一带一路"建设为例探索如何在沿线不同政治、经济、文化下的各个国家进行有效的能源治理并构建覆盖沿线地区的新型能源合作保障机制，是全球能源互联网在区域性互联中面临的典型性问题。

四、总结

以电为中心是未来能源发展必然格局，清洁能源主要转化为电力使用，其大规模利用必将加快电气化进程，并最终使电能成为终端主要用能形式。智能电网的可靠性、适应性、互动性将全面提升智能电网通过应用先进技术将多种能源、储能设备、各类负荷相连，将逐步实现电源、电网和用户的深度互动。以特高压为核心的能源配置网络将遍布全球以特高压为骨干网架的跨国跨洲互联网络将逐步建成，形成全球范围配置能源大格局，充分利用时区差和季节差，获得显著联网效益。加之"一带一路"的开展和推广为洲际能源合作提供了一个良好的实验平台，这也将推动在未来形成全球能源互联网"共商、共建、共享、共赢"的新格局。虽然，当前在地缘政治、商业模式、科技水平等方面还面临一些挑战，需要集中研究能源互联网中关键技术问题，但仍需充分发挥各方作用，进一步凝聚共识、深化合作，共同推进技术攻关、政策协调、投融资模式创新、规划研究、工程建设和人才培养，为全球能源互联网提供强有力的政策支持、资金保障、技术装备和人才支撑，营造良好的发展合作环境。

因此，本书从宏观上对全球能源互联网的建设现状及运行机制进行了探索，以开放交互的视角对全球能源互联中的关键问题进行了全面审视，对全球能源当前的现状做了详细的梳理，对全球能源互联网建设过程中的组织机制、市场机制、创新机制及多元化融资平台进行综合分析并提出解决方案，为全球能源互联网的进一步发展提出运行支撑思路。而"一带一路"作为全球能源互联构想中的一个重要环节，沿线国家在选择能源合作方式时应考虑自身发展水平，不仅要以"一带一路"建设作为战略目标，更要以"一带一路"作为国家战略调整契机，尝试性地践行全球能源洲际互联运行的各项机制，逐步由双边能源供应关系转向多边能源贸易，改善不同能源结构国家能源供应及消费格局打造一条受益于各方的能源供应链。全球能源互联网各利益相关方将进一步凝聚共识、深化合作，共同推进技术攻关、政策协调、规划研究、工程建设等工作。

第二节　新机遇下国内能源互联网建设
——以燃油车禁售为契机

2017 年 9 月 9 日，中国工业和信息化部副部长辛国斌在 2017 中国汽车产业发展国际论坛上表示，中国已启动传统能源车停产停售时间表研究①，如表 2 - 5 所示中国在美国、荷兰、德国、挪威、法国、英国、印度提出停售燃油车计划后，或将成为全球燃油车禁售第八国，这意味着传统燃油车踩下了"刹车"，新能源汽车则踩下了"油门"。

---

① 新华网，http://www.xinhuanet.com/auto/2017 - 09/11/c_1121641157.htm.

表 2 – 5 世界主要国家禁售燃油车时间

国家	政策发布时间	禁售时间	禁售车型
美国加州	2015 年 8 月	2030 年	传统燃油车
荷兰	2016 年 4 月	2025 年	传统燃油车
挪威	2016 年 5 月	2025 年	非电动汽车
德国	2016 年 10 月	2030 年	传统内燃机汽车
印度	2017 年 4 月	2030 年	传统燃油车
法国	2017 年 7 月	2040 年	传统燃油车
英国	2017 年 7 月	2040 年	燃油车、油电混动汽车
中国	2017 年 9 月	正在制定	传统燃油车

进入 21 世纪以来，我国汽车产业实现快速发展，2016 年产销量突破 2800 万辆，已连续八年位居世界第一位，汽车市场在国民经济支柱中的作用不断增强，汽车税收占全国税收比重，从业人员数占全国就业人员数比重，汽车销售额占全国商品零售总额的比重均超过 10%。尤其在新能源汽车领域，我国已成为最大的生产和销售市场，据公开数据统计，2015 ~ 2017 年上半年，国内共有超过 200 个新能源汽车整车项目落地，涉及金额超万亿元，规划产能超 2000 万辆。当前全球汽车产业正加速向智能化、电动化的方向转变，把握产业发展趋势和机遇，抢占新一轮制高点，许多国家纷纷调整发展战略，在新能源、智能网联产业加快产业布局。以德国为例，新能源发电已经超过总发电量 25%。德国之所以能取得能源转型的成功并获得世界各国的瞩目，离不开全体德国人的长期支持和对工业生产体系的良好理解，能源转型绝不只是电力工业圈或者能源产业群自己的事，而是需要全社会的各个功能单元都能互相配合统一行动。比如新能源发展中难度最大的海上风电，就需要天气、海洋、勘察、深海施工、军事外交等各个部门的齐心协作，涉及海底电缆、风机设计、直流输电、抗腐蚀材料等多方面科研技术的综合协调，才能获

得一步步的发展。现阶段发展能源汽车除电池技术外，电机、电控、智能化、网联化以及轻量化将是电动汽车技术突破的难点所在，充电桩等基础设施建设也有待完善。

一、在新契机下推动国内能源互联网建设

新能源汽车的发展将带动庞大的汽车工业进行一次新的变革，同时也对各区域内部乃至全球的电力能源系统发展提出一项巨大的挑战。以中国为代表近年来推广的全球能源互联网无疑正引领着全球电力能源系统的革新。能源互联网实质上是"智能电网＋特高压电网＋清洁能源"，其中智能电网是基础，特高压电网是关键，清洁能源是根本。随着清洁能源经济性的快速提升，特高压输电技术更加先进成熟，智能电网技术进一步突破发展，以电为中心是未来能源发展必然格局，清洁能源主要转化为电力使用，其大规模利用必将加快电气化进程，并最终使电能成为终端主要用能形式。智能电网的可靠性、适应性、互动性将全面提升智能电网通过应用先进技术将多种能源、储能设备、各类负荷相连，将逐步实现电源、电网和用户的深度互动。以特高压为核心的能源配置网络将遍布全国以特高压为骨干网架的跨省区互联网络将逐步建成，形成全国范围配置能源大格局，获得显著联网效益。国内能源互联网的建设大幅提升能源产生和消费的效率，最终形成能源交易和能源资产交易两个市场。能源的市场化、民主化、去中心化、智能化、物联化等趋势将注定要颠覆现有的能源行业。

新的能源体系特征需要能源互联网，同时"能源互联网"将具备"智慧、能自学习、能进化"的生命体特征。物联是基础，能源互联网用先进的传感器、控制和软件应用程序，将能源生产端、能源传输端、能源消费端的数以亿计的设备、机器、系统连接起来，形成了能源互联网的"物联基础"；而大数据分析、机器学习和预测是能源互联网实现生命体特征的重要技术支撑，能源互联网通过整合运行数据、天气数据、气

象数据、电网数据、电力市场数据等，进行大数据分析、负荷预测、发电预测、机器学习，打通并优化能源生产和能源消费端的运作效率，需求和供应将可以进行随时的动态调整。同时，如图2-3所示国内能源互联网建设需要发电企业、输变配电企业和各类电力辅业公司见进行通力合作，无论是在电力能源的技术应用领域还是电力的供给侧与需求侧，建立一个电力生态运营大的生态系统是十分重要的。而现阶段研究燃油车有计划退出市场，这给以电能为代表的新能源提供了广阔的前景与市场。

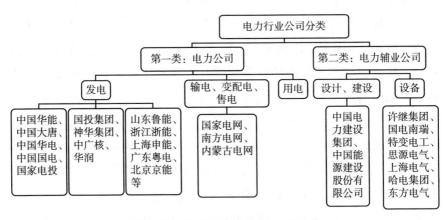

图2-3　电力行业产业链的公司分类

建立全国范围内的统一电力市场无疑是一个无比巨大的突破性项目。事实上，国家电网公司2017年以3150亿美元的营业额雄踞世界500强第二位，世界能源行业之首，其拥有的上百万员工其中不乏数万高端技术人才，雄踞电力、自动化、水建、通信等多种行业领域，展现出了"能源互联网"这一概念对近期涌现的各种新生代技术进行整合，国家电网进一步提出具有中国特色的电网概念并逐步适应国际化发展的挑战。在全球能源互联网合作组织（GEIDCO）和全球能源互联网研究院的有效倡议和组织下，各个链条上的电力公司和电力辅业公司共同发力在特高压、配电网、需求侧管理、电力交易市场这四个关键环节寻求突破，并打通能源类传统行业与新兴互联网行业之间的沟壑，打造一个有智能电网到超级电网的产业链，建立一个以清洁电能为代表的国内统一电力市场是有希望实现的。

二、总　结

近两年随着通信和自动化技术以及清洁能源的不断发展，前沿的电力科学家们逐渐已经形成共识，所谓清洁型智能电网就是指在不断提高电网自动化和设备通信能力的基础上，不断大比例的可靠接入各种新能源，直至实现对用电需求侧的灵活管理和智能节能的目的。"需求顺从生产"是清洁型智能电网带给人类的最直接的哲学转变，也是第三次工业革命将给整个社会带来的巨大变革。我国推进能源互联网建设就必须积极推动电力改革，大力实施"一特四大"和"电能替代"战略，加快推进以电代煤、以电代油和"电从远方来"，着力解决电网"两头薄弱"问题，未来的智能电网，是网架坚强、广泛互联、高度智能、开放互动的能源互联网。

以燃油汽车禁售为发展契机，国内能源互联网建设要加快推进关键环节突破：一是加快建设各区域间的特高压网架；二是加快配电网建设改造；三是加快提升电网互动能力；四是加强不同类型电力企业合作，加快构建全国电力市场体系。为此所需要的投资和政策就必然会把电塑造成为一个新的经济支撑点和中转站，电将在未来庞大的汽车工业中扮演一个十分重要的角色，因此必须驱动各种新时代的高科技技术将能源互联作为载体或者媒介，吸引资本注入帮助人们去建设智慧城市和绿色地球。

第三节　全球能源互联网商业模式透析[①]

日益严重的能源和环境问题使人们的视角转向了可再生能源的消

---

① 本节内容刊于企业研究 [J]. 2017 (8).

耗能力和能源的利用率，这不仅对产业升级有重要影响，也是我国传统行业面临经济转型的重要一环。与此同时，互联网的迅猛发展也给传统行业和我们的生活方式带来了翻天覆地的变化。能源行业为了应对互联网技术的渗入，新的研究领域——能源互联网应运而生。2014年7月，国家电网公司时任董事长刘振亚先生率先提出构建全球能源互联网，并随后上升为国家战略，以清洁、绿色方式满足全球电力需求①。

当今企业之间的竞争，已经不是产品之间的竞争，而是商业思维、商业模式之间的竞争。商业模式是管理者管理企业的主要工具，是企业经营的内核。能源不再仅仅是一种大宗商品，它将成为一个重要的平台，可以改变人们的生活方式和刺激企业的业务转型。互联网的发展，让更多传统能源企业找到转型的机会。

针对现有的情况，本书提出两个问题：首先，全球能源互联网商业模式如何发展？其次，其商业模式能给社会带来怎样的经济效益和社会反响？基于这两个问题，本书首先从全球能源互联网商业模式发展思路和价值理论发展两个视角对全球能源互联网商业模式的研究成果进行了梳理，然后发现该领域研究正在逐步由供需方经济发展到利益相关者协同发展的阶段过渡。针对现有研究存在的不足，本书提出了未来研究的展望，包括理论体系构建、商业模式的评估以及研究方法等方面。

一、全球能源互联网商业模式发展思路：融合观

美国学者杰里米·里夫金（Jeremy·Rifkin）在其著作《第三次工业革命：新经济模式如何改变世界》中提出互联网技术与可再生能源已开始融合，由此产生了一种名为能源互联网的新型能源利用体系。国内学者陈启鑫、刘敦楠等（2015）也认可这一观点并进行了理论创新。在全

---

① 新华网，http：//www.istis.sh.cn/list/list.aspx? id = 1061.

球能源互联网融合观的基础上，学术界提出了能源互联网商业模式三种发展思路：

（一）以能源为核心

能源是人类生存和发展的重要基石，是社会经济运行的动力和基础。能源的匮乏已经席卷了整个中国，其改革势在必行。

邢相军（2014）从外部因素和内部因素的角度，认为企业与所处环境的融合过程，与供应商、客户、合作伙伴价值链的重构以及企业内部单元的调整重组构成了新能源产业商业模式创新的机会，正确识别出新能源产业商业模式创新过程中的机会和障碍，有利于企业更好地制定符合企业健康发展的商业模式，并尽快适应经济全球化和信息化的发展趋势，提高我国新能源产业的核心竞争力。

程林等（2016）认为能源互联网是具有多种能源综合协同的供应框架，是通过能源转化、能源储存、需求侧响应等多种技术实现的能源供应体系，来实现能源信息的深度耦合。认为通过设计海淀北部地区建设能源互联网的多能源协同建设方案，成立能源供应商实体商业模式，能源供应商通过统筹运营区域中的各类能源，一方面满足用户侧的冷热电需求，另一方面可以结合分时电价，通过分析用户的用电行为及大数据计算，使用户在消费能源时可以享受较为低廉的价格，从而实现资源优化配置的目的。

石怀德、李德智等（2016）进一步拓展能源市场的深度和广度，为能源生产、输送、供应、服务企业带来更多的市场机会，同时开创新的业务模式，实现用户与电网互联互动以及创新的用户服务。并且研究了能源互联网的智能用电商业模式和需求侧管理商业模式，并提出需求侧管理商业模式的四个要素。

以能源为核心的商业模式分析如表 2-6 所示。

表 2 - 6   以能源为核心的商业模式分析

作者	研究目的	核心观点	商业模式	研究不足
邢相军 (2014)	提高我国新能源产业的核心竞争力	企业与所处环境的融合过程，与供应商、客户、合作伙伴价值链的重构以及企业内部单元的调整重组构成了新能源产业商业模式创新的机会	商业模式创新的影响因素	理论丰富但缺乏实践
程林等 (2016)	资源优化配置	实现各类能源的高效利用；将能源的商品属性得以还原有效地创造新的经济增长点	能源互联微网模式（区域内能源供应商实体模式）	着重于区域层面缺乏宏观构筑
石怀德等 (2016)	能源利用	拓展能源市场的深度和广度；建立环境友好和低碳的能源利用形态	智能用电商业模式与需求侧管理商业模式	只注重需求侧，缺乏利益相关者的介入

资料来源：笔者根据相关资料整理。

（二）以互联网为核心

互联网是能源互联网的核心，信息网络作为能源网络的支持决策网络，应首先分析互联网收集到的信息和数据，进而指导能源网络的运行调度。能源互联网发展的核心目的是利用互联网及其他前沿信息技术，促进以电力系统为核心的大能源网络内部设备的信息交互，实现能源生产与消耗的实时平衡（董朝阳、赵俊华等，2014），并且使电网运营商在安全、可靠性、效率、成本和环境效益实现了巨大进步（Thomas M. Siebel，2015）。

周庆捷（2016）认为互联网 + 商业的模式主要以信息化、智能化、大数据、云计算等为代表延伸的互联网 + 能源商业模式，包括信息集成、基础业务、数据增值、智能产品及电能服务，对于末端或者是用户端电能服务是一个良好的切入点。

周凯乐等（Kaile Zhou et al.，2016）等认为可用的能源大数据成为一种重要的资源，可以更好地支持能源产品和服务提供商了解客户的要求和需求，制定有针对性的营销策略。电子商务、社交媒体和移动应用程序，促进了能量流、信息流和业务流的融合，成为能源互联网创新的重要助推器。这些平台和应用程序将重塑能源供应商和消费者之间互动关系，以及重塑商业和能源提供者的服务模型，从而促进产品和服务的创新。

刘敦楠等（2017）紧密联系能源互联网与信息服务，研究能源大数据的信息服务定价，梳理了能源大数据信息服务定价流程，提出了信息服务产品内容和应用模式，并给出了在电力市场中的应用，为将来能源互联网中信息服务应用体系的规划和建立，实现数据流的价值创造提供有益的参考。完善合理的能源大数据信息服务定价体系，推动能源互联网商业模式创新的重要技术支撑。

以互联网为核心的商业模式分析如表2-7所示。

表2-7　　　　　　　　　以互联网为核心的商业模式分析

作者	研究目的	核心观点	商业模式	研究不足
周庆捷（2015）	提升用电端能效	分布式发电和电的精细化管理，以及如何智能用电，更多地要利用互联网的手段来达到目的	互联网＋新商业模式	只注重末端或者是用户端电能服务，忽视了中间商的服务价值
周凯乐等（2015）	产品和服务模式创新	能源大数据成为一种重要的资源，可以更好地支持能源产品和服务提供商了解客户的要求和需求，制定有针对性的营销策略	能源服务提供商应该针对不同用户制定不同的商业模式	关注点单一，缺乏案例分析
刘敦楠等（2017）	数据流价值创造	数据信息成为一种极其重要的商品	能源大数据信息服务模式设计可分为应用服务模式和咨询服务模式	定价流程和能效评估体系有待进一步完善，服务模式需要丰富

资料来源：笔者根据相关资料整理。

（三）能源和互联网的深度融合

有学者认为能源互联网是能源和互联网的深度融合，两者同等重要，结构上难以区分能源网络和信息网络（尹晨晖等，2015）。其主要特点是利用电力电子、信息通信和互联网等技术进行能量的控制和信息的实时共享，实现能源共享和供需匹配，从而消纳可再生能源（孙宏斌等，2015）。

刘敦楠等（2015）分析了能源与信息融合对能源市场资源配置效率的提升作用；并在此基础上基于信息经济学原理，发现了能源互联网商业模式由集中向分散转变，分散式微平衡的商业模式将成为未来能源互联网商业模式的主体。并给出了新型的商业模式，分别为能源借贷、能源团购、能源救援、能源桶装、能源托管、能源期货、滴滴能源、能源众筹、能源自供、淘能源、能源点评、能源担保、能源代工、能源顾问、能源定制4.0、能源Wi-Fi。

佟昕等（2016）通过介绍"互联网+"与传统能源、新能源、能源管理等领域的结合及其应用，剖析"互联网+能源"这种新技术、新模式和新业态的发展前景，以期为促进能源和信息深度融合、支撑和推进能源革命提供一定的参考。但是新的领域充满各种可能性和无限商机，技术、市场、投资模式、商业模式都将充满不确定性与可塑性。

以能源和互联网深度融合为核心的商业模式分析如表2-8所示。

表2-8　　　　以能源和互联网深度融合为核心的商业模式分析

作者	研究目的	核心观点	商业模式	研究不足
刘敦楠等（2015）	提升能源市场资源配置效率；给出商业模式与市场机制相关政策建议	能源与信息融合对能源市场资源配置效率的提升作用；分散式微平衡的商业模式将成为未来能源互联网商业模式的主体	分散式微平衡的商业模式	宏观规划和具体路径还具有较大不确定性

作者	研究目的	核心观点	商业模式	研究不足
佟昕等（2016）	促进能源和信息深度融合、支撑和推进能源革命提供一定的参考	"互联网＋能源"是一种能源产业战略发展的新形态，它将互联网与能源的生产环节、传输环节、存储环节、消费环节以及市场环节进行深度融合	商业模式不确定性	局限于理论分析，缺乏明确的商业模式

资料来源：笔者根据相关资料整理。

二、全球能源互联网商业模式价值理论的演进：可持续发展

随着能源与互联网技术的突飞猛进，市场竞争也由企业个体的产品竞争转向企业商业模式的竞争，学者们也更加关注企业价值的来源。商业模式价值理论的发展经历了关注企业的营利性、关注企业价值创造和关注所有利益相关者三个阶段：在第一阶段，学者主要关注商业模式的盈利性，研究其获取利润的逻辑。在第二阶段，学者们开始从关注盈利性转向关注价值，从关注利润结构转向关注价值网络，从而使研究逐渐集中于价值创造。在第三阶段，商业模式的研究突破了企业个体，关注价值链（网）上所有利益相关者（李鸿磊、柳谊生，2016）。因此，本书从以下三个方面进行文献梳理。

（一）营利性

在全球能源互联网发展的过程中，学者们主要关注商业模式的营利性，研究其获取利润的逻辑。商业模式之争在某种程度上是企业的价值标准，企业家应回归经济常识，判断市场的风向和未来，突破企业固有思维和边界，创新商业模式，持续不断为企业获取收益。

曾鸣（2015）在构建全球能源互联网发展的过程中，政府、企业、行业之间应进行合作，应与"一带一路"倡议进行配合，政策上要保障企业投资的安全和利益。

张晓旭等（2015）从传统能源企业商业模式与新能源企业商业模式两个角度进行对比分析，发现传统能源企业的商业模式生产方式较为粗放、产品结构相对单一、技术和服务的创新力度明显不足，并得出能源企业应该采用多元化或差异化的商业模式来创造更多更稳定的盈利点。

王守凯、刘达（2016）从产品、目标客户、供应链和收益模式四个角度出发，结合自身优势和市场需求，研究电网公司供电服务商业模式创新。创建协调型的商业模式，打造一个强大的智能用电服务平台，让用户和其他主体自由选择、自由交易，实现电力和其他能源的一体化，以及用户和节能公司、设备制造商的一体化。

以营利性为核心的商业模式分析如表2-9所示。

表2-9 以营利性为核心的商业模式分析

作者	研究目的	核心观点	商业模式	研究不足
曾鸣（2015）	国际合作	与"一带一路"倡议结合进行国际间合作，保障企业投资的安全和利益	政府、企业与行业三者之间合作	给出宏观构想并未指出实际建议
张晓旭等（2015）	给出能源企业发展的政策建议	通过传统能源企业与新能源企业商业模式的对比发现传统能源企业不足	多元化或差异化的商业模式	立足传统能源企业，忽视新能源企业创新的形式与路径
王守凯、刘达（2016）	帮助企业实现价值	从产品、目标客户、供应链和收益模式4个角度出发，结合自身优势和市场需求，研究电网公司供电服务商业模式创新	协调型商业模式	着重对产业链进行分析，忽视了外部环境的影响

资料来源：笔者根据相关资料整理。

（二）价值创造

在新的商业时代，企业的目的必须重新界定为创造共享价值，而不是一味只追求利润。与此同时企业的目光也从获取利润转向到企业价值创造，而价值创造主要来自商业模式的不断创新。

陈启鑫等（2015）从"以用户为中心的价值创造""以数据为核心的信息增值""以技术为驱动的业务革新""以改革为契机的效益挖掘"四个方面对能源互联网时代可能出现的众多商业模式及其实现的方法进行归纳、抽象与分析，并给出与其相匹配的市场机制框架。

孙宏斌（2015）分析了能源和互联网相互借鉴的互助发展历程及形成的不同理念和特点，在此基础上提出了能源互联网的发展目标、主要理念、主要特征和基本架构。认为能源互联网需要更加开放，实现更广大的互联，创造更多的价值：开放不同能源类型，实现多能源互联，提升能效和新能源比例；开放不同参与者，实现大量用户和参与者的进入，促进能源共享交易和创新创业；开放标准和接口，实现丰富应用的开发，形成能源互联网生态圈。改造能源行业传统的行业结构、市场环境、商业模式、技术体系与管理体制，改变能源的生产和消费模式，有助于促进能源体制改革，推进能源行业的市场化和金融化。

以企业价值创造为核心的商业模式分析如表2－10所示。

表2－10　　　　　以企业价值创造为核心的商业模式分析

作者	研究目的	核心观点	商业模式	研究不足
陈启鑫等（2015）	对能源互联网商业模式和市场机制给出相应政策建议	富有生命力的商业模式将以用户为中心，充分挖掘数据资源，善于抓住改革机遇，重视利用核心技术，从而最终实现创造价值的目标	"以用户为中心的价值创造""以数据为核心的信息增值""以技术为驱动的业务革新""以改革为契机的效益挖掘"商业模式	缺乏实践论证
孙宏斌（2015）	推进能源行业的市场化和金融化	能源互联网需要更加开放，实现更广大的互联，创造更多的价值	开放型商业模式	指出改造能源行业商业模式，但具体方法未说明

资料来源：笔者根据相关资料整理。

（三）利益相关者

企业通过创造经济价值来创造社会价值的办法有三种，一是重新构想产品和市场；二是重新定义价值链中的生产力；三是为公司所在地区建立产业支撑集群。因此，要想实现社会价值，必须有利益相关者的加入。利益相关者不仅包括股东、员工、客户，还包括债权人、商业伙伴、竞争对手、政府、非政府组织与非营利组织等。企业需要与利益相关者密切合作，在保证利益相关者成长与发展的前提下，将其资源优势转化为自身的优势，并且进行优化升级，从而形成新的企业能力，提升自己的竞争优势。利益相关者的介入，主要展现在以下两个方面。

1. 能源金融

随着太阳能、风能和生物燃料替代传统能源，很多新兴绿色能源和可再生能源领域得到了大量的投资，但这通常对于企业家来说是一个挑战。很多风险投资和企业资金追逐的是这个新兴领域的创新。企业家和高管在这一领域也试图找出一种商业模式来有效地发挥利用自己的专业知识。

东润环能董事长邓建清认为新能源发展还属于重资产行业，需要更多、更低廉、更高效的绿色金融服务支持。

张晓旭等（2015）认为能源金融是整合能源资源与金融资源的一种商业模式，两者的结合主要通过债权、股权、产权、服务等方式，并提出间接介入与全面介入两种介入路径。

高孝欣（2017）认为优化我国能源产业结构降低对外依存度，离不开金融的支持。通过研究金融对我国能源产业发展的影响与目前能源金融存在的问题，提出相应的对策建议：拓宽能源企业融资渠道、提升能源金融的创新能力、加强能源金融风险管理。

2. 平台经济

平台模式的构建给利益相关者合理融入产业升级、经济发展提供了新的商业机会，这将有助于我们优化消费、规范和控制企业与家庭内能源的使用效率。平台模式的核心就是利用互联网这一特点打造出足够大的商业平台，吸引商业伙伴参与进来，协调整合对方资源为己用，最终形成一个互利共赢的局面，满足消费者需求，提高企业可持续发展能力。

刘正阳等（2017）以远景能源为例，从价值网络重构的角度初步分析了远景能源的商业模式创新，认为商业模式创新以用户需求为核心，提升了价值网络内部的价值和信息交换效率，为利益相关者整体创造了更大的价值，实现了多方共赢。并且基于商业模式冰山理论和 CET@I 方法论，对远景能源的商业模式创新进行了集成分析，发现远景能源的轻资产模式和能源互联网平台模式将成为新能源产业发展的大趋势。

陈欢（2017）基于平台经济的能源互联网，通过发挥互联网在收集信息、分析数据、解析用户需求方面的优势，利用价格手段与即时交易平台，引导消费者改变消费模式，使能源互联网向综合能源解决方案平台转型。

周孝信（2017）提高可再生能源的比重，实现多元能源的有效互补和高效利用的理念，让能源生产、传输、消费、存储、转换的整个能源链相关方均能广泛参与。比如能源增值服务公司、能源资产服务公司、能源交易公司、设备与解决方案的电子商务公司等，从而带动能源互联网整体产业发展，支撑能源革命。

三、全球能源互联网商业模式研究述评与研究展望

全球能源互联网为世界绿色低碳开辟了新道路，推动了世界能源经济的协调发展。新能源企业应该利用互联网浪潮，借助国家战略，选用合适自己的商业模式完成业务拓展与产业延伸，并且随着市场环境的不断变化，改善创新自己的商业模式，促进我国经济能源产业、电力产业与互联网产业的可持续发展。

（一）研究述评

本书主要从横向（全球能源互联网发展思路）和纵向（价值理论发展）两个角度对全球能源互联网的商业模式进行了文献梳理。

在全球能源互联网商业模式发展思路方面来看，发现学者们主要在融合观的基础上进行研究，通过对文献的梳理发现，在研究内容方面，文献大多集中在商业模式的驱动力、影响因素、机会与障碍、发展模式等理论构造和供需方经济发展这两方面内容，缺乏对全球能源互联网商业模式具体是什么、商业模式的理论基础以及商业模式宏观规划与具体路径等方面的研究，且在供需方经济发展方面，主要针对商业过程中的产品和服务、客户需求进行讨论，利益相关者参与程度不高。在研究方法方面，主要是文献研究法，研究方法单一，缺乏案例分析与实证研究。

在全球能源互联网商业模式价值理论发展方面来看，发现学者们主要在可持续发展的基础上进行研究，通过对文献的梳理发现，文献对益相关者方面也有了较多研究，但是文献缺乏在利益链过程中的成本效益、利益盈利点介绍，忽视外部环境的影响，以及利益相关者介入的边界如何划分、每种利益相关者介入路径又是什么等仍旧存留一些遗憾，这仍需我们继续进行深入研究。

通过上述研究发现，最近一年学者们的关注焦点开始发生转移，在原有的基础上出现了对利益相关者的重点关注，发现该领域研究正在逐步由供需方经济发展转向利益相关者协同发展。这种形式的转变，完善了商业模式实践不足与利益相关者参与程度不高的缺点。

（二）研究展望

总之，大多数学者仍是围绕商业模式的驱动力、影响因素、机会与障碍、发展模式、供需方经济发展等理论内容方面，缺乏理论创新，未能形成一个完善的理论体系，而在研究方法方面也有所欠缺。因此，为更好构建全球能源互联网商业模式，仍有一部分研究需要完善：

1. 全球能源互联网商业模式的理论体系构建

商业模式覆盖了四个主要方面：客户、产品和服务、基础设施、财务生存能力。细分下来有 9 个构造块：客户细分、价值主张、渠道通路、客户关系、收入来源、核心资源、关键业务、重要伙伴、成本结构。这里的每一个构造块都需要我们进行详细研究，尤其是价值主张与重要伙伴，梳理出价值增值点与利益相关者介入路径。除此之外，还应关注企业内外部环境，比如政策导向、国家战略、市场环境等因素对商业模式的影响，进而实现经济、社会、环境三者效益激增。

2. 全球能源互联网商业模式的价值评估

一些企业由于商业模式的创新，以及呈现的巨大利润空间，会受到众多投资者的青睐，因此商业模式的价值评估成为商业模式研究的重要部分。商业模式的价值评估，在某种程度上需要在多个商业模式研究领域的研究成果上进行，因此关于商业模式评估的研究可能是商业模式中最不成熟的领域。商业模式的价值评估，后续研究可着眼于商业模式利益相关者价值网络结构稳定性与利益分配的合理性。

3. 全球能源互联网商业模式研究方法多样

研究方法是在研究中发现新现象、新事物，或提出新理论、新观点，揭示事物内在规律的工具和手段，单一的研究方法使文章缺乏说服力、研究片面单一，多种研究方法结合使用，能够更好发现一个不断相互影响、相互结合、相互转化的动态过程。商业模式的创新和发展是一个整合营销策略、技术、产品、服务和管理的过程，在这里不仅有定性研究，还要有定量研究。可以通过扎根理论、探索性研究、案例研究等方法对理论进行创新和重构，也可以通过对相关性、影响性研究对理论进行验证。

第四节　能源互联网嵌入下国家电网企业发展模式及成长路径研究[①]

一、能源互联网嵌入性对电网企业发展模式的影响

(一) 能源互联网推动电网企业传统模式改革

在能源互联网高速发展态势下，传统落后的能源供给模式已经无法满足当前消费者的需求，能源互联共享由此产生，互联共享在未来的发展趋势下将会使构建这一模式的所有参与者受益。能源互联网其实质就是将电力系统作为载体，通过协调各种清洁新型能源，在互联网技术支持下实现对各种能源的均匀合理分配与应用，是对"源—网—荷—储"最大化的协调互动生产应用。在这一框架模式构建当中，"源"所指的是不可再生能源所需的原材料煤炭、天然气以及可再生能源所需材料水能等各种不同种类的电力生产能源。"网"不仅包括石油等能源的运输管道，还同时包括路上各种类型的交通运输网络。"荷"和"储"是对各种不同类型能源的消费和基本的储备。在"源—网—荷—储"这种高效、科学、合理的能源生产、运输、消费、储备模式下，将可再生能源实现最大化的利用，实现真正意义上的能源与生产以及消费的优化处置，对推动清洁能源、电能源在全球范围内的推广与使用具有非常重要的作用（曾鸣，2015）。

中国电力行业自20世纪初经过一系列"破除垄断、引入竞争"的体制性改革，产业结构重新划分及重组后形成了两大电网公司——国家电网与南方电网。随后又收购了五个发电公司和四个一、二次电力设备公

---

① 本节内容刊于企业研究 [J]. 2017 (11).

司。体制改革开创了电力行业的新格局，尽管整个电网行业的发展卓有成效，但是在这一发展过程当中，电力的创造、生产环节还面临着诸多问题，需要我们做到足够的重视。在生产环节当中效率较低以及消费力利用率低对阻碍能源可持续发展有着重大的负面影响。当前电力所创造的经济在 GDP 当中的比重相对较低，低于国际标准以及发达国家。传统落后的发电装机已经无法满足对负荷的需求，基础设施老化、更新较慢等问题依然存在。配电系统在分配模式以及运作模式上未实现最大化要求。社会生态环境受到严重破坏，受环境的制约，节约产能增加效率迫在眉睫。根据相关部门发布的数据能够得知，在 2008 年我国 GDP 占到世界总量的 7% 左右，然而整个能源消耗却占到了全球的 17%，并且持续增加，在 2012 年甚至达到了 20%，其中单位 GDP 能耗远远高出全球平均水平 2.5 倍，高出发达国家 3～7 倍左右。不仅如此，还仍然存在着下面诸多问题，对使用火电机组发电的设备使用效率相对较低，在 2015 年，全国平均水平只有 4000 多小时，有的地方甚至更低。在社会环境高度污染的环境下，对清洁能源过度浪费，没有实现对风能以及光能的百分之百利用。同时对 500 千伏输电路线的充分使用率较低，有将近 40% 的输电线路没有得到充分使用。大多数电力企业大电网的规划以及使用中仍然存在着"用保守度换可靠度"这种观念。在国家"十三五"发展纲要中指出"要不断增强体系质量以及效率"是完全符合我国发展要求的。只要按照科学生产、合理分配、高效运输、节约使用、高效利用这一理念势必将会发展成为顺应时代发展需求的能源互联网。

（二）国家电网发展模式的嵌入性特征

1. 嵌入性内涵及理论框架

波兰尼（Polanyi，1944）最早在专著《大变革》中提出"嵌入性"概念，他指出把非经济制度嵌入到经济体制当中对社会的发展具有重大意义。该理论当时未引起学术界多大重视，并且其"市场经济去嵌入性"的观点有较大局限性。帕森斯（Parsons，1960）还指出了嵌入所具有的基本特点，他指出其特点取决于组织带运行的过程当中所处的特定环境所决定，这种特定环境形成了组织与其所处体制的不同化子系统这两者之间的关系。格兰诺维特（Granovetter，1985）对经济学中的低度社会化观点和社会学中的过度社会化观点进行了批判。指出"分析的组织运作模式在一定程度上受到社会关系的干扰，对其实施独立个体研究是非常正确的"对结构嵌入性、关系嵌入性这两种不同类型的嵌入性理论研究结构进行了区分，其中网络分析作为保障结构嵌入性理论的重要基础条件，用于分析网络各种不同实施者之间所存在各种关系的基本框架结构，它不仅对网络所具备的各种功能进行强化，还着重研究企业在整个社会网络当中所具有的作用和所处的位置。

祖肯和迪马乔（Zukin and Dimaggio，1990）将嵌入性划分为结构、认知、文化、政治嵌入性这四种不同类型的嵌入性。一是结构嵌入性，主要是针对网络结构和企业之间所处社会关系的内涵，通常是对企业在所处的网络环境当中所产生的经济效益和所发挥的作用之间的关系。二是认知嵌入性，主要是针对经济秩序与网络之间所存在的一种对双方的认知。三是文化嵌入性，主要是针对如何完成企业发展目标，以及树立必须具备的价值观念。四是政治嵌入性，着重关注对经济效益和相应配套制度的特点。目前多数针对嵌入性的相关研究，主要是将基本环境、网络框架以及各种关系作为主要研究内容。不仅如此，现如今很多研究者已经开始着手对企业内部行为进行相关方面的嵌入性研究分析。福斯格伦和霍尔姆（Forsgren and Holm，2002）主要是针对企业内部经营状况以及发展目标，开展对业务、技术嵌入性这两方面的实践研究工作。

哈格多恩（Hagedoorn，2006）针对组织之间相互合作、良好关系的建立的分析，总结归纳出嵌入性所具备的特点会在一定程度上对良好合作关系的建立产生一定的干扰，同时他也根据嵌入性特点所属的基本环境、网络技术以及参与双方这几种有着内在联系的各种因素，将嵌入性划分为环境、组织间、双边这三种嵌入性，并对这三种嵌入性所具有的联系以及共同作用效果进行了阐述。

2. 国家电网发展模式的嵌入性特征

能源互联网的出现，意味着嵌入其中以国家电网为代表的电力企业面临的相对静态的市场格局以及价格机制和盈利水平将发生显著变化。换言之，其能源与信息互联性、开放性等特征将对电网企业的技术研发、运营模式、营销模式、战略方向等方面产生深远影响，实现电网企业转型成长。本书通过对嵌入性理论框架及类型的梳理，将国家电网发展模式的嵌入性特征归纳为七个维度，通过对每种维度的嵌入性特征进行分析，进一步探究能源互联网与国家电网发展模式协同进化的内在机理。

能源互联网嵌入性已经渗透到国家电网发展模式的各个层面，国家电网在嵌入过程中主动或被动地制定了相应应对策略，毋庸置疑，如果将能源互联网看成是一个庞大复杂的网络系统，那么嵌入其中的国家电网占据了核心位置，是构建能源互联网平台实现的根基保障。能源互联网与国家电网发展是协同进化、共生共赢的关系。

3. 嵌入性视角下能源互联网与国家电网发展模式协同进化机理

根据以上分析，本书梳理了能源互联网与国家电网发展模式之间相互嵌入的共生关系，构建了称之为"嵌入性视角下能源互联网与国家电网发展模式协同进化模型"，如图 2-4 所示。

国家电网发展模式要从深化供给侧改革入手，强化统筹规划。首先要建立一套科学合理的"十三五"能源电力发展纲要，大力统筹新能源与其他相关配套市场以及企业等领域的合作共赢。建立标准化市场运作模式。明确的规定涉及新能源生产、运输、消费、管理等各方的主体责任，充分使各方能够发挥出主体作用。重视调峰电源管理工作。严格按照可持续发展要求管控好工作机组和自备电厂的建设，并要求自备电厂切实融入调峰体系当中。并且还要切实做好输配电价改革等相关方面的推进工作。

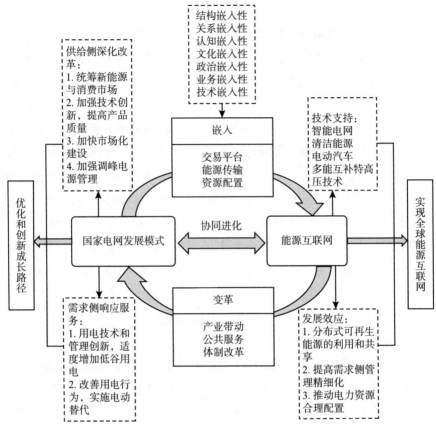

图2-4 嵌入性视角下能源互联网与国家电网发展模式协同进化模型

资料来源：本书笔者根据相关资料整理。

　　能源互联网必须要在科技创新的大力支持下实现飞快发展，智能电网、特高压技术、电动汽车的发展对推动电力资源实现多能互补，提升清洁能源的利用率起着决定性作用。电力企业发展模式的转变同时反过来促进能源互联网的建设与扩展。刘振亚（2015）在《全球能源互联网》这一著作当中指出，预计在21世纪中叶能够实现在全球范围内的"能源互联网"的建设。其实质就是以特高压电网通道为载体，以互联网技术为技术支撑，将清洁能源输送到消费各方，实现新能源互联网。把各大洲以及各国电压等级电网泛在智能电网建立。实现北极、赤道等全球范围内的能源基地的互联互通，将各种不同类型的清洁能源，通过分布式电源接入输送到全球范围内的消费者当中，是一个范围广、安全性高、低碳环保的能源配置平台。因此，构建全球能源互联网是能源互联网发展的终极目标。电力企业发展模式转变的目标是实现企业成长路径的创新与优化。

二、嵌入能源互联网的电网企业成长路径分析

能源互联网掀起的能源革命推动电网企业变革发展模式，变革的成长路径本书归纳为技术创新——资源重组——开发共享，路径能否实现优化与创新，能否顺应能源互联网的发展趋势，实现电网企业自身的转型成长，还需要从以下几个方面进行努力：

（一）技术创新：提升电网技术，保证高效发展

增强科技自主创新能力，以特高压、智能电网作为应用载体，不断加大在技术领域以及人才方面的资金投入，将技术成果转变为助推企业快速发展的生产能力。严格遵循"节能、环保、经济"的发展理念，按照科学化管理运作模式，将清洁能源作为优先发展对象，大力支持和积极倡导消费主体优先选择清洁能源作为消费对象，并构建标准化，市场化的清洁能源交易市场。以"十三五"发展规划和全球能源互联网作为工作指导，根据国家和地方电网发展目标，大力支持特高压输电通道在全国范围内的推广和建设应用。加快推动建设一批清洁能源发电项目的建设，重点支持风电、水电、光电项目的建设。逐步完善和增强相关发电技术和电能储存能力。不断升级和扩建相关配套基础设施和各种不同需求的监测中心、维护中心等机构的建设，大力推广"机巡"与"人巡"相互合作的巡查与维护模式。普及和应用智能作业、机器人等技术，争取实现带电检测、在线检测机器人工作模式，扩大"互联网＋"等相关技术的实际应用范围。

推动制造产业转型升级。落实"中国制造2025"，以"互联网＋"为基础，加快新一代信息技术与传统制造业深度融合，强化研发、设计、

工艺、制造的数字化支撑，实施生产设备智能化升级和绿色化改造，增强系统集成和高端服务能力，全面提升电工装备智能制造水平。

（二）运营模式：引入竞争机制，建立交易制度

电网企业主要是通过大力发电，然后对外售电来获得相应的经济收入，但是在这一发电与销售的运作模式当中仍面临着许多比较突出的问题，例如，发电企业为了能够扩大用电高峰时的市场份额，为进行科学评估、合理规划就进行发电机组地再扩建，导致运营成本增加，用电高峰时所发电量大量闲置的问题；这就是由于电价受到政府相关部门的统一调价，所以会在一定程度上导致发电企业所投入的成本与销售业绩不成正比。能源互联网的高度集成特性可以保证分布式可再生能源的共享和利用，电力企业能够通过融资等相关方式巩固和增强分布式可再生电源的运营和管理；并结合市场供需求变化，制定一套新型的计费原则和支付方法，采取针对性定价使更多的消费者能够从中受益（王君安，2017）。

与此同时，结合我国电力体制改革推进过程来分析，当前阻碍电力交易改革难以继续推进的主要原因是竞争性主体在我国尚未建立。发电侧竞争十分有限，力度远远不够，市场框架结构仍然还是一家独大的垄断状态，因此，可以说实现电网市场化能够在较大程度上加快电力体制改革的步伐。假若没有实现开放性的电网市场，也就不能代表发电企业具有双重身份，只是单纯地运输电能。结合发电企业和消费者来分析，可以看出双方都期盼电力供需可以满足双方的选择，建立稳定的价格合约机制和金融合约机制对改善和促进双边合约具有一定的积极作用。其双边合约是保障双方能够实现供需平衡，金融合约则是为了降低资金风险发生时对双方造成的损失。在当前我国电力企业输送分配电能改革的过程当中，已经取得了一定的成果，把双边以及金融合约作为构建电力交易制度的重要组成部分，并开始逐步应用（张华祥，2014）。

（三）营销模式：以用户为中心，提供个性化服务

目前双侧随机性伴随着可再生能源、分布式电源、电动汽车的并网

接入表现得越来越突出。能源互联网能够实现对技术信息的共享，充分的保障能源互联网端对端电力信息流互联互通和提升效率、增强了既安全又可靠的调度工作。需求侧资源将会在以后的发展过程当中成为电力系统非常重要的可调控资源，它具有非常大的优点，表现为资金投入少、管理控制性强，同时也将会成为当遇到电源故障时保障系统功率平稳运行的一种方法策略。在现代化信息网络技术的高效支持下，电力生产企业完全可以根据自身发电量通过对大数据信息进行研究与分析，并结合自身企业的生产与销售策略，制定适合各类消费主体在不同时期用电量多少的销售模式和服务管理运营模式，来不断满足当前个性化消费的发展趋势。首先要不断增强数电企业需求侧管理精细化基本能力。售电企业依靠信息互通共享的系统，实时了解各种不同类型的用电消费者的使用状态，开展依靠用户侧智能自动控制设备来对各种不同类型的用户实施精细化管理，来保障供给侧双方能够保持良好的运行状态。其次不断提高服务质量推出针对性服务。售电企业依靠信息交互系统将发电企业的运营状态以及对电量的分配和控制通过这一系统传递给广大用电客户，让客户可以及时地了解系统的运营情况，并结合自己对用电的需求，提出相应的意见和要求，再通过移动智能终端传递给发电企业来为其制定个性化的用电模式（曾鸣，2015）。

（四）战略方向：建设全球能源互联网，加强国际合作

构建全球能源互联网，加快以清洁能源使用和绿色出行方式的全球电力供应体系的建设，推动能源革命和可持续发展，根本解决能源环境问题，已经成为国际社会广泛共识。构建全球能源互联网，将对能源电力技术创新、特高压和智能电网建设、清洁能源并网消纳、国际业务发展提出更高要求，带来更多、更广阔的发展机遇。党的十八大报告明确指出"加快向全球迈出的步伐，提高企业国际市场竞争和经营能力，构建一批世界级的跨国企业在世界这个广大的市场当中，科学合理配置资金、人才以及各种资源等软硬件。"中央提出"一带一路"政策，高度重视与周边国家合作。以特高压、智能电网、新能源等为代表的先进技术

电力企业"走出去"的核心优势。电力企业发展国际化的途径：一是整合内部资源，成立专业化国际业务公司；二是搭建境外融资平台，着力解决境外大型投资项目的融资问题；三是强化产业协同"走出去"，通过参与境外资产投资运营，带动电工装备供货、工程承包、金融保险服务"走出去"。

三、结语

能源互联网的建立与推广能够将传统落后的能源供给侧模式和市场规则转化成为顺应时代发展的保障生产高效化、高利用化可再生资源的新体系。作为二次能源核心地位的电力系统必将在这次能源革命中起到至关重要的作用。通过嵌入性视角分析能源互联网对国家电网发展模式转变的影响，不难看出电网企业已经不可避免地融入能源互联网的大平台建设体系中，正在逐步完成价值链中从被动到积极参与的角色转换。然而从中国能源互联网的建设到实现能源洲际互联乃至最终全球能源互联的构想，必然不是一蹴而就的过程。在此能源变革的背景下，电网企业通过政府支持，引导用户参与，实施体制改革、加大研发投入、坚持自主创新实现转型发展，成为建立全球能源互联网最为重要的参与者。

参 考 文 献

[1] 陈欢. 基于平台经济的能源互联网九大突破 [J]. 企业管理, 2017 (1)：119-121.

[2] 陈启鑫, 刘敦楠等. 能源互联网的商业模式与市场机制（一）[J]. 电网技术, 2015, 39 (11)：3050-3056.

[3] 陈翌, 孔德洋. 德国新能源汽车产业政策及其启示 [J]. 德国研究, 2014 (01)：71-81, 127.

[4] 程林, 刘琛等. 基于多能协同策略的能源互联微网研究 [J]. 电网技术, 2016, 40 (1)：132-138.

[5] 董朝阳，赵俊华等．从智能电网到能源互联网：基本概念与研究框架 [J]．电力系统自动化，2014，38（15）：1-11．

[6] 范爱军，潘垠伊．全球能源互联网发展潜力与关联效益探析——基于微观经济学的视角 [J]．福建论坛（人文社会科学版），2016（07）：10-16．

[7] 高孝欣．我国能源产业发展的金融支持研究 [J]．劳动保障世界，2017（09）：57+59．

[8] 李鸿磊，柳谊生．商业模式理论发展及价值研究述评 [J]．经济管理，2016，38（9）：186-199．

[9] 李苏秀，刘颖琦，王静宇，张雷．基于市场表现的中国新能源汽车产业发展政策剖析 [J]．中国人口·资源与环境，2016（09）：158-166．

[10] 李晓露，宋燕敏，唐春童，潘毅．全球能源互联网的跨境电力交易市场成熟度模型研究 [J]．电力信息与通信技术，2017（03）：7-13．

[11] 刘敦楠，唐天琦，赵佳伟等．能源大数据信息服务定价及其在电力市场中的应用 [J]．电力建设，2017，38（2）：52-59．

[12] 刘敦楠，曾鸣等．能源互联网的商业模式与市场机制（二）[J]．电网技术，2015，39（11）：3058-3063．

[13] 刘振亚．构建全球能源互联网推动能源清洁绿色发展 [N]．人民日报，2015-10-22（11）．

[14] 刘振亚．全球能源互联网 [M]．北京：中国电力出版社，2015．

[15] 刘振亚．全球能源互联网跨国跨洲互联研究及展望 [J]．中国电机工程学报，2016（19）：5103-5110．

[16] 刘振亚．全球能源互联网与中国电力转型之路 [J]．电气时代，2015（11）：22-25．

[17] 刘正阳，胡毅等．能源互联网时代新能源企业的商业模式创新分析——以远景能源为例 [J]．科技促进发展，2017，13（3）：

133 – 144.

[18] 权楠，张亚平，司晋新，邱岳，黄娜，吴建海，罗志明．全球能源互联网的信息顶层架构 [J]．电力信息与通信技术，2016（03）：60 – 65.

[19] 石怀德，李德智等．能源互联网中用电与需求侧管理商业模式研究 [J]．电源技术，2016，40（11）：2288 – 2291.

[20] 孙宏斌，郭庆来等．能源互联网：驱动力、评述与展望 [J]．电网技术，2015，39（11）：3005 – 3013.

[21] 佟昕，连丽艳等．"互联网＋能源"的战略影响与展望 [J]．能源研究与利用，2016（5）：47 – 50.

[22] 王宁，晏润林，刘亚斐．电动汽车潜在消费者特征识别和市场接受度研究 [J]．中国软科学，2015（10）：70 – 84.

[23] 王守凯，刘达．能源互联网背景下电网公司供电服务商业模式创新研究 [J]．陕西电力，2016，44（8）：47 – 50.

[24] 王益民．全球能源互联网理念及前景展望 [J]．中国电力，2016（03）：1 – 5 + 11.

[25] 魏钧，邓文靓，吴向京．全球能源互联网：我国能源供给侧改革的新契机 [J]．价格理论与实践，2016（08）：89 – 92.

[26] 谢国辉，李琼慧．全球能源互联网技术创新重点领域及关键技术 [J]．中国电力，2016（03）：18 – 23.

[27] 谢志明，张媛，贺正楚，张蜜．新能源汽车产业专利趋势分析 [J]．中国软科学，2015（09）：127 – 141.

[28] 邢相军．新能源产业商业模式创新的影响因素、机会与障碍 [J]．中国流通经济，2014，28（8）：93 – 99.

[29] 尹晨晖，杨德昌，耿光飞，范征．德国能源互联网项目总结及其对我国的启示 [J]．电网技术，2015（11）：3040 – 3049.

[30] 曾鸣．构建全球能源互联网国际合作的思路与建议 [J]．国际融资，2015（12）：38 – 39.

[31] 张东霞，苗新，刘丽平，张焰，刘科研．智能电网大数据技术

发展研究 [J]. 中国电机工程学报, 2015 (01): 2-12.

[32] 张恒旭, 施啸寒, 刘玉田, 杨冬. 我国西北地区可再生能源基地对全球能源互联网构建的支撑作用 [J]. 山东大学学报 (工学版), 2016 (04): 96-102.

[33] 张小平, 李佳宁, 付灏. 全球能源互联网对话工业 4.0 [J]. 电网技术, 2016 (06): 1607-1611.

[34] 张晓旭, 李政阳等. 能源企业商业模式与商业模式创新 [J]. 科技促进发展, 2015, 11 (2): 156-166.

[35] 赵海, 蔡巍, 王进法, 贾思媛. 能源互联网架构设计与拓扑模型 [J]. 电工技术学报, 2015 (11): 30-36.

[36] 周庆捷. 能源互联网下的电力商业模式 [J]. 中国电力教育, 2016 (01): 18-20.

[37] 周孝信. 能源互联网的发展现状与展望 [J]. 中国科学: 信息科学, 2017, 47 (2): 149-170.

[38] 卓谦, 邓建清. 能源互联网蕴含巨大经济价值 [J]. 英才, 2016 (11): 90.

[39] 杨玉波, 李备友, 李守伟. 嵌入性理论研究综述: 基于普遍联系的视角 [J]. 山东社会科学, 2014 (3): 172-176.

[40] 刘振亚. 全球能源互联网 [M]. 北京: 中国电力出版社, 2015.

[41] 曾鸣. 能源互联网与能源革命 [J]. 中国电力企业管理, 2016 (6): 36-39.

[42] 王君安, 高红贵, 颜永才, 等. 能源互联网与中国电力企业商业模式创新 [J]. 科技管理研究, 2017 (8): 26-32.

[43] 兰建平, 苗文斌. 嵌入性理论研究综述 [J]. 技术经济, 2009, 28 (1): 104-108.

[44] 林嵩. 国内外嵌入性研究述评 [J]. 技术经济, 2013, 32 (5): 48-53.

[45] 许晖, 许守任, 王睿智. 嵌入全球价值链的企业国际化转型及

创新路径——基于六家外贸企业的跨案例研究 [J]. 科学学研究, 2014, 32 (1): 73 - 83.

[46] 曹志安. 关于深化电力供给侧结构性改革的对策思考 [J]. 中国领导科学, 2016 (8): 40 - 42.

[47] 张华祥. 中国电力行业价格形成机制与改革模式研究 [D]. 上海: 复旦大学, 2014.

[48] 牛禄青. 能源互联网从概念到行动 [J]. 新经济导刊, 2015 (7): 44 - 51.

[49] European Environment Agency. Europe's onshore and offshore wind energy potential: an assessment of environmental and economic constraints [R]. Copenhagen: EEA, 2009.

[50] Henry S, Denis A M, Panciatici P. Feasibility study of off-shore HVDC grids [C] //Proceedings of the IEEE Power and Energy Society General Meeting. Minneapolis: IEEE, 2010: 1 - 5.

[51] Kaile Zhou, Shanlin Yang et al. Energy Internet: The business perspective [J]. Applied Energy, 2016 (178): 212 - 222.

[52] Stewart D, Q Zhao. Internet Marketing, Business Models, and Public Policy [J]. Journal of Public Policy & Marketing, 2000, 19 (2): 287 - 296.

[53] Thomas M. Siebel. The Internet of Energy [J]. Electric Perspectives, 2015 (2): 54 - 57.

[54] Rifkin J. The third industrial revolution: how lateral power is transforming energy, the economy, and the world [M]. New York, Palgrave Mac-Millan, 2011.

[55] POLANYI K. The Great Transformation: The Political and Economic Origins of Our Time [M]. Boston, MA: Beacon Press, 1944.

[56] Parsons T. Structure and Process in Modern Societies [M]. Free Press, 1960.

[57] Granovetter M. Economic Action and Social Structure: The Prob-

lem of Embeddedness. The American Journal of Sociology, 1985, 91 (3):
481 – 510.

[58] Zukin S, Dimaggio P. Structures of Capital: The Social Organization of Economy [M]. Cambridge, M A: Cambridge University Press, 1990.

[59] Andersson U, Forsgren M, HO LM U. The strategic impact of external networks: Subsidiary performance and competence development in the multinational corporation [J]. Strategic Management Journal, 2002, 23 (11): 979 – 996.

[60] Hagedoorn J. Understanding the cross-level embeddedness of interfirm partnership formation. Academy of Management Review, 2006, 31 (3): 670 – 680.

第三章

新规制经济视角下政府规制对国家电网公司治理的影响分析

规制的主要目的是修复因市场失灵产生的激励扭曲，而不同的制度框架会产生不同的规制效果。一般而言，良好的规制机制需考虑以下四个方面的问题：第一，保证受规制企业的收支平衡；第二，提供企业实现有效运营和投资的激励；第三，改善规制机构获取信息的质量；第四，设计有效激励机制以权衡受规制企业的效率与租金。

国家电网公司作为具有公益性特征的国有企业，其承载着企业财务目标与社会公益目标双重目标。从国家电网的公益性质上可以发现，其产品和服务与国民的生活息息相关，例如，电价的调整就是其实现社会公益目标的方式。过高的价格会造成国民生活成本的提高，不利于公益性的实现。因此，要维护社会和公众的共同利益，承担企业的社会责任，国家电网必须调整合理的产品和服务的价格，以满足消费者需求。与此同时，国家电网还具有企业的性质——盈利，实现企业财务目标最大化，是国家电网必须实现的，否则企业难以为继，就更难获得投资和经营所需的资本。因此，国家电网应同时满足企业财务目标与社会公益目标，将其作为终极目标，而政府规制无疑是推进这一终极目标实现的关键力量。

第一节　行业变革背景下先发企业合法性的
　　　　获取机制
——基于扎根理论的国家电网公司的案例①

诺基亚在智能手机时代的日渐没落乃至衰败，淘宝、滴滴等新型企业基于移动互联网技术获得的巨大成功，均显示了在行业变革背景下企业及时把握时代机遇、争取先发优势的重要意义。经济一体化进程加快、信息技术的发展和产品生命周期加速等因素更是极大程度上凸显了企业顺应行业趋势和在行业变革机遇下进行再创业的必要性，但是，资源匮乏和经验缺失、新业务开展的政策风险、产品创新难以被顾客和市场所接受等新生弱性又为行业内的率先行动者带来诸多挑战。合法性是指社会规范与社会价值观等结构系统对个体行为是否恰当或值得期待的认知状态和做出的评判，体现了组织价值观与组织所嵌入社会情境价值观的一致性，对于缓解先发风险有积极意义（俞园园、梅强，2016）。所以，行业变革为企业发展提供了一定的机遇与挑战，合法性获取成为先发企业获取竞争优势的重要保障。

最初的合法性理论着重强调外部规则对企业发展的客观要求和约束（杨勃等，2016），但是，随着研究的深入，学术界对合法性的认识已逐渐从被动性视角发生转变，开始将合法性视为组织能够主动获取的一种可操作性战略资源，认为组织能够通过一系列经营活动主动影响或塑造外界对于组织合法性的感知（Castelló & Lozano，2011；Herlin，2015）。基于主动性视角的合法性认知为新创企业合法性获取的学术研究提供了有益参考，如加莱和洛扎诺（Castelló & Lozano，2011）以及科莱奥尼（Colleoni，2013）认为积极履行社会责任行为，努力创造社会贡献是合法性的主要来源；何霞、苏晓华（2016）的研究表明，战略联盟和组织学

---

① 本节内容刊于经济管理，2017（11）.

习是新创企业获取合法性的有效途径。但是，已有研究对行业变革背景下先发企业合法性获取途径进行的分析相对较少。

行业内技术、文化或政策的变革为行业内企业提出了新的机遇和挑战，先动优势理论认为行业变革背景下先发企业可以抢先占据稀缺资源，赢得消费者偏好和先进技术，由此获得竞争优势。但是，环境的不确定性和先发风险使得不少企业面临行业变革机遇而望而却步。在此背景下，探索先发企业合法性获取机制对促进企业实施先发行动的积极性和提升先发行动成功的可能性具有重要价值。本节以国家电网公司为案例，运用扎根理论研究方法，针对其基于全球能源互联网行业背景所实施的经营行为，围绕合法性建立过程展开分析，以期梳理出行业变革背景下先发企业合法性获取的一般途径，进一步丰富与发展组织合法性理论，也为我国其他行业变革中的先发企业采取合法性获取战略的形式与手段提供借鉴参考。

一、文献评述

（一）组织合法性概念演进

关于合法性的早期研究多是将合法性视作外部规则对企业发展的客观要求进行概念界定，如帕森斯（Parsons，1960）将组织合法性界定为组织所处社会情境的价值观与组织自身价值观念的契合程度；道林和普费弗（Dowling & Pfeffer，1975）则认为，合法性是企业经营活动被社会系统接受程度的体现；萨奇曼（Suchman，1995）则将合法性看作社会系统对组织的价值评判，主要反映的是一个相对规范的社会系统对某个体的行为是否正确和值得期待的认知。随着研究深入，学术界逐渐将组织合法性视作可以推动企业成长的内部资源进行解析，如华盛顿和扎亚克（Washington & Zajac，2005）认为，组织合法性的获取将有助于组织社会地位及知名度的提升，对企业可持续发展有积极影响；皮特斯（Peeters，2014）等认为，创造组织合法性的能力与管理专注、吸收能力是影响企业管理创新效率的关键因素；埃伯哈特（Eberhart，2016）将合法性视为一种消除新事物缺陷的组织资源，是新创企业快速成长的重要保障。

（二）组织合法性维度划分

基于研究需要的不同，组织合法性维度划分的研究呈现多样化，本书基于维度划分的认可度从二分法、三分法和其他方法三个方面进行综述。二维度划分的相关研究包括辛格（Singh，1986）等从内外两个视角对合法性来源进行分析，提出新兴组织对外部合法性的适应程度极大程度上决定了其发展趋势，所以，新兴组织必须通过满足外部合法性需求来提升对所处环境的适应能力和获得持续成长；奥德里奇和菲奥尔（Aldrich & Fiol，1994）将新创企业面临的合法性划分为社会政治合法性与认知合法性两个维度，其中社会政治合法性是从政治视角考察新创企业的利益相关者对企业经营行为以及其所存在的形式和结构的理解程度，认知合法性主要体现了外界基于对企业行为的了解所产生的企业认可度；汤姆肯斯基和纽波特（Tornikoski & Newbert，2007）将合法性分为战略合法性和自洽合法性两个方面，战略合法性主要是基于主动视角进行解析，是指企业通过有意识的组织运营、资源获取和联盟拓展等战略措施获得利益相关者的肯定和认可。自洽合法性是指组织成立后自身一些客观的关键性信息和特征为组织带来的合法性。

三维度划分相较于二分法对组织合法性的解析更加细致，涵盖的内容也更加全面，代表性研究包括：斯科特（Scott，1995）从规制合法性、规范合法性和认知合法性三个维度度量组织合法性，其中，规制合法性是指组织对政府部门相关政策法律和行业标准等规制性事物的适应程度，规范合法性反映了组织对其所处环境中社会文化和传统价值观念等规范性事物的适应程度，认知合法性主要体现了人们对组织运营和结构特征等信息的掌握和了解程度；萨奇曼（Suchman，1995）基于评价来源和评价内容的差异将组织合法性分为以下三个维度：一是体现外界对企业活动规范性评价的道德合法性；二是反映直接利益相关者对组织行为评价状态的实用合法性；三是体现文化规则与企业活动一致程度的认知合法性。上述两类三分法在学术界得到了广泛认可，多数学者在后续的研究中采用此划分方法或者根据研究需要进行相应微调，如刘玉焕等（2014）；何霞、苏晓华（2016）均在自己的研究中采用了规制合法性、规范合法性和认知合法性的划分方法，汤姆森和拉姆（Thomas & Lamm，2012）在组织合法性与可持续发展的关系研究中采用实用合法性、道德合法性和认知合法性的分类方法。此外，部分学者基于研究需要采取了别的划分方法，如贝尔涅（Vergne，2011）从环境合法性（如企业生产是否存在隐藏的有毒废物）、竞争合法性（如是否存在串通投标等非合规竞争行为）、问责合法性（如是否存在业绩造假）和交易合法性（如是否存在受贿、性骚扰等）四个方面解释组织合法性；达契森（Dacin，2007）等则基于企业所处环境和自身特征，将组织合法性分为市场合法性（体现为供应商和客户对企业新发展业务的认可程度）、关系合法性（体现为企业合作伙伴对新发展业务的认可程度）、社会合法性（体现为社会规范、规则和期望与企业新发展业务的一致性）、投资合法性（体现为内部决策者与外部投资者对企业新发展业务经济可行性的认可程度）与联盟合法性（体现为战略联盟自身具备的合法性）五个维度。

（三）组织合法性影响因素

随着组织合法性对企业成长和持续发展的积极价值逐渐成为共识，关于如何建立组织合法性的研究逐渐增多。目前关于组织合法性影响因素的研究主要分为三个方面。一是组织自身特征。如沃德和梅内塞斯（Wood & Menezes，2010）认为，高参与管理系统有利于建立组织合法性；杜运周、李毛毛（2012）的研究表明，新企业创业者的魅力型领导正向影响组织合法性；菲拉特雪弗和纳卡吉玛（Filatotchev & Nakajima，2014）探索了公司治理中董事和高管激励机制对组织合法性获取的积极意义；赫林（Herlin，2015）的研究表明组织合法性的获取会受到公司核心价值观与身份特征的挑战。二是组织行为特征。如卡斯特洛和洛扎诺

（Castelló & Lozano，2011）认为，公司应当通过多元化举措强化与利益相关者的沟通，以此增强公司创业的合法性；克罗尼（Colleoni，2013）的研究表明，公司努力履行社会责任对组织合法性的获取有积极影响；沙哈（Shah，2011）研究了企业联盟活动对组织合法性的影响，认为新的联盟伙伴的加入会暂时削弱战略联盟的组织合法性，但可以通过针对性的满足利益相关者需求来获取组织合法性。三是组织外部特征。如伯德和兰德里（Byrd & Landry，2012）认为，组织合法性的获取与外部环境的期望密切相关；俞园园、梅强（2016）的研究表明，新创企业产业集群政治关系和商业关系嵌入对创业组织合法性有显著的正向影响。

（四）理论缺口

由上述文献梳理可知，随着研究的深入，组织合法性的内涵愈加丰富，研究视角也从过去的被动要求转向主动索取，维度的划分也更加成熟。但是，关于组织合法性获取的研究尚缺少对过程的探索，目前的研究多是基于组织内外某一特征，探索其与组织合法性的关联性。碎片化的研究具有片面性，不能全面梳理合法性战略行为来源。同时，新创企业与已有企业再创业追逐合法性时具备不同的资源基础，战略决策的机会成本也不同，鉴于以上差异会使得两者存在不同的决策路径和影响机理。所以，关于新创企业合法性的研究结论并不能充分解释行业变革背景下先发企业再创业合法性的获取机理，以上理论缺口为本书提供了研究空间。

基于以上文献梳理，本书将组织合法性界定为：当企业提供一项新的服务、生产一种新的产品或者创新一种商业模式时，外界的法律法规、社会规范和人们所掌握的知识对其理解和认可的程度。行业变革背景下先发企业的战略行动具有先进性和创新性，由此面临的合法性风险常常成为阻碍企业创新的重要因素，本书所研究的内容即是探索该情境下先发企业的合法性获取途径，有利于提升行业变革背景下企业率先采取行动的积极性，促进行业进步和经济发展。

二、研究设计

（一）研究方法

本书采取扎根理论的研究方法，以国家电网公司为案例进行分析。扎根理论是由格拉斯和施特劳斯（Glaser & Strauss，1968）提出的一种质性研究方法，主要原理是通过对案例企业经营过程中与研究问题相关的信息进行梳理，归纳出一些概念和范畴，并通过分析资料持续补充理论直到饱和。本书采用扎根理论作为研究方法的原因主要有二：一是关于合法性获取机制已有不少定量研究探究过新创企业合法性的影响因素，但已有实证研究对合法性获取机制的研究不够系统，也未涉及对内在机理和传导路径的探讨，且不能解释行业变革背景下先发企业再创业过程中合法性获取机制这一现象，理论分析框架存在缺陷，此时采取扎根理论进行分析更有优势，所构建的理论框架更加饱和；二是扎根理论具有科学规范的操作流程，研究资料均来自客观实际，研究结论更加可靠，分析的结果更容易贴近现实和更加稳健。

（二）案例选择

本书遵循理论抽样原则选择案例，因为本书主要分析在行业环境发生重大变革时先发企业获取合法性的途径及传导机理，所以，本书选择国家电网公司作为案例对象，对全球能源互联网背景下国家电网公司作为先发企业的经营行为进行分析。原因主要有以下三个方面：一是全球能源互联网概念的提出意味着能源的市场化、民主化、去中心化、智能化、物联化等趋势将注定要颠覆现有的能源行业，而且，2015 年 9 月 26 日，习近平总书记在联合国发展峰会上倡议探讨构建全球能源互联网，这是我国"一带一路"建设的创新发展，是对传统能源发展观的历史超越和重大创新，能源企业的行业环境发生重大变革①。二是国家电网公司是以建设运营电网为核心业务的全球最大的公用事业单位，是关系国民经济命脉和国家能源安全的特大型国有重点骨干企业，承担着保障更安全、更经济、更清洁、可持续的电力供应的基本使命。自 2015 年 2 月 3 日《全球能源互联网》一书首发、国家电网公司正式提出全球能源互联网计划以来，国家电网公司已做出众多战略举措，以推动在新行业背景下的快速发展，属于典型的行业变革背景下的先发企业。三是国家电网公司为适应新的行业背景所做出的举措在官方网站或媒体报道中有相对详细的公开资料可以查阅，为论文研究提供了基础资料保障。同时，作者团队也与国家电网公司及其下属企业有与本书主题相关的咨询合作，可以获得更加丰富完整的材料，资料的可获得性保障了研究结论的稳健性和完整性。

（三）资料收集

为了获得相对客观和完整的资料，本书采用多种渠道搜集资料，并对不同渠道来源的资料进行相互印证，最大程度提高研究的信度和效度，保证研究结论的有效性。具体来源如下：一是国家电网公司及其下属企业的官方网站。国家电网公司官方网站的"国际合作"模块和"新闻中心"模块中的"公司新闻""总部动态""新闻速递""行业动态"等组块对于国家电网公司的经营行为和战略决策均有相对及时和全面的记录，本书特别关注记录中与全球能源互联网相关的信息，并抽取出来作为分析资料。另外，本书还从国家电网公司全球能源互联网研究院网站和部分下属公司网站中搜集了大批国家电网公司在全球能源互联网背景下的决策信息。通过整理归纳，形成 1603 条信息，共计约 157.4 万字。二是作者团队通过访谈和讲座学习获得的一手资料。主要包括：作者团队到全球能源互联网发展合作组织关于国家电网公司实施全球能源互联网计

---

① 新华网，http://www.xinhuanet.com/politics/2015 - 09/27/c_1116687809.htm.

划的相关信息进行现场访谈整理的访谈记录；听取山东省电力公司电力
科学研究院首席专家关于全球能源互联网的专题讲座现场访谈整理的笔
记以及获得的国家电网公司开展全球能源互联网计划的内部学习资料等。
合计约7.8万字。三是网络上对案例企业的相关新闻报道和案例企业高管
的访谈记录。主要是使用百度搜索引擎，以"全球能源互联网和国家电
网"为关键词进行搜索，通过阅读新闻标题的方式剔除与研究主题不相
关以及与资料来源1（见表3－1）内容重复的新闻。通过整理所有新闻，
共形成119篇报道，合计约28万字。四是公司高管公开发表或出版的与
全球能源互联网相关的论著以及中国知网上发表的相关研究文献。首先
通过访谈和调研案例企业，获取国家电网公司高管公开发表的著作《全
球能源互联网》一部；其次，在中国知网上以"全球能源互联网和国家
电网"为关键词进行搜索，下载和整理相关研究文献，共812篇。本书
研究过程中，资料来源1的信息资料主要用于建模，资料来源2、资料
来源3和资料来源4的资料主要用于验证，资料的详细分布如表3－1
所示。

表3－1   资料来源

编号	资料来源	挖掘渠道	数量	用途
1	案例企业官方网站	国家电网公司网站；国家电网公司全球能源互联网研究院官方网站及下属公司网站	1603条信息，约157.4万字	建模
2	通过访谈和讲座学习获得的一手资料	作者团队到全球能源互联网发展合作组织；听取国家电网公司的专家讲座，进行现场访谈并获得的学习资料	约7.8万字	验证

编号	资料来源	挖掘渠道	数量	用途
3	网络报道与访谈记录	百度新闻搜索引擎（去除与本表"1"中重复部分）	119 条，约 28 万字	验证
4	企业高管及他人论著	通过访谈和查阅图书信息获取专著信息；通过中国知网搜索已发表文献	专著 1 部，论文 812 篇	验证

注：所有资料信息发生时间始于 2015 年 2 月 3 日（国家电网公司正式提出全球能源互联网计划），止于 2017 年 1 月 10 日。

资料来源：本书笔者根据相关资料整理。

三、资料分析

按照扎根理论的分析原则，本书研究过程中资料收集与编码同步进行，资料的分析过程共包括开放性编码、主轴性编码和选择性编码三个步骤。

（一）开放性编码

作为扎根理论分析的第一个环节，开放性编码的主要任务首先是基于原始分析资料对相应的独立事件赋予概念，然后合并归纳内涵相关或现象相关的概念并进行命名。本书开放性编码过程中共得到 102 个概念，14 个范畴，分别是专业学习、政治学习、管理创新、技术创新、组织建设、战略联盟、内部协同、社会责任、宣传引导、编制标准、品牌价值、规划引领、迎合环境和权变治理。开放性编码示例如表 3 - 2 所示（篇幅原因，此处仅分别列出了三条原始语句和三个概念）。

表 3 - 2 开放性编码示例（部分）

案例资料（贴标签）	编码过程	
	概念化	范畴化
功率半导体研究所组织员工到电力系统电力电子实验室以及相关车间参观学习，通过学习，公司员工充分了解了实验室的实验能力，以及相关的科技项目、知识产权、奖励、成果转化应用等情况，学习了 CNAS 实验室工作程序	程序与方法学习	专业学习
国家电网公司全球能源互联网研究院知识产权运营中心领导相应介绍了本院的发展概况及知识产权运营工作的起始，就中国科学院的知识产权运营工作模式及成功经验进行了咨询与请教，学习了中国科学院成熟的运作模式	模式与经验学习	
国家电网公司在冀北电力管理培训中心成功举办 2016 年全球能源互联网知识竞赛现场决赛，旨在传播全球能源互联网理念，统一思想、凝聚共识、学以致用，营造"全员参与、全员学习、全员掌握"的氛围	专业知识竞赛	
国家电网公司在总部、各分部、各单位设立分会场，听取国务院国资委召开的深入贯彻党的十八届六中全会和全国国有企业党的建设工作会议精神专题报告视频会议，深入学习习近平总书记重要讲话精神，推动中央企业党的建设	贯彻党会精神	政治学习
国家电网公司坚决贯彻党中央、国务院决策部署，以中发 9 号文件为根本遵循，面对不断深化改革新形势，坚决拥护改革，积极支持改革，主动参与改革，做改革的推动者、实践者	贯彻中央部署	
国家电网公司"两学一做"学习教育党群队伍技能竞赛决赛在国家电网公司冀北电力管理培训中心举行	党群技能竞赛	

续表

案例资料（贴标签）	编码过程	
	概念化	范畴化
国家电网公司始终坚持"你用电、我用心"的客户至上的理念，不断创新供电服务手段，提升供电服务水平	创新服务手段	
为更好地适应我国经济发展新常态，坚持创新、协调、绿色、开放、共享的发展理念，国家电网公司营销部准确把握居民用电需求快速增长的新形势，通过创新营销模式，深入推进居民生活领域电能替代，于2016年8月印发公司关于开展"电网连万家、共享电气化"主题活动的通知	创新营销模式	管理创新
国家电网公司在北京召开优化提升"三集五大"体系——部分大中城市业务集约融合调研座谈会，强调公司上下要进一步主动创新，努力变革，加快完善现代电网企业管理体制机制，做强做优做大国家电网公司	完善体制改革	
国家电网公司"互联电网动态过程安全防御关键技术及应用"获国家科学技术进步一等奖，"电网大面积污染事故防治关键技术及工程应用"等7项成果获国家科学技术进步二等奖，公司国家科学技术奖励获奖数量创历史最高水平	技术获奖	
为充分开发利用北极地区的风能，运用特高压交直流输电技术，实现基于全球可再生能源的全球电网互联，促进全球新能源优化配置，公司总工程师办公室组织相关直属科研单位开展了北极风电开发与全球能源互联网展望系列研究	技术研究	技术创新
国家电网公司正着力加强信息通信领域的基础前瞻性研究，深化信息通信技术与电网技术的融合，加快坚强智能电网建设，构建全球能源互联网	技术交流	

案例资料（贴标签）	编码过程	
	概念化	范畴化
2016 年 2 月，经国家工商总局核准，国家电网公司智能电网研究院变更为"全球能源互联网研究院"，是国家电网公司直属科研单位，国内首家专业从事全球能源互联网关键技术和设备开发的高端研发机构	组织结构调整	组织建设
全球能源互联网研究院共设置 6 个职能部门、2 个业务支撑部门，拥有直流输电技术研究所、电力电子研究所、电工新材料研究所、信息通信研究所、计算及应用研究所、功率半导体研究所 6 个研究所以及美国研究院、欧洲研究院 2 个海外研究院	组织结构设计	
为实现全球能源互联网的构想，2015 年 12 月 31 日，国家电网公司成立全球能源互联网集团有限公司，主要经营范围为：全球能源互联网战略规划；跨国电网互联互通项目开发；投融资和资产运营管理	成立专业公司	
2016 年 11 月 18 日，德国中国研发创新联盟成立暨签字仪式在全球能源互联网欧洲研究院隆重举行，中国驻德国大使馆科技处公参尹军出席会议并作重要讲话，全球能源互联网欧洲研究院被选为德国中国研发创新联盟第一届主席单位	研发创新联盟	战略联盟
作为全球可持续电力合作组织轮值主席，国家电网公司组织各成员围绕全球气候变化中电力企业的行动、共同推进全球能源互联网研究与建设等议题进行深入研讨，促进各成员企业在全球能源转型、构建全球能源互联网等理念上增进共识	参与电力合作组织	
全球能源互联网研究院与西安交通大学签署战略合作框架协议，国家电网公司智能电网研究院与上海电力学院签订战略合作框架协议	外部战略合作协议	

案例资料（贴标签）	编码过程	
	概念化	范畴化
2016 年，国家电网公司深入实施"走出去"战略，国际化业务不断发展壮大，在服务"一带一路"建设、海外项目实施、海外投资、装备拓展和标准制定等方面取得新突破	战略协同	内部协同
美国研究院加强与国家电网公司江苏省电力公司的合作，开展基于 WAMS 系统的源网荷动态感知、北电南送暂态安全分析、发电机组调节性能和系统调频以及故障安全分析等项目研究，为实现大规模源网荷友好互动提供有力的技术支撑	业务合作	
中电普瑞科技有限公司与中电普瑞电力工程有限公司将加强与全球能源互联网研究院分别就柔性交流输电领域以及直流输电领域技术许可实施进行沟通和交流，同时优先选择一批有意向的项目开展合作，协同推进全球能源互联网领域技术创新和产业发展	研发协同	
针对专家们认为的燃煤带来的污染物排放是造成雾霾的首要因素，造成"呼吸之痛"的根本原因是中国能源结构的不合理，国家电网公司加快发展以特高压为骨干网架的坚强智能电网，积极服务清洁能源发展，促进能源转型	关注环境	社会责任
积极适应能源转型发展形势，多举措并举促进新能源发展，配合政府努力解决"弃水弃风弃光"问题，为构建我国现代能源体系、促进生态文明建设做出新贡献	关注生态	
在国际业务上，公司以长期战略投资者的身份进行投资，坚持互利共赢原则，大力承担所在国家的社会责任，已在菲律宾、澳大利亚、意大利、葡萄牙、巴西等多个国家布局海外业务	互利共赢	

案例资料（贴标签）	编码过程		
	概念化	范畴化	
公司专家在"核心技术·自主创新"论坛作了题为"构建电网信息安全免疫系统"的报告，展望了可信计算作为基础计算技术在未来构建全球能源互联网的应用前景，得到与会专家的普遍关注，引发了热烈的讨论	会议报告		宣传引导
2015 年 11 月 12 日，国家电网公司全球能源互联网网站正式上线，为积极传播全球能源互联网理念，在更大范围凝聚全球能源互联网战略共识打造重要窗口	网站建设		
国家电网公司科技部派代表向"感知中国"的国际朋友介绍了国家电网公司和全球能源互联网研究院的主要概况，来访嘉宾对国家电网公司、全球能源互联网战略以及我院的研究方向表现出极大兴趣，提出很多问题，公司代表一一解答	接待外访		
国家电网公司牵头编制的国际电工委员会标准"分布式电源与电网互联"（IEC/TS62786）以 94.7% 的赞成票率获得批准，该标准由公司代表中国向 IECTC8 发起立项，中国、德国、意大利等国家的专家参与了标准的编制工作	牵头编制标准		编制标准
国家电网公司积极贯彻落实国家标准化战略，将标准化工作放在重要位置，坚持做国际标准制定的领跑者，积极推动我国电工技术和标准成为国际标准，新发起并立项 IEC 标准 2 项，主导制定并发布 IEC 标准 6 项，主导完成待出版 IEC 标准 1 项，主导制定并发布电气与电子工程师学会（IEEE）标准 1 项	贯彻标准化战略		
国家电网公司智能电网研究院主持可信计算规范体系结构标准工作组启动会议，会议讨论了该标准的定位、主要技术思路、工作框架以及各参与单位的分工	召开工作标准会议		

案例资料（贴标签）	编码过程	
	概念化	范畴化
在新华网举办的"第六届中国能源高层对话"和国家外文局主办的"2016 中国企业海外形象高峰论坛"上，国家电网公司分别荣获"2016 中国能源品牌价值杰出企业"奖、"能源行业最佳海外形象企业"称号	品牌形象获奖	品牌价值
国家电网公司位列"世界品牌 500 强"第 36 位，较 2015 年排名（第 56 位）提升 20 位，在上榜的中国品牌中排名第一	品牌排名上升	
国家电网公司坚决贯彻党中央、国务院决策部署，围绕国家"四个全面"战略布局，坚持创新、协调、绿色、开放、共享五大发展理念，主动适应经济发展新常态，加快建设"一强三优"现代公司，综合实力、品牌影响力全面提升	品牌影响力提升	
2016 年，国家电网公司以特高压为代表的电网建设加快推进，在规划层面，公司全力推动建设特高压输电通道、构建全国同步电网纳入国家"十三五"能源电力规划	推动纳入国家规划	规划引领
国家电网公司智能电网研究院第一届职工代表大会第三次会议暨 2016 年工作会议在京召开。会议进一步解放思想、凝聚共识，坚持规划引领、改革创新，科学推进"十三五"发展规划，在支撑构建全球能源互联网的进程中不断实现新突破	坚持规划引领	
国家电网公司实施创新驱动战略，落实公司"十三五"科技规划，加大科技创新力度，推进重大科技示范工程建设，以"创新、创造、创业"为根本途径，开展核心技术和重大装备的研发工作，促进科技成果转化和工程示范应用	落实科技规划	

案例资料（贴标签）	编码过程	
	概念化	范畴化
严格执行国家安全生产法规制度和工作部署，坚守发展绝不能以牺牲安全为代价这条红线，把确保大电网安全作为重中之重，突出预防为主、源头治理和过程管控，持续开展安全管理提升活动	执行国家法规	
针对当前世界经济深度调整、增长动力不足的现状，开设讲座从能源与经济社会的关系讲到能源、信息、交通三网融合发展，提出要推动世界经济向新型网络经济升级、促进全球经济一体化和可持续发展	顺应经济趋势	迎合环境
坚持开放发展，国际化迈出新步伐，落实"一带一路"建设部署，成立全球能源互联网发展合作组织，加强与周边国家的电网互联互通，积极推动构建全球能源互联网	落实一带一路部署	
国家电网公司的海外投资项目均按所占股比派出董事，在多数投资公司的董事会中把握主导权，并派出关键岗位高管，参与所投资公司管理，确保管控力和股东权益	强化海外项目治理	
2016年8月18日，国有重点大型企业监事会主席李志群率领新一届监事会正式进驻国家电网公司，新一届监事会将按照党中央、国务院关于深化国企国资改革总体部署，进一步强化问题和风险导向，为做强做优做大中央企业，实现国有资产保值增值做出应有贡献，推动企业健康可持续发展	实施监事外派制度	权变治理
国家电网公司与俄罗斯电网公司在中俄两国元首见证下签署设立合资公司的股东协议，该协议的签署是公司贯彻落实国家"走出去"战略，积极推进"一带一路"倡议实施的重要成果	合资新建	

资料来源：本书笔者根据相关资料整理。

各范畴内涵如表3-3所示。

表 3 - 3 范畴释义

范畴	范畴的内涵
专业学习	学习与行业变革和企业先发行为相关的专业知识与技能
政治学习	学习中央会议精神和贯彻党的工作部署，提升先发企业政治素养
管理创新	在先发企业内部推进体制改革、创新服务方式等管理体制创新
技术创新	在先发企业内部强化技术研发与交流活动
组织建设	建设有利于先发企业战略行动的组织结构和组织部门
战略联盟	与科研院校开展战略合作，成立合作组织强化与其他公司的战略联盟
内部协同	实施母子公司战略协同、业务协同等行为，强化内部协同
社会责任	关注生态环境以及在东道国履行社会责任行为提高品牌声誉
宣传引导	强化宣传行业变革背景和企业行为价值，提升外部认可度
编制标准	牵头制定行业变革过程中的相关技术标准，扩大行业知名度
品牌价值	在一系列品牌建设措施下，先发企业品牌价值得到认可
规划引领	以战略规划为纲实施经营行为，保证竞争战略科学性
迎合环境	迎合国内外制度环境，保证竞争战略可实施
权变治理	根据宏观环境权变选择与设计股权参与方式、高管人员配置机制和治理模式等

资料来源：本书笔者根据相关资料整理。

（二）主轴性编码

主轴性编码是对开放性编码信息的再次分析和聚类，其典范模型的分析思路即是通过梳理各个范畴的内涵和不同范畴之间的逻辑关系进行归纳，基于"条件/原因→行动/互动策略→结果"三个维度形成概括性的主范畴。本书根据开放性编码所形成范畴之间的逻辑关系，归纳出四个主范畴，分别为知识塑造机制、协同运营机制、品牌培育机制和动态竞争机制，各主范畴及其对应的开放式编码范畴如表 3 - 4 所示。

表 3 - 4 主轴性编码形成的主范畴

主范畴	对应概念和副范畴			范畴结构的内涵
	条件/原因	行动/互动策略	结果	
知识塑造机制	专业学习、政治学习	技术研究、技术交流、强化质量控制等	管理创新、技术创新	先发企业强化专业和政治学习前提下，通过技术研究与交流行为等实现企业管理创新和技术创新，可以塑造技术和管理知识
协同运营机制	组织建设	参与合作组织、强化业务合作和研发协同等	战略联盟、内部协同	先发企业通过完善组织结构，开展外部合作和强化内部协同，实现内外部协同运营
品牌培育机制	宣传引导	社会责任、编制标准	品牌价值	先发企业在强化宣传背景下，积极履行社会责任、承担标准编制工作，提升品牌价值和影响力
动态竞争机制	规划引领	迎合环境	权变治理	先发企业以战略规划为纲要，积极迎合各地制度环境，实现权变治理和动态竞争

资料来源：本书笔者根据相关资料整理。

（三）选择性编码

选择性编码的主要任务是开发故事线，即选择能够统领其他范畴的核心范畴，并基于一定的逻辑关系和脉络条件将核心范畴与主范畴和其他范畴进行关联，形成以主范畴为基础的典型关系结构，本书研究过程中所开发故事线的典型结构如表 3 - 5 所示。

表 3 -5	选择性译码典型关系结构
典型关系结构	关系结构的内涵
知识塑造机制→先发企业合法性获取	基于政治学习、专业学习条件等强化内部管理创新、技术创新和服务手段创新，顺应合法性需求
品牌培育机制→先发企业合法性获取	履行社会责任、强化宣传引导、制定行业技术标准等行为提升品牌声誉，塑造企业品牌，创造合法性认可
协同运营机制→先发企业合法性获取	完善内部组织建设、在集团内部促进不同子公司协同运营，牵头成立合作组织发展战略联盟，强化合法性建设
动态竞争机制→先发企业合法性获取	制定发展规划，权变设计治理机制满足制度环境要求，保障合法性获取
知识塑造机制→品牌培育机制→先发企业合法性获取	知识塑造有利于企业实施履行社会责任、宣传引导和制定行业标准等品牌培育，满足合法性需求
知识塑造机制→协同经营机制→先发企业合法性获取	知识塑造有利于内部协同运营和通过成立中介组织创建外部战略联盟，强化公司的先发合法性
知识塑造机制→动态竞争机制→先发企业合法性获取	知识塑造可以提高对竞争环境的认知能力，提升公司战略规划的科学性，并对权变设计治理机制产生积极影响，保障合法性获取

资料来源：本书笔者根据相关资料整理。

基于以上典型关系结构，本书确定了"行业变革背景下先发企业合法性获取"这一核心范畴。以此为基础，本书建构和发展出一个全新的合法性获取的理论构架，称之为"行业变革背景下先发企业合法性获取机制模型"，如图 3 - 1 所示。

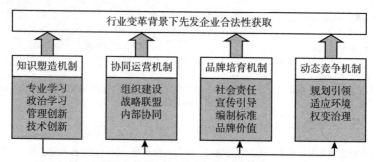

图 3 - 1　行业变革背景下先发企业合法性获取机制理论模型

资料来源：本书笔者绘制。

（四）理论饱和度检验

理论饱和度检验是保证研究信度的重要途径，主要程序是对案例剩余资料进一步分析梳理，直至不能产生新的范畴。本书通过对预留的验证资料进行编码分析，并没有发现新的范畴和类属关系，说明上文所构建的理论模型是饱和的。

四、模型阐释与研究发现

根据上述行业变革背景下先发企业合法性获取机制的理论模型可知，行业变革背景下先发企业快速获取合法性的机制包括组织学习机制、协同运营机制、品牌培育机制和动态竞争机制，其中，组织学习机制既是创造先发企业合法性的直接驱动机制，也是会通过推进协同运营机制、品牌培育机制和动态竞争机制对先发企业合法性获取产生积极影响的间接驱动因素。进一步对行业变革背景下先发企业合法性获取机制理论模型进行阐释，并总结相应分析如下。

（一）知识塑造机制是行业变革背景下先发企业合法性获取的基础保障

知识塑造机制由专业学习、政治学习、管理创新和技术创新四个模块组成，全球能源互联网架构的推出会重构区域电网互联的运行规范和准则，对国家电网公司的专业理论、政治素养、管理体制和技术储备都提出了新的要求。国家电网公司针对以上挑战，做出了多项举措，例如，自提出全球能源互联网计划以来多次在公司内部开展与全球能源互联网相关专业知识的学习，并且组织工作人员到专业实验室学习交流，探索互联网构建过程中的理论问题；在公司内部多次召开中央精神学习会议，强化中央部署工作的落实和党建工作；完善内部管理制度，理顺与全球能源互联网推进相关工作的流程；多次开展技术交流和技术研究工作，促进公司技术创新等。总之，知识塑造机制为国家电网公司在全球能源互联网计划实施过程中奠定了行业内技术领先地位。

行业的创新型变革为先发企业带来了诸多基础理论知识的挑战，专业学习是先发企业快速建立专业理论成为行业专家的有效途径，也是先发企业适应环境变化的必然选择，对于先发企业合法性获取有积极意义。同时，政治学习也是先发企业知识塑造机制的重要环节，对于企业实施先发行动过程中对制度环境的适应能力有积极意义。管理创新是先发企业采取行动过程中保持效率和稳定性的重要基础，而技术创新是先发企业扩大影响力形成独特资源的有效途径（白贵玉等，2015）。总之，行业的变革使得先发企业的行动面临新知识缺陷，只有善于学习、强化创新才能为合法性的进一步获取奠定基础，所以，知识塑造机制是先发企业满足行业变革、获取合法性的前提，能够从效率和可行性上提供保障。知识塑造在先发企业合法性获取机制中的要求和作用如图 3 - 2 所示。

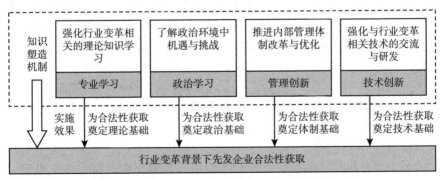

图 3 - 2　基于知识塑造的先发企业合法性获取机制

资料来源：本书笔者绘制。

（二）协同运营机制是行业变革背景下先发企业合法性获取的动力保障

协同运营机制包含组织建设、战略联盟和内部协同三个模块。国家电网公司提出实施全球能源互联网计划后，成立了专门的全球能源互联网办公室，将智能电网研究院变更为"全球能源互联网研究院"，专业从事全球能源互联网关键技术和设备开发的高端研发，同时，还成立了全球能源互联网集团有限公司，主要负责全球能源互联网战略规划和跨国电网互联互通项目开发，专业化组织建设使得全球能源互联相关工作更快得到发展和认可；国家电网公司及全球能源互联网研究院还与多家高校和科学院所签订战略合作协议，共同开展相关技术研究，并牵头成立全球能源互联网发展合作组织，召集合作单位共同推动全球能源互联网在理念、战略、技术、合作、项目等方面实现全面突破。同时，国家电网公司在国际化过程中特别关注下属公司的合作，如海外投资、装备拓展和标准制定等多方面协同推进全球能源互联网领域技术创新和产业发展。

作为行业变革背景中的先发企业，针对性地进行组织结构设计可以使企业的先发行动更具有专业性，为合法性获取提供组织动力；此外，由于外部环境动荡性和客户需求差异化的存在，大力开展行业内企业或科学院所的协同合作，努力创新战略联盟是先发企业快速获得社会认可的关键；同时，内部协同一方面可以在公司内部节约资源、创造协同效应，国际化过程中也会因其更具系统性获得外界认可。协同运营可以为先发企业提供获得外界认可的动力，各模块的实施要求和目的如图 3-3 所示。

（三）品牌培育机制是行业变革背景下先发企业合法性获取的能力保障

品牌培育机制包括社会责任、宣传引导、编制标准和品牌价值四个模块。国家电网公司为了顺利推进全球能源互联网计划相关工作，做出了

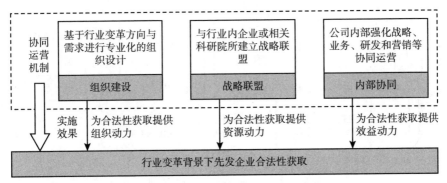

图 3 – 3 基于协同运营的先发企业合法性获取机制

资料来源：本书笔者绘制。

大量的社会责任履行工作，如更多地关注生态环境和在国际化过程中更多承担社会责任，为公司业务得到更快和更多认可提供了有力保障；同时，还通过网站建设对全球能源互联网架构的设想和理论进行宣传，并多次参加国际会议进行报告宣讲全球能源互联网相关知识，让创新、绿色、可持续、和平发展的全球能源互联网理念深入人心，增进共识，形成合力；除此之外，国家电网公司积极参与国际标准制定，如主导了智能电网和特高压等领域的国际标准制定，有力支撑和推动我国相关企业参与国际竞争，对获取行业认可提供了有力保障。基于以上努力，国家电网公司的品牌形象和品牌价值逐步提升，继而提升了合法性获取能力。

品牌培育机制的作用主要体现在对合法性获取能力的提升上，因为合法性获取的基本来源之一是话语权，而品牌是具有话语权的能力保障。与新创企业合法性获取的形式不同，变革背景下的先发企业具有较大的资源优势，应当尽可能多地履行社会责任、提升企业形象，加强理念传播、开展广泛宣传，承担标准编制工作、塑造行业话语权，努力提升品牌价值，增强自身影响力，提升行业变革背景下先发企业合法性获取的能力。品牌培育在先发企业合法性获取机制中的要求和作用，如图 3 – 4 所示。

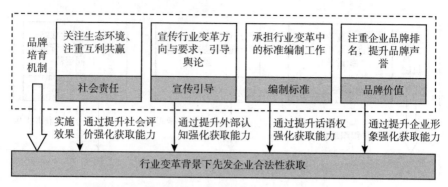

图3-4 基于品牌培育的先发企业合法性获取机制

资料来源：本书笔者绘制。

（四）动态竞争机制是行业变革背景下先发企业合法性获取的落实保障

动态竞争机制包含规划引领、迎合环境和权变治理三个模块。国家电网公司在实施全球能源互联网计划后，将国际化发展作为转变公司发展方式的重要内容，全面推进公司发展战略、业务布局、管理标准、资源配置、人才队伍、企业文化和品牌形象国际化，并基于全球能源互联网运行特质组织编制了相应的发展规划，以引导者身份努力将全球能源互联网建设的行动计划纳入各国能源发展规划。另外，全球能源互联网计划的实施需要世界各国密切合作，作为一个系统工程，其构建过程会与世界各国的政治、经济等宏观环境相互作用和影响，所以，保持对各国和地区制度环境的适应性是国家电网公司获取合法性的有力支撑；同时，国家电网公司高度重视境外资产风险管控，根据各地实际情况，科学权变设计治理结构，通过派出董事、派驻高管等多层次、全方位地参与目标资产的运营管理。

行业变革决定了先发企业面临环境的复杂性和不确定性，坚持规划引领，加强顶层设计和系统规划可以使先发企业对未来发展动态有预先洞察和了解，使得在未来实施先发行动时更有的放矢；制度环境对制度行动者行动策略的影响在以往学者的研究中已得到充分认可（刘玉焕等，2014），所以，先发企业建立竞争行为的动态选择机制对规制合法性的获取至关重要；权变治理可以根据先发企业战略行为的特征和接受对象的要求科学选择治理模式和设计治理结构，如股权参与方式与程度的确定、高管遴选机制与管理层权力配置程度等一方面可以有效控制投资风险，也可以为先发企业合法性获取提供支撑。动态竞争在先发企业合法性获取机制中的要求和作用，如图 3 – 5 所示。

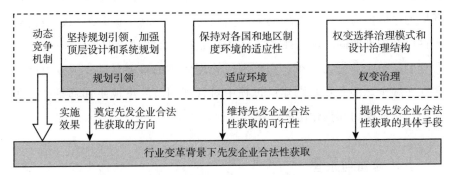

图 3 – 5　基于动态竞争的先发企业合法性获取机制

资料来源：本书笔者绘制。

（五）知识塑造机制不仅是先发企业合法性获取的直接驱动因素，还可以通过影响协同运营、品牌培育和动态竞争对合法性建设产生间接影响

从主范畴的逻辑关系来看，知识塑造机制除了会在专业学习、政治学习、管理创新和技术创新四个方面对先发企业合法性获取产生直接影响外，还会通过影响协同运营、品牌培育和动态竞争对合法性建设产生间接影响，具体体现在三个方面：一是专业知识学习和强化技术创新使得先发企业具有较强的专业话语权，这对公司开展战略联盟、研发协同、编制行业标准和制定科学合理的战略规划有积极意义。在访谈过程中，相关人员不止一次提及国家电网公司拥有全球能源互联网的专业知识话语权，且在关键技术上处于领先地位。这为国家电网公司建设战略联盟和实施内部协同奠定了基础，同时，也促成了其以主导或牵头单位编制了多个行业标准，保证了战略规划的科学性和合理性。二是政治学习对

于提升公司履行社会责任的积极性和对外界制度环境的适应能力有正向影响。政治学习是企业政治素养提升的有效途径，现场访谈过程中被访人员多次提到全球能源互联网计划是落实我国"一带一路"倡议的重大举措，国家电网公司高层基于政治学习带来的战略观念有效促进了其履行社会责任的积极性，同时，政府部门对国家电网公司推行全球能源互联网的支持也进一步强化了国家电网公司在不同地区开展业务时对制度环境的适应能力。三是管理创新的实施与推行有利于提升组织建设的合理性以及内部协同的可行性，继而对先发企业合法性获取产生积极意义。管理创新是企业努力变革、完善现代管理体制的重要基础，国家电网公司在实施全球能源互联网建设过程中对管理创新的重视使其具备了改善组织结构的能力和强化协同运作的意识。

五、总结与展望

由于合法性内涵的丰富性和多样性，行业变革背景下先发企业为了保障战略行动成功，需要建立多元化的合法性获取机制。本书以全球能源互联网背景下的国家电网公司为案例，基于扎根理论对行业变革背景下先发企业合法性获取机制进行了探索分析，构建了包含知识塑造机制、协同运营机制、品牌培育机制和动态竞争机制的合法性获取机制模型，对各个机制所含模块的实施要求和效果进行了梳理归纳，具体包括：知识塑造机制可以填补行业变革带来新知识缺陷，为先发企业顺利进行战略行动和获得行业认可提供基础保障；协同运营机制可以使先发企业在行业变革下的战略行为更有效率，为先发企业合法性的获取提供了动力保障；品牌培育机制可以使先发企业应对行业变革中更具有话语权和影响力，奠定了合法性获取的基本能力；动态竞争机制使先发企业的战略行为有方向有原则，同时，应当根据外部制度环境的特征和要求权变选择竞争行为和治理模式，为合法性获取工作的落实提供了有力保障。

本书的理论贡献主要体现在：以往对企业合法性获取策略的研究主

要集中在专业学习、战略联盟和履行社会责任等要素，这些要素在本书的研究中也有涉及，但本书还发现政治学习、管理创新、组织建设、内部协同、规划引领和权变治理等要素对企业合法性获取也存在积极影响。而且，本书基于扎根理论对这些要素进行系统梳理和归纳，从基础保障、动力保障、能力保障和落实保障四个层级构建了行业变革背景下先发企业合法性获取机制，弥补了以往从单一因素分析研究的局限性，从影响因素和获取体系两方面进一步丰富了研究合法性的理论框架。

本节内容的实践价值主要体现在：党的十八届五中全会提出"十三五期间应当全面推进和落实创新、协调、绿色、开放、共享五大发展理念"，意味着我国企业间的竞争方式和行业背景都会逐渐发生变化，如何在行业变革背景下及时采取行动并获取先发优势对于企业持续成长意义重大。与新创企业不同，企业在行业环境发生重大变革时采取先发行动的机会成本更大，较大的风险隐患使得合法性建设工作更具有紧迫性和必要性，而且，先发企业与新创企业在合法性建设过程中具有的资源储备差别较大，对获取策略选择的倾向性和适应性也存在较大差异化。本书提出先发企业获取合法性可以实施的具体策略包括坚持规划引领、强化组织专业和政治理论学习、推动组织管理和技术创新、重视组织领导与内外部资源协同、关注品牌培育和权变设计与选择治理模式等，这为行业变革背景下先发企业合法性获取策略提供了有益借鉴，可以有效推动企业在行业发生重大变革时积极实施创新和创业战略，推动行业进步并促进我国经济发展。

本节的研究尚存一定不足，主要表现在本书建构的行业变革背景下先发企业合法性获取机制模型是基于单案例的资料搜集与梳理得出的，其有效性和普适性有待大样本实证分析的检验与论证。另外，合法性获取过程中的差异化情境的权变思考以及合法性建设效应的研究也都是值得未来进一步探索和研究的课题。

第二节　基于财务绩效变化的企业社会责任
战略决策倾向及权变思考
——来自中国电力行业上市公司的经验数据①

党的十八届五中全会明确提出"'十三五'期间应当全面推进和落实创新、协调、绿色、开放、共享五大发展理念",为中国企业未来发展方式提出了新的要求,也意味着企业间的竞争方式和本质都会逐渐发生变化。实施积极的社会责任战略可以满足利益相关者对公司的期待与需求,对提升公司声誉和外部评价具有积极意义,是我国企业在新型发展理念条件下获取竞争优势、持续成长的有效途径。但是,积极履行社会责任的成本消耗使得管理实践中不同企业的社会责任战略体现出较强的差异化。所以,在新竞争条件下,考察分析上市公司社会责任履行战略的决策动因逐渐成为实践界和学术界共同关注的课题。

目前学术界关于企业履行社会责任影响因素的研究主要体现在三个方面。一是基于公司内部治理机制和组织结构特征探索社会责任的实施动因,比如拜耳等(Bear et al.,2010)提出董事会构成的多样性与企业社会责任履行存在正向相关关系;王海妹等(2014)的研究表明机构持股对强化上市公司履行社会责任有积极影响。二是基于企业决策层个人特质探索企业履行社会责任的规律性,比如黄荷暑和周泽将(2015)认为女性高管对于履行企业社会责任的积极性更强。三是基于外部环境特征分析企业履行社会责任的影响因素,比如周中胜等(2012)对制度环境与社会责任履行的关联性进行分析,提出在政府对经济干预程度越低、法律环境越完善以及要素市场越发达的地区,企业的社会责任履行状况越好;杨忠智和乔印虎(2013)的研究

---

① 本节内容刊于财会月刊 [J]. 2017 (36).

表明垄断程度较高的行业履行社会责任要好于竞争程度较高的行业。

总之，虽然目前关于社会责任战略实施动因的研究很多，但是仍存在以下两点缺陷：一是研究的视角多是集中在结构安排层面，比如治理机制、组织结构、人事和环境特征等，都是基于结构特征探索有利于企业生成积极履行社会责任倾向的条件安排，基于企业经营状态视角的探索尚显不足，比如公司的财务绩效状态，常常被用来分析履行社会责任的后果。而事实上财务绩效是公司履行社会责任的重要资源，很大程度上会对社会战略的倾向产生影响。二是对研究行业的细分不够，事实上行业差异也会在很大程度上影响社会责任战略的决策逻辑。在此背景下，本节内容以我国电力行业上市公司为研究样本，基于资源基础理论和委托代理理论对财务绩效状态和社会责任战略决策的关联性进行实证分析，并从外部和内容双重视角考察媒体和控股股东关注度对该相关性的权变影响。以电力行业上市公司作为样本的原因一是电力行业是国民经济和社会发展的基础产业，但是随着电力工业规模的不断扩大，以火力发电为主的电力上市公司越来越受到资源环境的制约，高污染特征使得电力企业履行社会责任更容易被关注，探索社会责任战略决策动因更具实践意义。二是我国电力行业上市公司大部分是国有企业，管理层的考评体系相对复杂，在国企情境中探索媒体和股东关注对财务绩效与社会责任战略关系的调节作用，更能反映复杂考评体系下管理层决策差异的理论逻辑。三是随着"一带一路"倡议和全球能源互联网计划的推行，电力行业企业之间竞争逐渐加剧，电力上市公司更要树立竞争意识，培养效益观念，形成良好的信誉和形象，所以分析电力行业上市公司社会责任战略决策逻辑，探索塑造竞争优势的新手段与新途径更加具有必要性。本书可以进一步丰富社会责任研究的理论框架，同时，研究结论对于中国电力行业上市公司完善社会责任战略决策机制、提升公司治理水平也有一定借鉴价值。

一、理论分析与研究假设

(一) 基于上市公司财务绩效表现差异的社会责任战略决策演变规律

随着学术研究深入和管理实践的发展,履行社会责任可以通过多个途径对上市公司经营发展产生积极影响,是企业持续发展的重要影响因素之一逐渐成为共识 (Falck and Heblich, 2007)。比如李姝和谢晓嫣 (2014) 的研究表明社会责任履行度越高越有助于提升民营企业债务融资能力;瑟韦斯和塔马约 (Servaes and Tamayo, 2013) 验证了履行社会责任对提升公司价值的积极作用。但是社会责任履行也会给企业带来成本压力,并且社会责任履行积极效应的实现具有一定程度的滞后性,这就使得电力上市公司基于财务绩效表现的社会责任战略决策逻辑更加复杂。本书具体分析如下:

1. 财务资源稀缺性决定了其在社会责任战略决策过程中的积极意义:资源基础理论视角下财务绩效与社会责任战略决策积极性的同向关联逻辑

资源基础理论认为企业是各种资源的集合体,且资源的异质性状态会影响企业的经营决策 (Hitt et al., 2016)。财务绩效表现是上市公司财务资源丰富程度的体现,也是其实施社会责任战略的基本保障,但是财务资源也具有较强稀缺性,其对社会责任的影响路径主要包括:第一,从决策偏好和倾向性方面,财务绩效表现较好时,上市公司管理层一定程度上已经完成股东的委托责任,此时会更有欲望和动力去实施能够满足自身需求的战略决策 (徐小琴等,2016)。履行社会责任的信号传递功能对企业以及管理层具有声誉激励效应,所以绩优上市公司代理人会更倾向于实施积极的社会责任战略以追求"名利双收" (邵兴东、孟宪忠,2015);第二,从决策资本和实施能力方面,鉴于履行社会责任的成本消耗，财务资源是实施积极社会责任战略的根本保障，财务绩效表现越好，上市公司越有能力和资本履行社会责任，即较好的财务绩效给了上市公司实施积极社会责任战略基础资源保障（张川等，2014；Wang et al.，2016）。总之，基于资源基础理论分析，财务绩效与上市公司社会责任战略同向关联，即绩优上市公司更倾向于实施积极的社会责任战略，随着绩效的变差，管理层的决策偏好和实施能力的弱化会削弱上市公司实施社会责任的积极性。

2. 代理人考核指标多元化导致代理人不利情境中的自利选择：委托代理理论视角下财务绩效与社会责任战略决策积极性的反向关联逻辑

委托代理理论认为委托人与代理人利益的不一致性会导致代理人的机会主义行为或自利决策（Block，2011）。基于该理论逻辑，电力上市公司代理人在财务绩效表现较差情境下会做出与独立于控股股东意愿的战略决策，这是因为：控股股东对上市公司代理人的考核指标是多元化的，当财务绩效表现的不理想状态导致代理人的任职风险时，代理人会选择"穷则思变"策略，寻求其他途径满足控股股东的考核要求。已有研究表明，代理人作为上市公司战略决策和执行的核心，也是各利益相关者的受托人，企业社会责任承担水平代表着代理人履行契约义务的程度，可以满足关键利益相关者的隐性需求（陈丽蓉等，2015）。所以，在上市公司财务绩效较差情境下，代理人会为了摆脱绩效困境而更有动力改变原有的发展模式，不会因为财务绩效的滑落收缩社会责任，而会更加积极履行社会责任，以改变控股股东和利益相关者对企业未来绩效的判断与期望，转移他们对于企业目前面临问题的注意力（李姝、谢晓嫣，2014）。即当财务绩效表现差到一定程度后，社会责任战略决策反而会随着绩效下滑表现的更具有积极性，以此增加其经营收益和连任资本。

总之，基于资源基础理论和委托代理理论从不同视角对财务绩效表现与社会责任履行战略关联性的逻辑分析可以发现，财务绩效表现较好的上市公司代理人更有动力也更有能力实施积极的社会责任战略，这种倾向性会随着财务绩效表现的下降逐渐减弱，但是当财务绩效差到一定程度后，代理人会在名利之间做出更有利于自身利益的选择，倾向于采取积极的社会责任战略决策以获取外部利益相关者的认可，满足多元考核体系中其他指标的要求，增加留任可能性。基于以上演化规律，我们提出假设如下：

H3-1：电力上市公司财务绩效表现与社会责任战略存在非线性的复杂相关关系，具体表现为：随着财务绩效表现的下降，上市公司社会责任战略呈现先消极再积极的 U 形变化趋势。

（二）内外双重关注情境差异化下的权变思考

虽然基于不同的理论逻辑，上市公司代理人会随着财务绩效状态的变化做出差异化的社会责任战略决策，但是该演化路径会随着内外关注情境的不同发生变化。为此，本书选择媒体关注和控股股东关注作为企业外部和内部关注的权变情境，考察在差异化情境中财务绩效与社会责任战略决策关联性的权变变化。

1. 媒体关注差异化情境下财务绩效表现与社会责任战略决策关系的权变性

随着网络和信息技术的快速发展与日益普及，媒体报道对上市公司的监督和对投资者的保护作用愈加明显，媒体关注逐渐成为资本市场上有效替代法律保护不足的一项重要制度安排，在上市公司治理中的重要性与日俱增（Dyck et al.，2008；田高良等，2016）。

虽然媒体关注本身不具备改变公司战略决策的强制力，但是较高媒体关注度会带来更强的外部监督效应（Aguilera et al.，2015），会通过以下途径对财务绩效与社会责任战略决策的关联性产生影响：一是媒体关注会使上市公司代理人的投资决策更加谨慎，尤其是短期无法在经济收益得到明显回报的社会责任投资，所以，高度的媒体关注会使上市公司社会责任战略随着财务绩效提升而强化的趋势减缓（Petkova et al.，2013）；二是媒体关注会通过影响上市公司代理人的战略选择倾向与决策逻辑对财务绩效与社会责任战略决策的关联性产生影响，媒体报道能够影响公司高管的社会公众声誉和形象，会有效遏制上市公司代理人在业绩极差情境下为了通过考核实施赌博式社会责任战略的倾向性，因为媒体报道对社会责任战略真正动因的阐释引致的潜在声誉损失成本可能会大于经理人在机会主义行为中获得的私人收益，使得业绩下滑时代理人也不倾向于急速降低社会责任履行行为（Liu and McConnell，2013）。综上所述，媒体关注会弱化财务绩效与社会责任战略决策的关联逻辑，媒体高度关注下，社会责任战略对业绩表现的敏感程度会降低。基于此，提出假设如下：

H3 - 2：媒体关注度会弱化电力上市公司财务绩效与社会责任战略决策的关联性，即媒体关注较高的情境下，随着财务绩效表现的下降，上市公司社会责任战略呈现先消极再积极的 U 形变化趋势会减弱。

2. 控股股东关注差异化情境下财务绩效表现与社会责任战略决策关系的权变性

控股股东对上市公司战略决策的干扰与约束均基于对股权收益的追逐，并影响其参与子公司战略决策的态度与行为（徐鹏，2016）。控股股东关注对财务绩效与社会责任战略决策关系的权变影响主要体现：控股股东的高度关注会使得上市公司代理人决策权力减小，其社会责任战略决策的路径和意图都会受到影响，且这种影响不仅体现在代理人在上市公司财务绩效表现不佳时采取消极社会责任战略以弥补经营收益的决策逻辑中，而且控股股东在上市公司代理人选聘和考核中的主导作用会让让财务绩效状态极差背景下代理人"穷则思变"的行为失效，弱化其想通过积极履行社会责任满足利益相关者多元考核机制的倾向和欲望。结合以上分析，我们提出假设如下：

H3 - 3：控股股东关注会弱化电力上市公司财务绩效与社会责任战略决策的关联性，即控股股东关注较高的情境下，随着财务绩效表现的下降，上市公司社会责任战略呈现先消极再积极的 U 形变化趋势会减弱。

二、实 证 设 计

（一）样本选择与数据搜集

本节以我国 2013～2016 年持续经营的电力行业的上市公司为初始样本，根据 2012 年中国证监会的行业分类标准，以电力、热力、燃气及水生产和供应业行业的 97 家 A 股上市公司作为初始样本，然后删除年报中显示的主营业务非电力业务的上市公司。经过以上步骤，最终共获得 60 家电力上市公司作为观测样本。除了媒体关注的测量数据来自手工搜集外，本书实证分析中所使用到的相关数据均来自国泰安数据库（CSMAR 数据库）。

（二）变量定义与测量

1. 财务绩效

参考杨春丽和赵莹（2016）的研究，以样本公司每股收益进行测量。

2. 社会责任战略

参考李姝和谢晓嫣（2014）的研究，选取支付员工薪酬、慈善捐赠、股利政策、应付账款周转率、所缴税费等作为衡量社会责任行为的指标，通过主成分分析和因子分析进行汇聚，以计算上市公司当期社会责任履行情况，该值越大，说明上市公司当期社会责任战略越积极。

3. 媒体关注

参考周开国等（2014）的研究，在百度新闻搜索平台上搜索上市公司名称和证券简称，手工记录各观测期内上市公司的新闻报道数量作为媒体对该公司股票的关注度。如果媒体的新闻报道数量越多，说明媒体对上市公司的关注度越高。

4. 控股股东关注

股权控制是控股股东与上市公司的基础纽带，高股权参与会激发控股股东对上市公司经营决策的高关注，基于此，本节以控股股东持股比例测量关注程度。

另外，本书基于已有的相关研究文献，选择资本结构、领导权结构、董事会独立性、董事会规模、公司规模和观测年度作为控制变量。各个变量的定义与计算方式如表 3-6 所示。

表 3-6　　　　　　　　　　　　变量定义与衡量

变量名称与代码	衡量指标
财务绩效（FP）	样本公司每股收益
社会责任战略（SR）	选取员工平均薪酬、慈善捐赠、股利政策、应付账款周转率、所缴税费等作为衡量社会责任行为的指标，通过主成分分析和因子分析进行汇聚
媒体关注（MA）	利用百度新闻搜索平台手工收集各观测期包含上市公司股票名称的新闻报道数量，作为媒体关注度的衡量指标
控股股东关注（SA）	控股股东持股数占上市公司总股权比例
资本结构（CS）	公司年末资产负债率：负债总额/资产总额
领导权结构（LS）	董事长总经理两职一人兼任，记为"1"；否则记为"0"
董事会独立性（BI）	独立董事人数在董事会中所占比例
董事会规模（BS）	公司董事会人数
公司规模（Size）	公司年末总资产取自然对数
年度1（year1）	观测数据属于第一年，记为"1"，其余为"0"
年度2（year2）	观测数据属于第二年，记为"1"，其余为"0"
年度3（year3）	观测数据属于第三年，记为"1"，其余为"0"

（三）研究模型

为了验证本书假设，设计如下模型：

$$M1: SR = \alpha + \sum_{j=1}^{8} b_j Control + \varepsilon$$

$$M2: SR = \alpha + \sum_{j=1}^{8} b_j Control + FP + FP^2 + \varepsilon$$

$$M3: SR = \alpha + \sum_{j=1}^{8} b_j Control + FP + FP^2 + MA + MA*FP + MA*FP^2 + \varepsilon$$

$$M4: SR = \alpha + \sum_{j=1}^{8} b_j Conrtol + FP + FP^2 + SA + SA*FP + SA*FP^2 + \varepsilon$$

其中，α 为截距项，b_i 代表了回归模型中各控制变量的系数，j 为横截面个体，$Control$ 为控制变量组，ε 代表随机扰动项。通过以上模型可以对本书所提出的假设进行验证：M1 是企业社会责任战略与所有控制变量的基础回归模型；M2 是财务绩效及其平方项对社会责任战略的回归模型，可以检验假设 H3 - 1；M3 是在 M2 的基础上添加了调节变量媒体关注以及媒体关注与财务绩效一次项和二次项的乘积项，可以检验假设 H3 - 2，即媒体关注对财务绩效与社会责任战略关系的调节效应；M4 是在 M2 的基础上添加了调节变量控股关注以及控股股东关注与财务绩效一次项和二次项的乘积项，可以检验假设 H3 - 3，即控股股东关注对财务绩效与社会责任战略关系的调节效应。

三、数据分析与结果讨论

（一）描述性统计分析

首先对主要变量进行分年度描述性统计，得到各变量的均值、中值、标准差和极大极小值，结果见表 3 - 7。财务绩效和社会责任战略在观测期内未呈现明显的变化趋势，由于社会责任战略是基于标准化后的数据加权计算而成，所以无法反映社会责任战略的绝对指标，但从极大值和极小值的差距可以看出部分上市公司社会责任履行程度较低，这样的上市公司应当适当强化社会责任履行；媒体关注的均值和中值均显示出在观测期内逐渐上升的趋势，说明近几年媒体对上市公司的报道与关注度与日增加，从标准差的值还可以看出不同上市公司的媒体关注度存在较大差异；控股股东关注的描述性统计结果观测期内样本企业的差异化逐渐减小，说明电力行业上市公司控股股东关注呈现趋同化。

表 3-7　　　　　　　　　　主要变量描述性统计

年度	变量	均值	中值	标准差	极小值	极大值
2013	财务绩效（FP）	0.370	0.384	0.574	-2.008	1.802
	社会责任战略（SR）	-0.028	-0.084	0.667	-1.768	2.571
	媒体关注（MA）	63.138	56.000	42.941	7.000	327.000
	控股股东关注（SA）	0.402	0.386	0.190	0.022	0.841
2014	财务绩效（FP）	0.395	0.396	0.720	-3.415	1.674
	社会责任战略（SR）	0.050	-0.101	0.825	-1.708	4.743
	媒体关注（MA）	76.220	70.000	36.497	13.000	199.000
	控股股东关注（SA）	0.405	0.397	0.188	0.022	0.841
2015	财务绩效（FP）	0.507	0.355	0.542	-1.376	2.074
	社会责任战略（SR）	-0.030	-0.090	0.431	-0.800	2.015
	媒体关注（MA）	101.217	86.000	58.262	38.000	288.000
	控股股东关注（SA）	0.412	0.425	0.188	0.003	0.841
2016	财务绩效（FP）	0.394	0.314	0.380	-0.118	2.098
	社会责任战略（SR）	0.009	-0.141	0.590	-0.419	2.688
	媒体关注（MA）	113.698	99.000	65.788	30.000	364.000
	控股股东关注（SA）	0.384	0.374	0.169	0.050	0.704

（二）多元回归分析

按照前文所设计的回归分析模型，运用 stata10.0 进行多元回归分析，具体运算结果如表 3 - 8 所示：M1 是被解释变量社会责任战略与控制变量的基础回归模型，结果显示模型 R^2 为 0.220，F 值为 6.15，且通过显著性检验，说明了模型的有效性；M2 是被解释变量社会责任战略与解释变量财务绩效的非线性关系检验模型，由回归数据可知，模型 R^2 为 0.245，F 值为 5.84，且通过显著性检验，解释变量财务绩效一次项回归系数为 0.090，二次项回归系数为 0.023（$t = 2.00$），且通过 5% 水平的显著性检验，说明财务绩效与社会责任战略存在 U 形的非线性相关关系，即随着财务绩效表现的降低，社会责任战略呈现先消极再积极的曲线变化，假设 H3 - 1 得证；M3 中加入调节变量媒体关注与解释变量财务绩效的一次项和二次项的乘积项后，模型 R^2 为 0.250，F 值为 5.11，且通过显著性检验，媒体关注与财务绩效二次项的乘积项回归系数为 - 0.024，说明较高媒体关注度会对财务绩效与社会责任战略的关联性起到削弱作用，但是该回归系数没有通过显著性检验，说明媒体关注的调节效应不显著，假设 H3 - 2 未得到验证；M4 中加入调节变量控股股东关注与解释变量财务绩效的一次项和二次项的乘积项后，模型 R^2 为 0.256，F 值为 5.26，且通过显著性检验，控股股东关注与财务绩效二次项的乘积项回归系数为 - 0.205，且通过 10% 水平的显著性检验，说明较高的控股股东关注度会对财务绩效与社会责任战略的关联性起到削弱作用，即在控股股东高度关注下，随着财务绩效表现的下降，上市公司社会责任战略呈现先消极再积极的 U 形变化趋势会被弱化，假设 H3 - 3 得到验证。

表 3 - 8　　　　　　　　　　回归分析结果

变量	社会责任战略（SR）			
	M1	M2	M3	M4
常数项	- 0.043 （ - 1.11）	- 0.069 * （ - 1.74）	- 0.071 * （ - 1.73）	

变量	社会责任战略（SR）			
	M1	M2	M3	M4
控制变量				
资本结构 （CS）	− 0. 102 ** （ − 2. 22）	− 0. 097 ** （ − 2. 07）	− 0. 105 ** （ − 2. 20）	− 0. 098 ** （ − 2. 06）
领导权结构 （LS）	− 0. 083 ** （ − 2. 06）	− 0. 085 ** （ − 2. 11）	− 0. 088 ** （ − 2. 17）	− 0. 083 ** （ − 2. 08）
董事会独立性 （BI）	− 0. 047 （ − 1. 13）	− 0. 049 （ − 1. 19）	− 0. 052 （ − 1. 26）	− 0. 066 （ − 1. 54）
董事会规模 （BS）	− 0. 018 （ − 0. 37）	− 0. 021 （ − 0. 44）	− 0. 019 （ − 0. 39）	− 0. 028 （ − 0. 58）
公司规模 （Size）	− 0. 277 *** （ − 5. 39）	− 0. 293 *** （ − 5. 38）	− 0. 294 *** （ − 5. 33）	− 0. 301 *** （ − 5. 50）
年度 1 （year1）	− 0. 046 （ − 0. 86）	− 0. 054 （ − 1. 02）	− 0. 059 （ − 1. 11）	− 0. 063 （ − 1. 17）
年度 2 （year2）	− 0. 006 （ − 0. 11）	− 0. 022 （ − 0. 43）	− 0. 280 （ − 0. 55）	− 0. 030 （ − 0. 58）
年度 3 （year3）	− 0. 012 （ − 0. 24）	− 0. 025 （ − 0. 51）	− 0. 032 （ − 0. 64）	− 0. 024 （ − 0. 50）
调节变量				
媒体关注 （MA）	− 0. 092 （ − 1. 63）	− 0. 085 （ − 1. 53）	− 0. 066 （1. 00）	− 0. 093 （ − 1. 65）
股东关注 （SA）	0. 030 （0. 60）	0. 029 （0. 58）	− 0. 27 （0. 55）	0. 097 （1. 54）

续表

变量	社会责任战略（SR）			
	M1	M2	M3	M4
解释变量				
财务绩效 （FP）		0.090 (1.51)	0.110 * (1.71)	0.123 ** (1.97)
财务绩效平方项 （FP^2）		0.023 ** (2.00)	0.025 ** (2.12)	0.018 (1.43)
乘积项				
媒体关注 * 财务绩效 （MA * FP）			0.124 (1.23)	
媒体关注 * 财务表现平方项 （$MA * FP^2$）			− 0.024 (− 0.22)	
股东关注 * 财务表现 （SA * FP）				0.007 (0.10)
股东关注 * 财务表现平方项 （$SA * FP^2$）				− 0.205 * (− 1.76)
R^2	0.220	0.245	0.250	0.256
$Adj - R^2$	0.184	0.203	0.201	0.207
F 检验	6.15 ***	5.84 ***	5.11 ***	5.26 ***

四、研究结论与管理启示

本书从资源基础理论和代理理论视角对基于上市公司财务绩效表现的社会责任决策倾向进行了研究分析，并考察了媒体和控股双重关注情境下财务绩效与社会责任战略关系的权变思考，得出以下研究结论和管理启示。

第一，电力上市公司社会责任战略决策倾向随着财务绩效由好向差的转变呈现先消极再积极的 U 型曲线变化趋势。本书经过分析认为资源稀缺性决定了财务绩效表现在社会责任战略决策过程中的积极效应，在资源基础理论视角下社会责任战略会随着财务绩效表现的上升与下降产生积极和消极的同向变化；同时，当上市公司财务绩效表现差到一定程度后，代理人考核指标多元化导致代理人在不利情境下基于穷则思变的逻辑做出自利性决策，在委托代理理论视角下上市公司社会责任战略决策会因财务绩效表现的继续下滑变得更加积极，如图 3 - 6 所示。该结论的验证说明委托人在上市公司运营监督中应当深度挖掘社会责任战略决策逻辑，完善代理人考核机制，尽量避免代理人在经营过程中因应付委托人的考核而实施非理性决策。

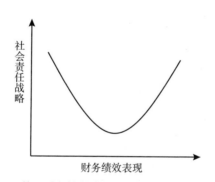

图 3 - 6　基于财务绩效表现的社会责任战略决策倾向

第二，媒体关注的差异化对电力上市公司财务绩效与社会责任战略关联性的调节作用不显著。由于媒体关注会因其具有的外部监督功能对上市公司社会责任战略决策路径产生影响，但本书经过实证分析发现，虽然媒体关注对上市公司财务绩效与社会责任战略的关系有弱化作用，但这种影响并未通过显著性检验，这说明在我国外部治理机制实际运营的有效性亟须提升，上市公司在治理过程中应当重视媒体关注在社会责任战略决策质量的积极意义，强化外部监督机制的形成。

第三，控股股东关注会弱化电力上市公司财务绩效与社会责任战略决策的关联性，即控股股东关注较高的情境下，随着财务绩效表现的下降，上市公司社会责任战略呈现先消极再积极的 U 型变化趋势会减弱，如图 3-7 所示。内外双重关注情境对上市公司社会责任战略决策基于财务绩效表现的演化规律调节效应显示出明确差异化，这反映了我国上市公司在实际运营过程中内部治理机制的有效性，该结论也证明了重视控股股东在上市公司治理机制中的积极效应的必要性，即严格和高度的监督机制对缓解委托人与代理人之间的信息不对称、降低代理成本和促进经营决策科学合理化意义重大。此外，控股股东作为委托人对代理人决策权力的干扰能力也通过该结论得到验证，所以为了确保治理过程中不产生隧道行为，上市公司应当强化内部决策制衡机制构建，比如提升股权制衡度，提升董事会独立性等，即保障控股股东监督和参与上市公司治理机制的积极意义，也努力规避控股股东过度参与造成的代理人权力被剥夺现象的发生。

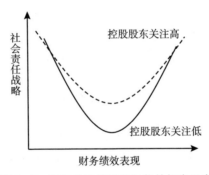

图 3-7　基于关注情境差异化的权变思考

当然，本书的研究还存在一定完善空间，比如本书以电力行业上市公司作为研究样本，虽然使论文的研究结论和启示更有管理实践的针对性，但对其他行业的适用性仍需进一步扩大样本进行检验。另外，本书以媒体关注作为外部治理机制的代表、控股股东关注作为内部治理机制的代表，事实上上市公司内外部治理机制具有更加复杂的内涵，其他维度关注情境的权变影响也是非常有必要且值得在未来研究中继续探索的话题。

第三节　绿色金融：均衡发展还是择善而从？
——权力博弈视角下基于电力企业的实证研究①

　　全球能源互联网建构背景下，诸多国家、地区的电力企业将通过能源互联的形式参与到世界范围内的竞争格局中，并将面临更严格的制度与环境规制、更激烈的产品竞争。那么，本土电力企业应如何提高全球竞争优势？绿色创新能够为企业带来价值增值与环境友好双重优势，已成为调和环境保护与经济增长的核心机制。由于电力企业能源消耗水平较高，并且消耗结构以生化能源为主，因此通过绿色创新提升经济绩效和环境绩效，将成为电力企业提升全球竞争力的核心路径。

　　企业的融资活动决定了资金储备，并直接影响创新活动的持续性，因此融资因素对绿色创新具有重要影响。二十国集团（G20）绿色金融研究小组颁布的《G20绿色金融综合报告》将可产生环境效益以支持可持续发展的投融资活动定义为"绿色金融"，并建议从银行体系绿色化、债券市场绿色化和机构投资绿色化三个层面构建中国绿色金融体系的发展路径。然而在中国大力发展绿色金融的背景下，企业却陷入了"创新困境"的局面：一方面企业经济态势一路攀升，另一方面工业废弃物排放和高能耗导致环境质量持续恶化，雾霾不断加剧。

　　导致企业创新困境的主要原因，在于企业创新实践忽略了不同融资安排对利益相关者的构成和组织创新决策产生的差异性影响。股权投资者、债权人和经理人三类出资主体对创新活动的风险承担水平和收益预期存在显著不同。三者共存状态下，企业创新绩效呈现出的将是出资主体权力博弈的结果。所以，究竟何种融资安排能够成为推动企业绿色创新的"绿色金融"？绿色金融在怎样的条件下才能提升企业绿色创新？已成为学术界亟待解决的关键问题。本书以电力企业为研究对象，首先对

---

①　本节内容刊于经济与管理研究［J］. 2018（1）.

电力企业绿色创新特征进行阐释，分析了股权投资者、债权人和经理人对绿色创新偏好的差异性。然后，基于出资主体间的权力博弈视角，探讨了权力博弈对在不同融资安排与绿色创新关系间的调节效应。最后，利用文本分析技术对企业绿色创新进行科学测量，实证检验了不同融资安排对绿色创新的影响以及权力博弈的调节效应，进而识别了电力企业的绿色金融安排及其创新驱动作用的实现条件。本书的研究能够对优序融资理论和组织控制理论展开有力回应，并能够为电力企业在全球能源互联网背景下提升全球竞争优势提供实践依据。

一、文献综述

（一）绿色创新概念及其影响因素

根据创新目标的不同，已有研究对绿色创新的内涵界定可划分为能源效率导向和环境绩效导向两类：能源效率导向下的绿色创新是指以提高资源利用效率、降低能耗为目标，以技术和工艺改造为手段的创新活动，能够间接降低环境外部性。而在环境绩效导向下，绿色创新以降低环境损害、提升环境绩效为直接目标，包括新的或改良的工艺、技术、系统和产品。所以，绿色创新不仅具备新颖性、价值性等特征，还能够改善资源利用和环境保护问题。

环境规制因素和创新经济因素是驱动企业绿色创新活动的主要因素。环境规制方面，由环境外部性引致的行政规制、经济规制、社会规制能对企业绿色创新决策产生影响，并进一步作用于企业财务绩效。创新经济学将绿色创新动因定位在企业经济系统内部，认为技术能力和创新投入、冗余资源和利益相关者等因素是影响企业绿色创新的主要因素。除此以外，跨国情境和技术溢出对绿色创新的影响也得到了学术界的关注。

（二）融资安排与技术创新

该部分研究以出资主体的创新偏好分析为研究主线，可被划分为：

优序融资、创新包容和整合性探讨三类文献。首先，优序融资理论认为经理人和股权投资者具有较高的风险偏好和收益预期，而债权人具有风险厌恶特征。因此，股权融资或冗余资本、营运资本等内源融资对创新活动具有积极影响，而债权融资与研发投入具有负相关关系。然而，基于债务异质理论的创新包容思想认为，债权人更注重与企业间的长期共赢，能利用债务展期、监督约束等方式对企业产生创新激励，因此债权融资与创新投入间具有积极关系。此外，部分研究将情境因素纳入分析框架，认为创新导向下融资结构的选择受到银行业竞争、创新类型、创新风险等因素的影响。已有文献为本书奠定了良好的基础，但尚未将出资主体的创新偏好差异和彼此间权力博弈因素纳入分析框架，因而未能成功识别企业的绿色金融安排，绿色金融对绿色创新的作用边界尚不清晰。

二、理论分析与研究假设

（一）电力企业绿色创新特征分析

电力企业的绿色创新是以提高环境绩效和降低能耗作为主要目标的改进性创新，并在创新属性、创新投入与收益、技术门槛等方面具有与其他企业不同的独特特征（如表3－9所示）。首先，能源效率与环境绩效的统一性。传统的火力发电企业中，环境绩效主要产生于电力的生产过程，而非企业产品的使用过程。由于化石能源在电力企业的能源消耗结构中占有绝大比例，成了电力企业生产运作流程中污染排放的主要来源，因此化石能源的能耗效率直接决定了电力企业产生的环境外部性，使得企业的能耗与环境绩效具有高度统一性。再者，绿色创新收益的非货币价值性。一般而言，创新活动具有价值增值效应，而电力企业的绿色创新动机多来自环境负外部性引致的社会规制，包括政府规制和利益相关者治理。这一方面使得企业绿色创新活动将主要围绕环境绩效展开，另一方面将造成电力企业创新投入和货币收益的非对称性。然后，电力企业绿色创新投入具有集聚性。制造业企业创新投入的分布区域涵盖了产品设计、研发、技术改造等诸多环节。而电力企业创新投入主要集中在技术和工艺改造过程，旨在通过技术和工艺改造来降低能耗和环境外部性。最后，技术门槛与创新投入的非均衡匹配性。突破性创新或自主创新等创新形式需要较大的创新投入来攻克技术门槛。相比之下，尽管电力企业进行工艺和技术改造的门槛和难度较低，但电力生产的系统性特征，使得需要工艺和技术改造的生产运营环节十分庞杂，同样需要较高的创新投入进行支撑，进而造成了创新投入与技术门槛的非均衡匹配性。

表 3 −9 电力企业绿色创新特征分析

范畴	创新属性	创新投入	创新收益	技术门槛
特征	统一性	集聚性	非货币性	非匹配性
特征描述	环境绩效主要产生于化石能源的消耗过程，环境绩效与能耗效率具有高度统一性	创新投入集中分布于电力生产过程中的技术和工艺改造、设备引进或升级环节	创新收益体现在节能减排、环境外部性降低等方面具有非货币价值性	工艺改造、设备升级等较低的技术门槛与较高的创新投入之间具有非匹配性

资料来源：作者整理。

（二）出资主体绿色创新偏好分析与绿色金融识别

由于盈利模式、收益预期与风险包容程度的不同，股权投资者、债权人与经理人三类出资主体对电力企业绿色创新活动的偏好存在显著差异。而创新偏好最强的融资形式将成为电力企业稳健的绿色金融安排。根据优序融资理论，股权投资者具有较高的收益预期，因而对高风险投资项目具有一定的倾向性。然而，电力企业的绿色创新产出主要体现在能耗的下降和环境绩效的提升，是以降低环境外部性为主要形式的非货币性收益，因此与股权投资者的收益预期不符。并且，为降低环境外部性，电力企业需要投入大量资金以进行技术和工艺改造，引进或升级电力设备，进而在经济价值方面拉低了投入产出比，进一步削弱了股权投资者的投资动机。相比之下，债权人对企业拥有固定收益索取权，更加倾向于在风险可控条件下获取来自企业的稳健收益。电力企业绿色创新活动在较大程度上降低了环境规制和政府规制效应，为企业持续发展和获取长期竞争优势奠定了基础，因此能够迎合债权人的较为稳健的利益诉求。

与股权投资者和债权人不同，经理人作为企业战略决策主体一方面对资源配置行为具有主观能动性，另一方面还会受到来自诸多利益相关者的治理作用。因此经理人的绿色创新偏好将呈现出波动性特征。根据激励相容理论，高管激励机制有效运作的前提是高管个人收益与企业利益的统一。当企业财务绩效较低时，经理人高水平的个人收益将无法得到保证。由于电力企业绿色创新活动在货币价值方面呈现出了低投入产出比特点，经理人无法通过将内源融资配置到绿色创新活动中的方式，提升企业货币价值和个人收益，因而在一定程度上缺乏绿色创新动机。

综上，本书提出以下假设：

H3 -4：债权融资是驱动电力企业绿色创新的有效绿色金融安排。

H3 -4a：债权融资对电力企业绿色创新具有显著促进作用。

H3 -4b：股权融资对电力企业绿色创新具有显著抑制作用。

H3 -4c：内源融资对电力企业绿色创新的影响不显著。

（三）出资主体间权力博弈及其整合边界作用

多种融资安排共存条件下，股权投资者、债权人和经理人将会作为三类治理主体参与到企业创新决策过程中。由于创新偏好的差异，绿色创新绩效呈现出的是三者权力共同博弈的结果。二元融资结构中，债权治理和股东治理对绿色创新共同发挥作用。债权人通过监督机制、自由现金流约束等方式，迫使电力企业通过工艺改造和技术创新进行节能减排，以避免环境和政府规制造成的经营中断，进而保障自身权益。而股东治理机制使得股权投资者能够通过派驻董事的方式，在战略层面植入决策意志，使得电力企业减少绿色创新投入，以提升财务绩效。随着股权融资比例的提升，股东追逐货币性财富的动机得到强化，进而降低了债权融资作为绿色金融安排对绿色创新的促进作用。

在债权融资与内源融资共存状态下，债权人与经理人通过权力博弈的形式共同对绿色创新产生影响。尽管经理人个人收益与企业收益的一致性促成了两者的激励相容，使之缺乏绿色创新动机。但债权人的绿色创新偏好及其在企业与政府之间的信号传递作用将强化环境和政府的规制效应。此类规制作用造成的企业运营中断，将威胁经理人的职位安全以及货币收益的连续性，使得经理人开始重视履行社会责任，经理人对环境绩效的关注开始代替对货币财富的追逐，尝试通过绿色创新以推动企业可持续发展。

当企业融资结构中包含三类融资安排时，股权投资者和债权人对企业绿色创新仍持有相反的决策偏好。但由于经理人需要接受和贯彻来自股东和董事会的意志，因此经理人与股权投资者对绿色创新的决策偏好将表现出一致性。此时，债权人开始与由股权投资者和经理人构成的决策联盟展开动态博弈。在绿色创新方面，股权投资者与经理人比债权人拥有更多的信息，当债权人提出促进绿色创新的策略后，股东和经理人将利用信息优势，消极开展绿色创新活动。三者之间形成了非完全信息动态博弈格局。并且，随着股权融资比例的提升，股权投资者在绿色创新方面的话语权和议价能力逐渐增强，进而降低了债权人对绿色创新产生的积极作用。本节内容的理论模型如图 3-8 所示。

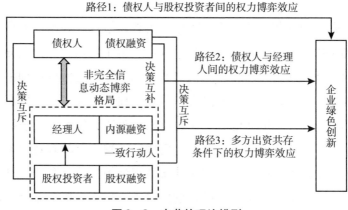

图 3-8 本节的理论模型

基于以上分析，本书提出假设：

H3 – 5：出资主体权力博弈对绿色金融与绿色创新关系中具有边界作用。

H3 – 5a：股权融资在债权融资与电力企业绿色创新关系中具有显著负向调节作用。股权融资比例越高，债权融资对绿色创新的促进作用越显著。

H3 – 5b：债权融资与内源融资对电力企业绿色创新的影响具有互补作用。债权融资比例越高，内源融资对绿色创新的促进作用越显著。

H3 – 5c：股权融资和内源融资对债权融资与绿色创新的关系具有双重调节作用。且股权融资与内源融资的调节作用具有互补性，股权融资比例越高，两者对债权融资与绿色创新关系的负向调节作用越显著。

三、研究设计

（一）样本与数据

根据中国证监会 2012 年发布的《上市公司行业分类指引》，本节选取在沪深两市上市的电力企业作为研究样本。在剔除数据不全的公司、ST 类公司后，共获得 65 家电力上市公司的经验数据。2011 年，环保部和国家质量监督总局联合发布了《火电厂大气污染物排放标准》，在烟尘、二氧化硫、烟气黑度的方面对电力企业提出了具体的国家标准。电力企业开始将节能减排作为战略发展目标，通过技术和工艺改造等绿色创新方式提升环境绩效。因此本节选取 2011 ~ 2015 年作为数据观测窗口，构建了电力上市公司面板数据库。其中，企业融资结构、公司特征、治理特征数据来自国泰安数据库，绿色创新变量数据来自公司年报和全景网"投资者关系互动平台"。

（二）变量测量

1. 绿色创新

已有与绿色创新测量相关的文献集中于产业经济领域，多以行业面板数据为分析对象，基于全要素生产率核心思想，利用数据包络分析方法对行业绿色创新或能耗水平进行测量。该类方法能够较好地在行业层面评价绿色创新水平，但无法观测到企业之间的创新差异。考虑到能耗、污染物排放等信息不属于企业强制性信息披露内容，无法从已有数据库中获取相关变量数据，因此本书采取文本分析方法对电力上市公司的绿色创新进行测量。具体操作步骤如下：

第一步，选择关键词。根据吉赛利提和任宁格斯（Ghisetti & Rennings，2014）、杰夫和帕尔默（Jaffe & Palmer，1997）对绿色创新的定义，确定代表绿色创新的英文关键词，并通过英汉双向互译的方式，构建中文关键词初始词表。然后，为提升词表覆盖范围，在词表中增加每个关键词的同义词。最后，以公司年报和投资者关系对话为文本对象，利用 *Perl* 算法对关键词进行抓取检验，对初始词表中的关键词进行修改、添加或删除。本节所确定的关于绿色创新行为的关键词包括：工艺、设计、流程、改进、再造、创新、投入，关于绿色创新绩效的关键词包括：能耗、污染物、二氧化硫、环保、专利、业绩、产出。第二步，关键词编码。利用 *Nvivo*8.0 对每一家公司第 *T* 年年报和投资者关系互动平台中的绿色创新行为与创新绩效关键词进行编码。第三步，绿色创新测量。采取公司第 *T* 年绿色创新关键词出现数量与当年电力行业绿色创新关键词出现总数的比值，测量该公司当年度绿色创新水平。

2. 融资安排

在治理主体间的权力博弈关系中，债权融资、股权融资和内源融资应能够分别反映债权人、股权投资者和经理人的话语权和议价能力。债权融资方面，由于商业银行是企业主要债权人，并能够通过债务契约、监督管理和自由现金流约束多种机制对企业产生治理作用，因此采取银行长期借款与短期借款之和与总资产的比例测量债权融资。股权融资方面，企业融资结构中，代表股东权益的资本包括股份资本和资本公积，其中前者直接反映了所有者权益，后者是指投资者或者他人投入到企业、且投入金额上超过法定资本部分的资本，包括资本溢价、资产评估增值等形式。因此，本书采取总股本与资本公积之和与总资产的比例测量股权融资。内源融资方面，在经理人的可支配资源范围内，未分配利润是企业实现的净利润经过弥补亏损、提取盈余公积和向投资者分配利润后留存在企业的、历年结存的利润，经理人对未分配利润具有较大的控制权和支配自由度，因此选取未分配利润与总资产之比来刻画内源融资。

3. 控制变量

将公司特征变量和治理特征变量纳入控制变量组，其中，公司特征变量包括：公司规模和成长性，治理特征变量包括高管激励、内部监督和领导权结构。具体变量定义和计算方式如表 3－10 所示。

表 3－10　　　　　　　　　　变量定义与计量方式

变量类型	变量名称	符号	计量方式
被解释变量	绿色创新	$G-inno$	对绿色创新核心关键词的词频分析结果
解释变量	股权融资	$Stak$	资本公积与总股本之和与总资产的比值
	债权融资	$Debt$	长期借款与短期借款之和与总资产的比值
	内源融资	$Iner$	未分配利润与总资产的比值
控制变量	企业规模	$Size$	总资产的自然对数
	成长性	$Growth$	全年销售收入增加额与年初销售收入的比值
	高管激励	$Incentive$	高管持股数量与总股本的比值
	内部监督	$Super$	独立董事人数与董事会规模的比值
	领导权结构	$Leader$	董事长与总经理兼任情况，虚拟变量，兼任则取 1，否则为 0

（三）模型设计

$$G - Inno = C + \alpha_i Finance_i + \sum_{j=1}^{n} \lambda_j Control_j + \xi \qquad (3-1)$$

$$G - Inno = C + \alpha_1 Debt + \alpha_2 Stake + \alpha_3 Debt \cdot Stake + \sum_{j=1}^{n} \lambda_j Control_j + \xi$$
$$(3-2)$$

$$G - Inno = C + \alpha_1 Debt + \alpha_2 Inner + \alpha_3 Debt \cdot Inner + \sum_{j=1}^{n} \lambda_j Control_j + \xi$$
$$(3-3)$$

$$G - Inno = C + \alpha_1 Stak + \alpha_2 Inner + \alpha_3 Stake \cdot Inner + \sum_{j=1}^{n} \lambda_j Control_j + \xi$$
$$(3-4)$$

$$G - Inno = C + \alpha_1 Debt + \alpha_2 Stake + \alpha_3 Inner + \alpha_4 Debt \cdot Stak$$
$$+ \alpha_5 Debt \cdot Inner + \alpha_6 Stake \cdot Inner + \alpha_7 Debt \cdot Stake \cdot Inner$$
$$+ \sum_{j=1}^{n} \lambda_j Control_j + \xi \qquad (3-5)$$

本节设计了模型（3-1）~模型（3-4）来检验不同融资安排对绿色创新的影响以及出资主体间的权力博弈效应，以识别并探索推动电力企业绿色创新的绿色金融形式及其作用边界。其中，C 代表常数项，ξ 为回归残差，α 和 λ 为回归系数，$Control$ 代表控制变量。模型（3-1）用以检验不同融资安排对绿色创新的差异化影响。其中，$Finance_i$ 分别代表债权融资、股权融资和内源融资。模型（3-2）~模型（3-4）用以检验债权融资和股权融资、债权融资和内源融资、股权融资和内源融资对绿色创新的交互效应，以探讨不同出资主体间的权力博弈作用。在模型（3-5）中引入不同融资安排间的两两交互项以及三者交互项，以探讨三种融资安排共存条件下，绿色金融对电力企业绿色创新的影响。

四、实证分析

(一) 描述性统计

表 3-11 报告了电力上市公司主研变量分年度描述性统计结果。绿色创新方面，受到环境规制和环保政策的影响，2011~2015 年，电力企业绿色创新水平呈现出了整体上升趋势，从 0.039 上升至 0.055，各年度标准差较为均衡。然而，各年度均有部分企业绿色创新水平显示为 0。图 3-9 展示了电力企业绿色创新在研究期间内的变动情况。债权融资方面，由于电力企业往往具有良好的经营状况和财务质量，能够获得银行债权人的青睐。因此债权融资变量均值始终在 [0.413，0.509] 的范围内变动，并且历史最大值达到了 1.384 的高度。股权融资方面，电力上市公司股权融资的波动性较小，年度均值最高水平为 0.198，最低水平为 0.182，标准差相对较为稳定。电力企业的内源融资变动幅度较大，标准差在 2015 年达到了 0.300 的高度，最大值为 0.386，最小值仅为 -1.424。

表 3-11　　　　　　　　　　　主研变量描述性统计

项目		2011 年	2012 年	2013 年	2014 年	2015 年
绿色创新	平均值	0.039	0.044	0.046	0.043	0.055
	最大值	0.195	0.120	0.310	0.205	0.202
	最小值	0.000	0.000	0.000	0.000	0.000
	标准差	0.053	0.028	0.080	0.135	0.062
债权融资	平均值	0.509	0.504	0.494	0.467	0.413
	最大值	1.384	1.432	0.895	0.953	0.829
	最小值	0.013	0.001	0.004	0.004	0.003
	标准差	0.273	0.286	0.242	0.243	0.242

续表

项目		2011 年	2012 年	2013 年	2014 年	2015 年
股权融资	平均值	0.195	0.182	0.183	0.188	0.198
	最大值	0.885	0.602	0.605	0.617	0.716
	最小值	0.051	0.045	0.043	0.035	0.034
	标准差	0.153	0.118	0.119	0.116	0.138
内源融资	平均值	0.009	0.022	0.034	0.036	0.035
	最大值	0.316	0.316	0.351	0.374	0.386
	最小值	−1.361	−1.088	−0.804	−0.843	−1.424
	标准差	0.294	0.248	0.198	0.221	0.300

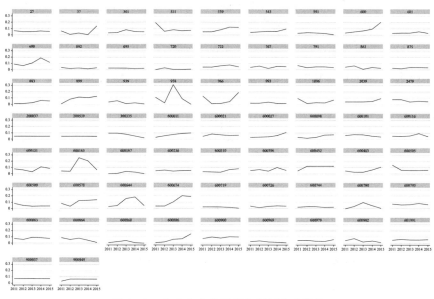

图 3 – 9　电力上市公司绿色创新变动趋势

资料来源：根据电力上市公司经验数据整理。

（二）绿色金融识别

表 3 – 12 报告了不同融资安排对电力企业绿色创新的差异性影响。

$M0$ 中，将控制变量组引入回归方程，模型拟合优度为 0.03，F 值为 15.88，显著性水平为 0.00，表明模型构建良好。将债权融资变量引入模型 $M1a$，固定效应和随机效应模型回归结果均显示债权融资变量回归系数分别为 0.110、0.074，且均通过了 0.01 水平的显著性检验。表明债权融资对电力企业绿色创新有显著促进作用。将股权融资变量引入模型 $M1b$，固定效应和随机效应模型回归结果显示，股权融资变量回归系数小于 0，且随机效应模型中的回归系数通过了 5% 水平的显著性检验，表明股权融资能够对企业绿色创新产生显著抑制作用。在绿色创新对内源融资的回归结果中，内源融资变量回归系数分别为 −0.002 和 0.005，未通过显著性检验。

表 3 −12　　　　　　　不同融资安排对企业绿色创新的影响

指标	M0		M1a		M1b		M1c	
Stake					−0.070 (−0.99)	−0.071 ** (−1.99)		
Debt			0.110 *** (3.85)	0.074 *** (4.37)				
Inner							−0.002 (−0.23)	0.005 (1.55)
Size	0.021 ** (2.39)	0.012 *** (3.03)	0.005 (0.59)	0.012 *** (3.05)	0.017 ** (1.97)	0.010 *** (2.76)	0.187 *** (0.004)	0.150 *** (3.56)
Growth	0.000 (0.78)	0.000 (0.88)	0.000 (0.42)	0.000 (0.47)	0.000 (0.74)	0.000 (0.86)	0.000 (0.06)	0.000 (0.20)
Dural	−0.025 (−1.47)	−0.001 (0.09)	−0.004 (−0.18)	0.001 (0.07)	−0.029 (−1.50)	−0.000 (−0.05)	−0.035 (−0.89)	−0.009 (−0.48)

续表

指标	M0		M1a		M1b		M1c	
Incentiv	0.001 *** (−8.43)	0.000 (0.78)	0.000 *** (−7.36)	0.001 (−0.57)	0.000 *** (−4.94)	0.001 (1.07)	0.001 *** (−12.64)	−0.001 (−0.90)
Indepnt	−0.001 (−0.08)	−0.001 (−0.63)	0.001 (0.48)	−0.001 (−1.05)	−0.001 (−0.13)	−0.001 (−0.16)	−0.001 (0.61)	−0.001 (−0.59)
R^2	0.030	0.015	0.078	0.068	0.035	0.020	0.193	0.183
F/Wald	F = 15.88 (P = 0.000)	W = 18.89 (P = 0.002)	F = 17.32 (P = 0.000)	W = 29.07 (P = 0.001)	F = 16.46 (P = 0.000)	W = 21.16 (P = 0.001)	F = 181.51 (P = 0.000)	W = 20.40 (P = 0.002)
Hausman	FE (P < 0.05)		FE (P < 0.05)		RE (P > 0.05)		FE (P < 0.05)	

注：*、**、*** 分别表示在 0.1、0.05、0.01 水平显著。括号内为 *T* (*Z*) 统计量。表 3 – 12 同。

以上结果表明，三类不同融资安排对企业绿色创新具有差异性影响，其中，因绿色创新活动能够契合债权人收益预期，且债权融资产生的治理作用和信号传递作用使得企业对环境规制和政府规制更具敏感性，并更加关注绿色创新带来的长期竞争优势。因此债权融资能够成为电力企业的绿色金融安排。相比之下，股权投资者更希望获得较高的风险投资溢价，与绿色创新的非货币性收益特征不符，并且大量的创新投入能够降低股东的收益效率，因而股权融资对绿色创新活动产生了抑制作用。由于经理人兼具资源配置主体和利益相关者治理客体双重角色，因此其绿色创新动机具有波动性特征，内源融资与绿色创新的关系也较为模糊。

（三）绿色金融的作用边界

表 3 – 13 报告了出资主体间权力博弈对企业绿色创新的影响。在 *M2* 中，引入债权融资、股权融资和两者的交互项。*Hausman* 检验结果显示选取固定效应模型。债权融资和股权融资交互项系数为 − 0.211，*T* 检验值为 − 0.160。表明股权融资在债权融资与绿色创新关系中具有显著负向调节作用。即在股权投资者和债权人的博弈过程中，随着股权融资比例的

提升，债权融资对绿色创新的促进作用相应减弱。在 *M4* 的检验结果中，债权融资与内源融资交互项的回归系数为 0.176（固定效应模型），且通过了 5% 水平的显著性检验。表明内源融资和债权融资对绿色创新具有互补效应。即在债权人和经理人的博弈过程中，随着债权治理作用的提升，经理人对环境规制和政府规制的敏感性加强，绿色创新动机得到提升。然而，*M3* 的检验结果显示，内源融资与股权融资的交互项回归系数为正，即内源融资正向调节股权融资对绿色创新的抑制效应。可见，内源融资对绿色创新的影响会受到其他出资主体创新偏好和治理机制的影响。即经理人在与股权投资者和债权人的权力博弈过程中，展现出了较强的波动性。

表 3 – 13　　　　　　出资主体权力博弈对企业绿色创新的影响

指标	*M2*		*M3*		*M4*		*M5*	
Debt	0.112 *** (−3.21)	0.089 *** (−4.23)			0.086 ** (−2.28)	0.025 (−1.55)	−0.023 (−0.62)	−0.003 (−0.12)
Stake	−0.139 * (−1.71)	−0.139 ** (−2.36)	−0.112 * (−1.64)	−0.004 (−0.02)			−0.152 * (−1.69)	0.015 (0.31)
Inner			−0.004 * (−1.75)	0.004 (1.34)	−0.019 (−0.21)	0.020 (0.25)	−0.013 (−1.32)	0.230 *** (2.99)
*Debt * Stake*	−0.211 * (−1.60)	−0.126 (−1.00)					0.061 (0.21)	0.068 (0.41)
*Stake * Inner*			0.256 * (1.65)	0.206 * (1.60)			0.302 ** (2.19)	0.217 ** (1.98)
*Debt * Inner*					0.176 ** (2.33)	0.136 ** (2.35)	−0.190 ** (−2.22)	−0.081 (−1.24)

指标	M2		M3		M4		M5	
Debt * Stake * Inner							-0.837** (2.39)	-0.482** (2.35)
Size	-0.002 (-0.22)	0.007** (2.24)	0.307*** (3.82)	0.207*** (2.92)	0.273*** (4.27)	0.157*** (2.68)	0.008 (0.11)	0.004 (1.19)
Growth	0.000 (0.37)	0.000 (0.38)	-0.000 (-0.25)	-0.000 (-0.07)	0.000 (-0.23)	0.000 (0.12)	-0.000 (-0.84)	-0.000 (-0.32)
Dural	-0.005 (-0.20)	0.004 (0.34)	-0.007 (-0.24)	-0.004 (-0.35)	-0.022 (-0.88)	-0.007 (-0.42)	0.003 (0.16)	0.001 (0.10)
Incentiv	-0.000** (-2.63)	-0.000 (-0.15)	-0.000** (-2.32)	-0.000 (-1.36)	-0.000** (-2.35)	-0.000 (-1.27)	-0.000* (-1.87)	-0.000* (-1.87)
Indepnt	0.001 (0.33)	-0.001 (-0.57)	-0.001 (-0.50)	-0.001 (-0.31)	-0.001 (-0.17)	-0.001 (-0.63)	-0.001 (-0.99)	-0.002 (0.827)
R^2	0.099	0.088	0.262	0.251	0.216	0.200	0.319	0.299
F	F = 24.90 (P = 0.00)	W = 17.32 (P = 0.00)	F = 227.66 (P = 0.00)	W = 31.84 (P = 0.00)	F = 228.38 (P = 0.00)	W = 31.28 (P = 0.00)	F = 379.34 (P = 0.00)	W = 470.04 (P = 0.00)
Hausman	FE (P<0.05)		FE (P<0.05)		FE (P<0.05)		FE (P<0.05)	

债权融资、股权融资和内源融资共存状态下,股权融资和内源融资共同作用于债权融资对绿色创新的影响。M5 中,三维交互项回归系数为 -0.837,且通过了 5% 水平的显著性检验,T 检验值为 2.39。表明股权融资和内源融资的共同作用能够降低债权融资对绿色创新的促进效应。多种融资安排共存使得经理人同时成为股东治理和债权治理的对象。因经理人的职位安全、收益水平等受到股东的直接制约,因此在股权投资者和债权人针对绿色创新产生决策差异的条件下,经理人的绿色创新偏好在较大程度上被削弱。更倾向于迎合股权投资者的决策偏好,采取保

守的态度对待企业绿色创新。

五、结论与启示

本书基于绿色金融视角，重点分析债权融资、股权融资和内源融资对电力企业绿色创新的差异性影响，以及出资主体间权利博弈关系产生的调节效应，进而揭示了企业的绿色金融安排，以及绿色金融对绿色创新的作用边界。研究结果显示：

第一，电力企业绿色创新活动在创新属性、创新投入与收益、技术门槛方面与其他企业具有显著差异。首先，电力企业绿色创新活动在环境绩效与能耗效率方面高度统一。其次，绿色创新投入主要集中在电力生产过程中的技术改造、设备引进等环节，具有较高的集聚性。再次，高水平的绿色创新投入和创新技术的低门槛呈现出了非匹配性特征。最后，由于电力企业绿色创新绩效的主要表现形式为环境外部性的降低，因此具有非货币价值的特点。

第二，债权融资对电力企业绿色创新具有积极影响，属于电力企业的绿色金融形式。然而具有较高收益预期的股权融资对绿色创新具有显著抑制作用，经理人支配的内源融资对绿色创新影响具有波动性。鉴于此，电力企业应优化融资安排，提升债权融资比例，充分发挥债权人在创新治理方面的独特优势及其和外部规制机制产生的协同效应，构建债权治理、政府规制和环境规制三位一体的企业绿色创新外部治理体系，全面驱动企业绿色发展。

第三，出资主体间因绿色创新偏好差异而发生权力博弈，博弈效应将作用于债权融资对绿色创新的影响，进而对绿色金融的创新驱动机制产生边界作用。股权融资能够削弱债权融资的绿色创新效应，而内源融资和债权融资之间具有互补关系。在三类融资安排共存的状态下，股权融资和内源融资能够在债权融资与绿色创新之间产生显著负向调节作用。基于此，在绿色创新导向下电力企业应一方面构建以债权融资为主，风险投资为辅的融资结构，降低股权投资者较强的风险偏好造成的绿色创新抑制。另一方面，应通过调整股权认购协议条款、完善股东治理制度等方式，限制股权投资者的绿色创新决策权。并为经理人设计绿色创新长效激励机制，进而优化绿色创新内部治理体系，推动企业实现创新发展。

参 考 文 献

[1] 白贵玉，徐向艺，徐鹏. 企业规模、动态竞争行为与企业绩效——基于高科技民营上市公司面板数据 [J]. 北京：经济管理，2015 (7).

[2] 陈丽蓉，韩彬，杨兴龙. 企业社会责任与高管变更交互影响研究——基于 A 股上市公司的经验证据 [J]. 会计研究，2015 (8)：57 - 64.

[3] 杜运周，李毛毛. 魅力型领导对新企业绩效的影响：组织合法性的中介作用 [J]. 天津：科学学与科学技术管理，2012 (12).

[4] 何霞，苏晓华. 环境动态性下新创企业战略联盟与组织合法性研究——基于组织学习视角 [J]. 北京：科研管理，2016 (2).

[5] 黄荷暑，周泽将. 女性高管、信任环境与企业社会责任信息披露——基于自愿披露社会责任报告 A 股上市公司的经验证据 [J]. 审计与经济研究，2015 (4)：30 - 39.

[6] 鞠晓生，卢荻，虞义华. 融资约束、营运资本管理与企业创新可持续性 [J]. 经济研究，2013 (1)：4 - 16.

[7] 李冲，钟昌标，徐旭. 融资结构与企业技术创新——基于中国上市公司数据的实证分析 [J]. 上海经济研究，2016 (7)：64 - 72.

[8] 李姝，谢晓嫣. 民营企业的社会责任、政治关联与债务融资——来自中国资本市场的经验证据 [J]. 南开管理评论，2014 (6)：30 - 40.

[9] 李旭. 绿色创新相关研究的梳理与展望 [J]. 研究与发展管理，2015，27 (2)：1 - 11.

[10] 刘玉焕, 井润田, 卢芳妹. 混合社会组织合法性的获取: 基于壹基金的案例研究 [J]. 北京: 中国软科学, 2014 (6).

[11] 邵兴东, 孟宪忠. 战略性社会责任行为与企业持续竞争优势来源的关系——企业资源基础论视角下的研究 [J]. 经济管理, 2015 (6): 56 – 65.

[12] 隋俊, 毕克新, 杨朝均, 刘刚. 制造业绿色创新系统创新绩效影响因素——基于跨国公司技术转移视角的研究 [J]. 科学学研究, 2015, 3 (3): 440 – 448.

[13] 孙早, 肖利平. 融资结构与企业自主创新——来自中国战略性新兴产业 A 股上市公司的经验证据 [J]. 经济理论与经济管理, 2016 (3): 45 – 58.

[14] 唐清泉, 巫岑. 银行业结构与企业创新活动的融资约束 [J]. 金融研究, 2015 (7): 116 – 134.

[15] 田高良, 司毅, 韩洁, 卞一洋. 媒体关注与税收激进——基于公司治理视角的考察 [J]. 管理科学, 2016, 29 (2): 104 – 121.

[16] 王海妹, 吕晓静, 林晚发. 外资参股和高管、机构持股对企业社会责任的影响——基于中国 A 股上市公司的实证研究 [J]. 会计研究, 2014 (8): 81 – 87.

[17] 王惠, 王树乔, 苗壮, 李小聪. 研发投入对绿色创新效率的异质门槛效应——基于中国高技术产业的经验研究 [J]. 科研管理, 2016, 37 (2): 63 – 71.

[18] 王婷婷, 朱建平. 环境约束下电力行业能源效率研究 [J]. 中国人口、资源与环境, 2015, 25 (3): 120 – 127.

[19] 王旭. 技术创新导向下高管激励契约最优整合策略研究——企业生命周期视角 [J]. 科学学与科学技术管理, 2016, 37 (9): 143 – 154.

[20] 肖兴志, 王海, 哪种融资渠道能够平滑企业创新活动——基于国企与民企差异检验 [J]. 经济管理, 2015, 37 (8): 151 – 160.

[21] 徐鹏. 子公司动态竞争能力培育机制及效应研究 [M]. 北京:

经济科学出版社, 2016.

[22] 徐小琴, 王菁, 马洁. 绩优企业会增加企业负面行为吗——基于中国制造业上市公司的数据分析 [J]. 南开管理评论, 2016, 19 (2): 137 - 144.

[23] 薛求知, 李茜. 跨国公司对本土企业绿色创新的影响研究——基于绿色订单效应的博弈分析 [J]. 研究与发展管理, 2014, 26 (1): 43 - 51.

[24] 杨勃, 杜晓君, 蔡灵莎. 组织身份落差对跨国并购合法性的影响机制——基于上汽和 TCL 的探索性案例研究 [J]. 北京: 经济管理, 2016 (9).

[25] 杨春丽, 赵莹. 股票期权激励要素对经营绩效的影响研究 [J]. 财经问题研究, 2016 (4): 70 - 75.

[26] 杨静, 刘秋华, 施建军. 企业绿色创新战略的价值研究 [J]. 科研管理, 2015, 36 (1): 18 - 25.

[27] 杨忠智, 乔印虎. 行业竞争属性、公司特征与社会责任关系研究——基于上市公司的实证分析 [J]. 科研管理, 2013, 34 (3): 58 - 67.

[28] 俞园园, 梅强. 组织合法性中介作用下的产业集群关系嵌入对新创企业绩效的影响 [J]. 武汉: 管理学报, 2016 (5).

[29] 张川, 娄祝坤, 詹丹碧. 政治关联、财务绩效与企业社会责任——来自中国化工行业上市公司的证据 [J]. 管理评论, 2014, 26 (1): 130 - 139.

[30] 张钢, 张小军. 企业绿色创新战略的驱动因素: 多案例比较研究 [J]. 浙江大学学报, 2014, 44 (1): 113 - 124.

[31] 钟田丽, 马娜, 胡彦斌. 企业创新投入要素与融资结构选择——基于创业板上市公司的实证检验 [J]. 会计研究, 2014 (4): 66 - 73.

[32] 周方召, 符建华, 仲深. 外部融资、企业规模与上市公司技术创新 [J]. 科研管理, 2014, 35 (3): 116 - 122.

［33］周开国, 应千伟, 陈晓娴. 媒体关注度、分析师关注度与盈余预测准确度［J］. 金融研究, 2014（2）: 139 – 152.

［34］周中胜, 何德旭, 李正. 制度环境与企业社会责任履行: 来自中国上市公司的经验证据［J］. 中国软科学, 2012（10）: 59 – 68.

［35］Aguilera R V, Desender K, Bednar M K, et al. Connecting the dots: Bringing external corporate governance into the corporate governance puzzle［J］. Academy of Management Annals, 2015, 9（1）: 483 – 573.

［36］Aldrich H E, Fiol C M. Fools Rush In? The Institutional Context of Industry Creation［J］. Academy of Management Review, 1994, 19（4）: 645 – 670.

［37］Bear S, Rahman N, Post C. The impact of board diversity and gender composition on corporate social responsibility and firm reputation［J］. Journal of Business Ethics, 2010, 97（2）: 207 – 221.

［38］Block J H. How to pay nonfamily managers in large family firms: A principal—agent model［J］. Family Business Review, 2011, 24（1）: 9 – 27.

［39］Byrd J D, Landry A. Distinguishing Community Benefits: Tax Exemption versus Organizational Legitimacy［J］. Journal of Healthcare Management, 2012, 57（1）: 66 – 78.

［40］Castelló I, Lozano J M. Searching for New Forms of Legitimacy through Corporate Responsibility Rhetoric［J］. Journal of Business Ethics, 2011, 100（1）: 11 – 29.

［41］Colleoni E. CSR Communication Strategies for Organizational Legitimacy in Social Media［J］. Corporate Communications: An International Journal, 2013, 18（2）: 228 – 248.

［42］Dacin M T, Oliver C, Roy J P. The Legitimacy of Strategic Alliances: An Institutional Perspective［J］. Strategic Management Journal, 2007, 28（2）: 169 – 187.

［43］David Parthiban, O'Brien Jonathan P. and Yoshikawa Toru. The Im-

plications of Debt Heterogeneity for R&D Investment and Firm Performance [J].
The Academy of Management Journal, 2008, 51 (1): 165 – 181.

[44] Dowling J, Pfeffer J. Organizational Legitimacy Social Values and
Organizational Behavior [J]. Sociological Perspectives, 1975, 18 (1):
122 – 136.

[45] Dyck A, Volchkova N, Zingales L. The corporate governance role
of the media: Evidence from Russia [J]. The Journal of Finance, 2008, 63
(3): 1093 – 1135.

[46] Eberhart R N. Informal Certification: Resolving the Tension be-
tween Lowing the Burdens of Entry and Obtaining Legitimacy [R]. Working
Paper, Santa Clara University, 2016.

[47] Falck O, Heblich S. Corporate social responsibility: Doing well by
doing good [J]. Business Horizons, 2007, 50 (3): 247 – 254.

[48] Filatotchev I, Nakajima C. Corporate Governance, Responsible
Managerial Behavior, and Corporate Social Responsibility: Organizational Effi-
ciency versus Organizational Legitimacy? [J]. The Academy of Management
Perspectives, 2014, 28 (3): 289 – 306.

[49] Ghisetti, C., Rennings, K. Environmental innovations and profit-
ability: How does it pay to be green? [J]. Journal of Cleaner Production,
2014, 75 (15): 106 – 117.

[50] Glaser B G, Strauss A L. The Discovery of Grounded Theory:
Strategies for Qualitative Research. Piscataway [M]. New York: Aldine Trans-
action, 1967.

[51] Herlin H. Better Safe than Sorry Nonprofit Organizational Legitimacy
and Cross – Sector Partnerships [J]. Business & Society, 2015, 54 (6):
822 – 858.

[52] Hitt M A, Xu K, Carnes C M. Resource based theory in operations
management research [J]. Journal of Operations Management, 2016, 41
(7): 77 – 94.

[53] Jaffe, B., Palmer, K. Environmental regulation and innovation: A panel data study [J]. Review of Economics and Statistics, 1997, 79 (4): 610 – 619.

[54] Liu B, McConnell J J. The role of the media in corporate governance: Do the media influence managers' capital allocation decisions? [J]. Journal of Financial Economics, 2013, 110 (1): 1 – 17.

[55] Opler, T. C., Titman, S. Financial distress and corporate performance [J]. Journal of finance, 1994, 49 (3): 1015 – 1040.

[56] Parsons T. Authority, Legitimacy, and Political Action, Structure and Process in Modern Societies. [M]. Glencoe, IL: Free Press, 1960.

[57] Peeters C, Massini S, Lewin A Y. Sources of Variation in the Efficiency of Adopting Management Innovation: the Role of Absorptive Capacity Routines, Managerial Attention and Organizational Legitimacy [J]. Organization Studies, 2014, 35 (9): 1343 – 1371.

[58] Petkova A P, Rindova V P, Gupta A K. No news is bad news: Sensegiving activities, media attention, and venture capital funding of new technology organizations [J]. Organization Science, 2013, 24 (3): 865 – 888.

[59] Scott W R. Institutions and Organizations [M]. Thousand Oaks, CA: Sage, 1995.

[60] Servaes H, Tamayo A. The impact of corporate social responsibility on firm value: The role of customer awareness [J]. Management Science, 2013, 59 (5): 1045 – 1061.

[61] Shah K U. Organizational Legitimacy and the Strategic Bridging Ability of Green Alliances [J]. Business Strategy and the Environment, 2011, 20 (8): 498 – 511.

[62] Singh J V, Tucker D J, House R J. Organizational Legitimacy and the Liability of Newness [J]. Administrative Science Quarterly, 1986, 31 (2): 171 – 193.

[63] Suchman M C. Managing Legitimacy: Strategic and Institutional Approaches [J]. Academy of Management Review, 1995, 20 (3): 571 –610.

[64] Thomas T E, Lamm E. Legitimacy and Organizational Sustainability [J]. Journal of Business Ethics, 2012, 110 (2): 191 –203.

[65] Tornikoski E T, Newbert S L. Exploring the Determinants of Organizational Emergence: A Legitimacy Perspective [J]. Journal of Business Venturing, 2007, 22 (2): 311 –335.

[66] Vergne J P. Toward a New Measure of Organizational Legitimacy: Method, Validation, and Illustration [J]. Organizational Research Methods, 2011, 14 (3): 484 –502.

[67] Wang Q, Dou J, Jia S. A meta-analytic review of corporate social responsibility and corporate financial performance: The moderating effect of contextual factors [J]. Business & Society, 2016, 55 (8): 1083 –1121.

[68] Washington M, Zajac E J. Status Evolution and Competition: Theory and Evidence [J]. Academy of Management Journal, 2005, 48 (2): 282 – 296.

[69] Wood S J, de Menezes L M. Family-friendly Management, Organizational Performance and Social Legitimacy [J]. The International Journal of Human Resource Management, 2010, 21 (10): 1575 –1597.

第四章

全球能源互联网背景下国家电网
公司全球治理路径设计与优化

全球能源互联网是以特高压电网为骨干网架，以输送清洁能源为主导，全球互联泛在的坚强智能电网，将由跨国跨洲骨干网架和涵盖各国各电压等级电网的国家泛在智能电网构成，连接"一极一道"和各洲大型能源基地，适应各种分布式电源接入需要，能够将风能、太阳能、海洋能等可再生能源输送到各类用户，是服务范围广、配置能力强、安全可靠性高、绿色低碳的全球能源配置平台。

同时，全球能源互联网也是我国"一带一路"建设的创新发展，是推进能源革命的重大举措、是推动经济社会发展的强大引擎、是应对全球气候变化的根本途径和促进世界和平发展的重要平台。习近平总书记2014年6月在中央财经领导小组第六次会议上指出，面对能源供需格局新变化、国际能源发展新趋势，保障国家能源安全，必须推动能源生产和消费革命①。

能源互联网的出现，意味着嵌入其中的电网企业面临的相对静态的市场格局以及价格机制和盈利水平将发生显著变化。也就是说全球能源互联网计划带来的能源与信息互联性、开放性等特征将对电网企业的技术研发、运营模式、营销模式、战略方向和治理机制等方面产生深远影响。同时，电网企业也将对能源互联网不断进行优化与重构，形成企业

---

① 新华网，http://www.xinhuanet.com/politics/video/2014-06/13/c_126616850.htm.

发展与能源互联网建设协同性进化格局。国家电网公司是以建设运营电网为核心业务，关系国民经济命脉和国家能源安全的特大型国有重点骨干企业，承担着保障更安全、更经济、更清洁、可持续的电力供应的基本使命。国家电网公司 2015 年 2 月正式抛出了全球能源互联网计划，随着相关战略举措的实施和推进，其面临的经营环境和治理情景已发生变化，如何在推进全球能源互联网进程中提升先发行动的合法性，以及设计优越高效的全球化治理机制、优化治理路径成为全球能源互联网计划顺利实施的关键①。在此背景下，本书提出国家电网公司全球化治理机制的优化建议，为国家电网公司实施全球能源互联网计划提供参考借鉴。

第一节　基于能源互联网条件下的中国电力企业国际化战略研究②

　　能源是人类赖以生存与发展的基础。随着经济与人类社会的发展，能源供给越来越跟不上能源需求的步伐。煤炭、石油、天然气是当今世界最重要的一次能源，传统化石能源的过度消耗将导致不可再生能源趋于枯竭，同时，不合理开发与利用化石能源所排放的有害气体也日益危害着我们的健康与环境。从可持续发展战略来看，合理开发与利用可再生能源与清洁能源替代不可再生能源是能源结构调整的未来战略发展方向（孙秋野，2015）。面对能源转换、存储、配置和效率等问题，需要通过技术创新，推动解决制约能源发展的瓶颈，也使得未来能源供应形式，将从当前的区域内扩大到区域外以及全球的能源供应。

　　电网的发展跟能源一直密不可分。随着电力负荷的不断增长，当前很多国家相继把发展电能的研究更多地转向利用清洁的可再生能源和分散能源上，分布式发电得到快速发展，电网结构也趋向智能化电力系统转变。尽管出现了智能电网新概念及新技术，比起现在遍布我们生活各

---

①　http://www.doc88.com/p-2728409569890/13.html.

②　本节内容刊于时代经贸，2017（37）.

个角落的互联网，电网发展相对缓慢，保守内向与自然垄断局面并未得到很大转变，创新活力不足。可再生能源与分布式发电技术的发展促使电网亟须从互联网的成功中汲取最新最先进的理念和技术，实现电网的升级换代（孙宏斌等，2015）。同时，以风电为代表的可再生能源的迅猛发展将引起能源的全球结构与布局的重新优化配置，在此背景下，能源互联网的构建极需要以电为核心的能源网与互联网之间产生关系，从而使两者之间不相同的能源子系统，通过互联网作为连接点搭建在一起，创建一个安全可靠、持续供应、绿色环保的全球能源配置网。电能是唯一可以大规模利用核能、水能和各种可再生能源的二次能源形式，因此未来能源系统的主体必然是电能（董朝阳等，2014）。在此背景下，中国电力国际化进程必然会面临新一轮的机遇与挑战。本书先是对能源互联网的相关理论与概念进行了梳理与总结，然后结合国家"一带一路"相关政策与构建全球互联网的设想对中国电力国际化战略的影响进行了探索与讨论，并给出了相应的对策和建议。

一、能源互联网的内涵探讨及发展趋势

2008 年，美国国家科学基金（NSF）在北卡罗来纳州大学建立了未来可再生能源传输与管理系统（The Future Renewable Electric Delivery and Management System，FREEDM），NSF 是最早涉猎能源互联网行业的，他们的目的即在电力系统中，导入电力电子技术与信息技术，使配电网也能构建互联网模式（牛禄青，2015）。同年，德国联邦经济技术部与环境部发起了 E - Energy 项目，提出建设 Internet of Energy，以新型的 ICT 通信设备和系统为基础，在六个城市试点不同侧重的智能电网示范项目，以最先进的调控手段来应付日益增多的分布式电源与各种复杂的用户终端负荷（Bloch C et al.，2010）。

能源互联网最初的概念可以追溯到对能源生产体系下的网端互联概念的设想和探索。如果以开放、互联、对等、分享的原则对电力系统网络进行重构，便可实现电网安全性和电力生产效率的提高，能源互联网

内可以和互联网一样无比便捷地分享信息（孙秋野，2015）。

同样涉猎能源互联网概念的，还有美国著名经济学家杰里米·里夫金（Jeremy Rifkin）。杰里米（Jeremy）在 2012 年出版的书籍《第三次工业革命：新经济模式如何改变世界》中，提到了自己对该概念的关注，并引起广泛推崇。杰里米（2012）认为，能源互联网包含五大内涵：（1）可再生能源转型；（2）能源生产分散；（3）能源储存；（4）能源分配；（5）交通方式零排放。

杰里米的观点主要还是将各个洲作为点，建立可收集、分享再生能源的互联网，点与点之间产生密不可分的联系。他倡导的是，使用互联网概念，使区域内的电源、储备、负荷等简历数据统计，从而进行协调，最终实现由集中式化石能源利用向分布式可再生能源利用的转变。

我国清华大学信息技术研究院能源互联网研究小组在国内较早开展能源互联网方面的研究工作，就职于信息技术研究院能源互联网研究小组的曹军威（2014）曾提出自己的"广域网"概念，所谓广域网，即能源互联网以互联网思维与理念所构建的新型信息。

总体电网为"主干网"，微网和分布式能源等能量为"局域网"，通过两者的平衡，实现传输和动态平衡使用，在这种情况下，新型能源能够更快、更多地进行接入，避免产生误差的错误信息，减少工作难度。

曹军威（2014）还提出观点，在各种能源之中，电源不过是其中一种，而非能源的全部。电能之所以特殊，源自其独特的传输效率，这种效率是其他能源无法比拟的。因此，在选择构建能源传输系统时，电能依旧首当其冲，成为首先被考虑的目标。那么由互联网式的电网为枢纽所简历的能源信息系统，自然而然会成为未来能源互联网的宠儿。

冯庆东（2015）认为，所谓能源互联网，就是新型的智能电网，即智能电网 2.0，在能源转型的大背景下，该概念得到发展。互联网技术为核心，电网为基础，目的为接入新型能源的前提条件下，不同能量管理系统对能源设备进行管理，综合调控平衡各项能源配置，使得能源实现真正的高智能，高效率。

中国经济研究院院长白津夫（2015）则有不同观点，他认为能源互联网是基于互联网的双向配置平台，例如，风能等可再生能源可以通过能源互联网进行传递、运输，在这个过程中，个体电源也完成了回购再配置，产销一体，使得能源互联网不仅仅能进行单向的工作，更重要的是建立双方的交易平台，这也是建立互联网架构所希望达到的必然效果。

曹寅（2015）表示，智能发电、智能储备、智能交易、智能服务、智能管理、智能用电是能源互联网的六大重要组成部分，他们相辅相成，缺一不可，连接在一起，才组成真正的能源互联网。

综上所述，"能源互联网"目前还没有统一标准的定义，结合国内外学者的讨论，能源互联网可以理解为以电力系统为核心，以智能电网为基础，先进的互联网技术，智能的管理技术等能够采集和储蓄能源，并将各个点之间串联起来，建立能源交易互联网，实现互联网能源的共享。

能源互联网的出现，无疑证明民众的思维和人类的科技手段都更上一层楼，许多问题都能采取新的形式来解决。能源互联网和现在的电话构架是具有本质性不同的，它不单单是去建立信息化的手段，还要采取互联网的理念和方式，构建出完全不同的能源交换模式，分享能源就像在互联网上发送消息一样简单，当技术给人的便利达到这种程度的时，能源互联网的推动就只是时间的问题了（曹军威，杨明博等，2014）。

里夫金（2012）就未来能源互联网的发展提出创建一个能源互联网，使全球人民更便利，能够足不出户，获得绿色可再生能源。如有不可使用的能源，则通过互联网共享、出售出去，做成真正的全球能源共享，全球能源节约。建构意义是极其重大的，也是美好的愿景，真正现实还需要一个循序渐进的过程。能源互联网的建立依旧处于一个初期阶段，要想切实开始进行研究探讨，还需要从多方面入手，走分层分级发展道路。需要在微电网、配电网层面形成局域消纳和广域互联，进而在地区、国家乃至洲际形成主干互联，多层级协调发展、紧密衔接，构成广泛覆盖的电力资源配置体系。

对于现如今的人类而言，能源可持续发展依旧是一个难以解开的题目。尽管，可再生能源的发展到现在已经十分有起色，但可再生能源的利用率却微乎其微。美国希望 2050 年能够实现八成可再生能源比率，欧洲希望 2050 年能实现十成可再生比率，而国内求稳不求快，只希望在2050 年能够获得六成至七成的回馈。看似简单、没有劳动成本的可再生能源，却具备着极其强烈的不稳定性。风、太阳等能量都可能因为天气等原因发生问题。所以，平衡和调和可再生能源的利用和节省，依旧是一个暂时无法得到良好解决的问题（曹军威，杨明博等，2014）。

当前国际能源市场供求紧张，油价接连提升，竞争激烈，能源安全问题实质上是全球性问题。对于现在的能源市场，我国需要和多个国家结成合作关系，商议全球范围内的合作方案，从而使全球范围内的能源得到合理的治理和节约，防止全球变暖、建立能源平衡、能源市场的平稳发展创造条件（吴磊，2013）。

全球能源互联网的构建，需要特高压网架作为基础，主要运输的是清洁能源，进行保护的是全球强力智能电网。最终，将形成从北极到赤道，继而和全球各个城市相连接的互联网。各种不可再生能源例如风能、太阳能等在全球智能电网的帮助下，被送到有需要的人的地方。多余的能源送出，缺失的能源购入，能源利用，减少浪费，这种全球能源互联网才能起到优秀的全球能源合理配置的作用（刘振亚，2015）。2015 年12 月，国家电网公司与德国电气工程师协会等机构在柏林举办了"全球能源互联网中欧技术装备研讨会"，中国国家电网董事会在会上提出"中国计划到 2050 年与国际伙伴一起建立全球电网：第一步实现国内互联，第二步洲内互联，第三步洲际互联，到 2050 年基本建成全球联网。"（徐涛，2016）同年，习主席也倡导全球各国领导人和科学家，开始探讨和构建全球能源互联网。全球能源互联网的最终实现的目标是"建设北极风电基地，通过特高压交直流向亚洲、北美、欧洲送电，形成欧洲——亚洲——北美互联电网；建设北美、中东太阳能发电基地，向北送电欧洲，向东送电亚洲，将非洲纳入欧洲——亚洲——北美互联网电网；建设南美北部，大洋洲太阳能发电基地，分别实现北美与南美，亚洲与大洋洲的联网"（曾鸣，王世成，2015）。

就现如今的世界趋势而言，搭建全球能源互联网是必然会发生的。

全球能源互联网能够显著提高能源利用效率，促进可再生能源更广泛地应用，有利于缓解世界能源危机，摆脱经济社会发展的困境。从电力网络和设施安全来讲，全球能源互联网的实时感知、远程监测、预测性维护能力能够更好地保障电网和电力设施安全，可以使工业企业通过能源交易平台降低能源成本，从而降低生产成本，同时打破信息不对称现象，实现能源供应和需求对接，推动全球能源互联网的构造和搭建。

二、能源互联网与中国电力企业国际化

（一）"一带一路"倡议引领中国电力企业国际化

党的十八届三中全会将共同建设"丝绸之路经济带"与21世纪"海上丝绸之路"的战略构想上升为国家战略，得到了国内外的广泛关注。"一带一路"所影响的地区包含几乎整个亚洲，以及欧洲、东盟部分国家。作为全球最大的能源生产国和最大的能源消费国，对于能源交易方式的革新，我国起着举足轻重的作用，率先建立能源互联网系统，是我国的责任和义务。我国有十几条电网与俄罗斯、蒙古等国家相连。其中，我国和俄罗斯的电网是我国电压等级最高的跨挂输电工程。"一带一路"的出现，不仅开发了许多能源，使沙特阿拉伯等国家的资源更丰富的产出，同时也使风能、太阳能等十分具有潜力的可再生能源被发现了。我们即将搭建的能源交易互联网，正是想要将这些可再生能源送到全球各地人民的手中。根据研究分析，在此之后的能源将占一次能源消费总量的八成，能节俭的能源，对于阻止全球气温上升而言，起着至关重要的作用（申现杰，肖金成，2014）。

因此，能源互联网的构建是在现如今社会形态发展下的必然结果。我国特高压技术和装备经过多年发展已经具备了比较优势。实施"一带一路"倡议后，我们发现，"一带一路"沿线的国家电力系统相对而言比较落后，无法与国内相比。其不仅设备陈旧，技术也有待革新，许多设备都仰仗于进口，许多技术也多是模仿国外的优秀经验。对于我国而言，

这具有巨大的市场潜力和商机。对于我国电力企业的国际化进程发展而言，这绝对是至关重要的，无法被忽略的部分。我国电力系统国际化的路程，也因此机遇从而得到了推广。中国在引进外资的同时，也可以转移国内富余生产力，将特高压技术引入这些发展中国家，推动中国制造的发展。"一带一路"倡议推动我国能源工业走向国际合作大舞台，有利于全球能源互联网的构建，有利于推动全球互联互通，实现经济全球一体化发展。沿线国家人口总数为46亿，占全球的63%，经济总量约为21万亿美元，占全球29%。我国未来通过与这些国家共同建设全球能源互联网，以能源带到经济区域合作和基础设施建设，推动智能电网在全球范围广泛应用（李朝兴，2015）。

能源问题具有全局性和广泛性，涉及各国政治、技术、管理、市场、体制等多方面因素影响，任何一个国家都不能单独解决。构建全球能源互联网，既面临可再生能源加快发展的历史机遇，也面临地缘政治、经济利益、社会环境、能源政策、市场建设、技术创新等重大挑战，不会一帆风顺，不会一蹴而就，需要经历一个艰难曲折的过程。在全球能源互联网的构建与发展背景下，中国电力的发展既要遵循企业国际化战略发展的一般规律，又要制定符合本土电力企业发展的国际化战略。

（二）新形势下中国电力国际化进程的推进及滞碍因素

中国电力行业自20世纪初经过一系列"破除垄断、引入竞争"的体制性改革，产业结构重新划分及重组后形成了两大电网公司——国家电网与南方电网。随后又收购五个发电公司和四个一、二次电力设备公司。体制改革开创了电力行业的新格局，国家电网公司经过几年迅速发展进入了世界前十名，这对整个电网行业的发展影响深远。我国供配电比例发生了一系列改变：第二产业用电比重减小，第三产业和居民生活用电比例提高。2014年，我国发电装机容量达到13.6亿千瓦，发电量达到5.5万亿千瓦时，电网220千伏及以上线路回路长度达到57.2万千米，220千伏及以上变电容量达到30.3亿千伏安，这个数据在世界上都是首屈一指的（刘福升，刘昊，2014）。

在电力改革初期，我国电力企业就制定了"走出去"的国际化战略，激励企业发展到国际大舞台，对同行企业应该进行资源互用，互帮互助，体现共同发展战略，对国内外各种优秀技术和管理模式进行全面学习和借鉴，增加国家之间的合作和交流，以此提升电力企业在国际市场的核心竞争力。随着这些年电力行业的发展，当前中国电力企业的国际化经营战略可以总结为"外电内送"和"内资外输"的双重战略。所谓"外电内送"，是指国家电网公司在综合评价、衡量周边国家能源资源综合性指标后，实施在海外建立坑口电站、水电站或直接购买国外廉价电力等，通过输电网络传输回我国消费的模式；所谓"内资外输"，是指国家电网公司通过国际竞标，积极投资于国外电网市场并取得良好的投资回报及实现价值提升（刘拓，2012）。

过往很长一段时间内，国家电网多次对海外资产进行收购，这使得其海外资产遍布全球，这都是国际能源互联网创建的趋势以及其会引发的必然结果。在并购时，国家电网选择直接入股或获取经营许可。作为国企，国家电网的高信用使得其在国际市场上更好、更快、利益更高的完成了这些工作，最终效益要高于预估效益部分。与此同时，当前我国已建立了系统的特高压与智能电网技术标准体系，特高压交流电压已经成为国际标准电压，中国的特高压输电技术在世界上已位居领先水平，这为电力企业"走出去"奠定了技术基础。这种能够减少长距离输电损耗的技术将在世界范围得到广泛的应用。

尽管电力行业在过去几十年的国际化进程中克服了重重困难，获得了不少比较优势与技术创新，但是在构建与发展全球能源互联网的新形势下，电力企业国际化发展存在的滞碍因素还很多。主要表现为以下几点：第一，企业管理系统与发达国家相比不够规范，领导者领导能力不足，国际业务战略决策计划制定随意性较强，没有完善的评价机制，造成经营次序混乱。第二，电力企业参与国际并购的时间较短，缺少丰富的投资和并购经验。由于经验不足导致并购之后对公司的调整和经营理念不能达到平衡，导致企业无法平稳度过危险期，最终以退出收场。第三，我国电力缺少具有专业技术和素质较高的国际性人才，缺少既懂得电力技术又具备经济管理知识储备的综合型人才，这是电力行业国际化进程的一大障碍。第四，面对构建全球能源互联网的宏伟目标，当前我国电力企业表现为相应的技术设备较为落后和创新能力不足。能源的缺失成为人类历史上无法回避的重要问题，现如今，新能源和再生能源的开发也遇到了不小的困难，由于制造产业的需求和能源的供给不匹配，使得循环链断裂，可再生能源进行发电依旧只是纸上谈兵的概念，要想真正实现，仍然需要持之以恒的努力和新形式的创建。尽管少数大型电力企业自主创新能力很强，但是全国范围发展并不平衡，技术能力的落后也就直接制约了国际合作范围。第五，我国电力企业抵抗危机意识薄弱，在国际化进程中没有设置规范的危机防控机制与管理措施，缺少与发达国家之间合作风险的意识（刘拓，2012）。

三、基于能源互联网的中国电力国际化发展战略

在 2016 年二十国集团工商峰会（B20）上，国家电网公司根据国家"一带一路"倡议总体提出，国家电力工业未来海外业务，"一带一路"是主要的方式和话题。"一带一路"有效帮助周边落后国家建立新型电网，同时，国家附近的电网路线顺畅，也能给我国带来便利。日后，在全球能源互联网构建起之后，我国的某些线路也可以收到保护。未来，我国的能源输出开始慢慢向外扩散，不仅仅只针对祖国周边的国家，而是投向欧洲、投向美国，建立海外业务点，以达到更高的收益率。根据上述设想，基于能源物联网的中国电力国际化发展战略目标应是：能源互联网未来发展以微小家庭能源互联网为最小单位，扩展到城市能源互联网，再到全国能源互联网，最终发展至洲内、洲际能源互联网，最终建成全球能源互联网。基于该目标，未来中国电力国际化发展可采取如下战略措施：

积极发展可再生能源和分布式能源，改变"以煤为主"电力结构，

主要建立以"清洁能源"为主的电力结构，使能源造成的污染和损坏减少。同时，使用可再生能源也可以保护环境，减少能源浪费。根据不同地点的不同需求，各种可再生能源都可实现保障性发电。以保障电网安全为前提基础，优先安排发电，使可再生能源发展所涉及的方面越来越广，并使得电网的供电越来越稳妥，扩大向外输送的可再生能源的力度，可再生能源的接入、输送都需要仔细、认真地对待，建立真正有效的可再生能源电力消耗的激励机制，积极发展可再生能源和分布式能源，加快全球能源网的建立，减少污染，减少浪费（薛晓岑，周保中等，2015）。

能源互联网各项服务的完善。使民众获知一个概念，即互联网能源交换是节能减排、节约能源的一个良好方式，因此，广大民众都应该支持新能源，支持可再生能源，支持能源的交换与节俭。平时整合好资源，搭建自己的互联网平台，根据要求建立自己的能源收购制度。彻底完成无障碍，无歧视，安全认真能源交换。通过先进的储蓄技术，融合信息和互联网技术，使得能源的利用率得到质的飞跃。

将用户测分布电源市场面向大众打开。在进行该工作之前，首先要进行各类试点。电力可以自由交易和分布式能源能够广泛参与是能源互联网的核心。这样做可以更利于能源的交流交换，无论是企业，还是个人，都可以通过适合自己的方式，建立能源交换市场，进行各种能源的交换。在这种良性社会环境下，更多的企业和个人会选择这种能源交易的方式。同时，也要鼓励个人或企业进行"合同制"的管理模式，搭建互联网平台。

电力企业可以通过能源互联网使用户打破时间和空间的限制，可以足不出户就能够实现在家里售电以及在家里购买国内外电力产品和服务。能源互联网将彻底颠覆传统的电力企业"走出去"模式，在没有生成对外直接投资和贸易的情况下，创造性地实现了国际化经营。能源互联网有助于将电力转变成一种可以任意买卖的普通商品，推动电价市场化进程。面对能源互联网的发展以及电力市场化改革，发电企业可以开展售电业务，成立售电公司，以获取用户为价值导向，提供创新服务（张小平，李佳宁等，2016）。

电力企业应立足核心竞争优势适度拓展产业链和开展多元化业务，现如今，全球多个国家都开始大力发展特高压和智能电网，需要广泛的人才，这也是能源互联网发展的必然趋势。因此，电力企业应该把握住机会，尽快完成境外上市，打造多方位的海外电力公司，开展多项业务，向电网主营业务及其产业链高端升级。优化国际化管控模式和加强风险管控，在国际上，各项业务架构的模式应该发生变化。现如今，国际化的经营风险增强，导致许多不良情况应运而生，为了解决这种情况，应重视国际人才，应将国际化人才纳入企业人力资源规划体系中，多渠道引进和培养高端和复合型人才。

四、结 语

在当今社会，互联网是日常生活中无法避免的话题，能源互联网也在当下社会大环境中发生了。借鉴互联网构架概念构建的新型电网，实习了能源系统的具体形式，其主要组成部分为电能。尽管能源多种多样，但就传输和转换而言，电能依旧具备着其他能源所不具备的条件，成功跻身而出，成为在考虑互联问题时以电网为主。在能源互联网发展的背景下，我国电力企业的国际化必须在"一带一路"的倡议指导下，实现全球能源互联网构想，进一步加强与国际同行合作，努力探索因地制宜、切实可行的商业模式。中国电力企业应大力发挥境外投资运营专长，提高公司全球能源电力资产份额，依托特高压技术优势和海外电力运营管理经验，为全球能源用户提供符合世界能源禀赋特征、电力技术进步方向的能源解决方案，实现国际业务发展模式的创新提升，为公司在全球范围内优化资源配置、全球能源互联网构想的落地落实贡献力量。

第二节 全球能源互联网背景下国家电网公司全球 治理路径设计与优化研究[①]

全球能源互联网是以特高压电网为骨干网架，以输送清洁能源为主导，全球互联泛在的坚强智能电网，将由跨国跨洲骨干网架和涵盖各国各电压等级电网的国家泛在智能电网构成，连接"一极一道"和各洲大型能源基地，适应各种分布式电源接入需要，能够将风能、太阳能、海洋能等可再生能源输送到各类用户，是服务范围广、配置能力强、安全可靠性高、绿色低碳的全球能源配置平台。

同时，全球能源互联网也是我国"一带一路"建设的创新发展，是推进能源革命的重大举措、是推动经济社会发展的强大引擎、是应对全球气候变化的根本途径和促进世界和平发展的重要平台。习近平总书记在 2014 年 6 月中央财经领导小组第六次会议上指出，面对能源供需格局新变化、国际能源发展新趋势，保障国家能源安全，必须推动能源生产和消费革命[②]。2015 年 9 月 26 日，习近平总书记在联合国发展峰会上发表重要讲话，倡议探讨构建全球能源互联网，推动以清洁和绿色方式满足全球电力需求。这是我国能源发展的国策，是对传统能源发展观的历史超越和重大创新，为我国能源行业未来发展指明了方向，能源行业发生重大变革[③]。

能源互联网的出现，意味着嵌入其中的电网企业面临的相对静态的市场格局以及价格机制和盈利水平将发生显著变化。也就是说全球能源互联网计划带来的能源与信息互联性、开放性等特征将对电网企业的技术研发、运营模式、营销模式、战略方向和治理机制等方面产生深远影响，实现电网企业转型成长。同时，电网企业也将对能源互联网不断进

[①] 本节内容刊于科技与产业 [J]. 2017 (11).

[②] 新华网，http：//www. xinhuanet. com/politics/video/2014 – 06/13/c_126616850. htm.

[③] 新华网，http：//www. xinhuanet. com/world/2015 – 09/27/c_1116687800. htm.

行优化与重构，形成企业发展与能源互联网建设协同性进化格局。国家电网公司是以建设运营电网为核心业务，关系国民经济命脉和国家能源安全的特大型国有重点骨干企业，承担着保障更安全、更经济、更清洁、可持续的电力供应的基本使命。国家电网公司 2015 年 2 月正式抛出了全球能源互联网计划，随着相关战略举措的实施和推进，其面临的经营环境和治理情景已发生变化，如何设计优越高效的全球化治理机制、优化治理路径成为全球能源互联网继续推进的关键①。基于此，本书基于全球能源互联网构建的内涵、原则、特征以及国家电网公司的经营状况分析其所面临的新的治理情境，并基于此提出其全球化治理路径的优化措施。

一、全球能源互联网构建对国家电网公司治理情境影响分析

全球能源互联网的发展框架可以概括为一个总体布局、两个基本原则、三个发展阶段、四个重要特征、五个主要功能。总体布局是指全球能源互联网是一个由跨洲电网、跨国电网、国家泛在智能电网组成，各层级电网协调发展的有机整体，两个基本原则是指清洁发展和全球配置，三个阶段是指洲内互联、跨洲互联和全球互联，四个特征分别包括网架坚强、广泛互联、高度智能和开放互动，最终实现能源传输、资源配置、市场交易、产业带动和公共服务五大功能。这些全球互联网发展的要求和特征对国家电网公司外部治理情境的适应性和内部治理机制的灵活性均提出了新的要求和挑战，具体如下：

（一）网架坚强揭示了国家电网公司全球治理中竞争决策机制的本源性

网架坚强是构建全球能源互联网的重要前提，坚强的网架是实现资源全球配置的基础，只有形成坚强可靠的跨国跨洲互联网架，才能实现全球能源的广泛互联和大范围配置。推进全球能源互联网的实施进程就

---

① http://finance.sina.com.cn/chanjing/gsnews/2016-02-03/doc-ifxnzanm4064234.shtml.

要求各国电网规划科学、结构合理、安全可靠、运行灵活，只有这样才能适应风电、光伏发电、分布式电源大规模接入和消纳（刘振亚，2015）。

随着全球能源互联网计划的推进，国家电网公司面临更为复杂的市场环境，在动态环境中竞争手段和竞争方式的选择成为企业获取竞争优势的关键因素（徐鹏，2016）。网架坚强作为国家电网公司推行全球能源互联网计划的必备条件，强化创新是国家电网公司顺利实施全球能源互联网计划和塑造竞争优势的有效途径，这在竞争决策机制设计层面对国家电网公司全球治理路径的优化提出了本质的要求，即国家电网公司全球治理机制的设计应当以强化创新决策为基础，提升企业技术能力，推进全球能源互联网计划的顺利实施。

（二）广泛互联增加了国家电网公司全球治理中所处制度环境的复杂性

制度环境是一系列用来建立生产、交换与分配基础的政治、社会和法律基础规则，成熟、良好的制度环境体现为较高的法治化水平、良好的政府治理和完善的市场机制等，能够为公司的基础性资源配置提供良好保障（陈志勇、陈思霞，2014）。广泛互联是全球能源互联网的基本形态，全球能源互联网的广泛互联带来了全球能源资源及相关公共服务资源的高效开发和广泛配置，即洲际骨干网架、洲内跨国网架、各国家电网、地区电网、配电网、微电网协调发展、紧密衔接，可以构成广泛覆盖的电力资源配置体系（李天籽、王迪，2016）。

跨国和跨洲运营使得国家电网公司实施全球能源互联网计划中需要在不同地区开展业务和对外合作，而各地区市场化水平、政府治理水平和法治化水平差异化程度较大，这种情况下政策的复杂性水平大幅提升，较好和较差的制度环境对国家电网公司在该地区的交易成本和交易风险具有重要影响，使得企业在进行投资决策和治理机制设计时，必须充分考虑制度环境的影响。总之，实施全球能源互联网使得国家电网公司面对不同的政府和社会机构，对国家电网公司的制度环境的适应性提出了新的要求，为了顺利开展全球能源互联业务，国家电网公司应通过完善治理机制设计，以满足差异化的制度环境需求。

（三）高度智能强化了国家电网公司全球治理中完善制度建设的急迫性

高度智能是全球能源互联网的关键支撑，通过广泛使用信息网络、广域测量、高速传感、高性能计算、智能控制等技术，各类电源、负荷实现可灵活接入和确保网络安全稳定运行，实现各层网架和各个环节的高度智能化运行，自动预判、识别大多数故障和风险，具备故障自愈功能，同时，通过信息实时交互支撑整个网络中各种要素的自由流动，真正实现能源在各区域之间的高效配置。

全球能源互联网的高度智能化特征会打破全球能源互联技术或产品发展的规律性，使得国家电网公司全球治理过程中面临充满不确定性的市场竞争环境，为了能够应付高速动荡的市场环境和竞争态势，国家电网公司应当坚持战略引领，加强顶层设计和系统规划，实施全球治理过程中强化内部制度建设，以适应智能运行、变革速度较快的市场环境。

（四）开放互动催生了国家电网公司全球治理中利益相关者需求多元性

开放互动是全球能源互联网的基本要求，构建全球能源互联网需要各国的相互配合、密切合作。全球能源互联网的运营也要对世界各国公平、无歧视开放。充分发挥电网的网络市场功能，构建开放统一、竞争有序的组织运行体系，促进用户与各类用电设备广泛交互、与电网双向互动，能源流在用户、供应商之间双向流动，实现全球能源互联网中各利益相关方的协同和交互。

利益相关者是指组织外部环境中受组织决策和行动影响的任何相关者，泛化的利益相关者不仅包括公司的股东、债权人、员工和供应商等交易伙伴，还包括政府相关部门、社区居民和媒体等对公司经营活动有直接或间接影响的客体（潘楚林、田虹，2016）。企业的利益相关者对企业投入资源的重要性程度与其所承担的风险是不同的（徐向艺、徐宁，2012），开放互动的要求导致国家电网公司跨国经营项目的股东结构、所雇佣的员工群体和面临所在地区的政策诉求更加复杂，而这些利益相关者与企业的生存和发展密切相关，有的是分担国家电网公司所运营项目的经营风险，有的负责对国家电网公司的经营进行监督和制约，国家电网公司的经营决策必须要考虑他们的利益或接受他们的约束，全球化治理路径的设计与优化需充分考虑在全球能源互联网推进过程中所面临利益相关者的复杂性。

二、基于全球能源互联网框架的国家电网公司全球化治理路径优化

通过前文分析可知，全球能源互联网的推行与构建为国家电网公司治理情境带来了新要求与新挑战，为此，国家电网公司可以通过以下方式优化全球化治理路径。

（一）治理模式国际化，满足制度环境的复杂性需求

国家电网公司实行全球能源互联网计划使其面临更为复杂的制度环境，为其跨国合作的推进带来了一定的风险，具体包括：一是国家层面风险，即国家政权的更迭或执政党的变更、国际制裁等；二是产业政策风险，即政府对整个产业或外资的政策发生变化等；三是审批风险，即政治、经济、外交、文化多重因素的影响。传统的公司治理模式包含外部控制主导型治理模式、内部控制主导型治理模式和家族治理模式，三种治理模式各有优劣，在演变历史尚有较强的地域色彩，比如，外部控制主导型强调股东主权和竞争型资本市场，主要集中在英、美等国家；内部控制主导型强调双层制董事会结构，主要集中在德、日等国家；家族治理模式的特点是大股东控制和信息的不完全披露，主要集中在东亚和东南亚等地区（Yaacob and Basiuni, 2014）。

虽然随着经济发展和社会进步，公司治理模式有一定演变和革新，

但总体仍围绕三种治理模式进行，全球能源互联网要求电网建设广泛互联，这就说明三种治理模式都不足以规避全球能源互联网计划实施过程中的风险，国家电网公司应当综合三种治理模式的优缺点和适用条件，在不违背中国政治条件和政策背景的前提下从治理结构本土化和治理制度现代化出发，探索具有权变性的治理措施，建设符合自身特征的国际化治理模式。国际化治理模式是基于公司治理视角对规避以上风险的有效手段，体现了全球能源互联网背景下国家电网公司全球治理体系的总体要求和全面保障。其实施要点是通过治理结构设计和治理制度建设，实现国家电网公司全球治理模式有科学合理的监管体系和风险防控措施、开放包容的治理结构和管控手段。

（二）治理结构本土化，满足利益相关者多元性需求

目前国家电网公司已经通过多种方式在巴西、菲律宾、墨西哥等国家开启了跨国投资或合作之旅，实现了跨国治理，全球能源互联网计划强化了国家电网利益相关者需要的多样性和复杂性，为公司治理结构的适应性提出新的挑战。为此，国家电网应当基于国际惯例、文化和社会差异的基础上，高度重视境外资产风险管控，科学设计治理结构，努力争取相关权益。比如，国家电网公司与两个菲方股东合资组建的菲律宾国家电网公司（NGCP）为了保护海外投资安全和收益，同时满足当地利益相关者的要求，其治理结构设计过程如图 4 - 1 所示，在治理结构人事配置上推行本土化设计：董事会中 10 个席位中有中方 4 席、菲两方各 3 席；内部审计委员会、公司秘书和首席执行顾问由中方委派，总裁则由菲籍人员担任；首席财务官、首席行政官和首席技术官则分别由中菲双方人事担任。具有本土特质的治理结构保障了电网运行安全稳定，技术指标不断提升，在经历台风等多种自然灾害情况下，实现电网运行安全稳定；积极采取措施，应对中菲关系紧张局势，确保了国家电网驻菲律宾人员和资产安全，公司财务状况良好，经济效益可观。

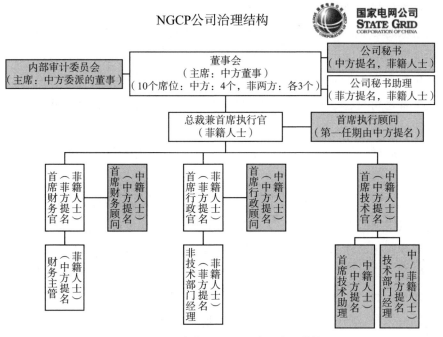

图 4 –1　国家电网 NGCP 公司治理结构

　　总之，治理结构设计本土化是国家电网公司实施全球能源互联网计划的基础保障，即在充分考虑国外各地项目的特征和建设目的的基础上，结合国家电网公司实际情况和全球能源互联网的内涵要求，设计具有本土特色的治理结构，充分体现开放性，以满足项目实施各利益相关者的多元化需求。治理结构本土化设计的具体实施手段和要点包括：在海外投资公司或项目的治理结构设计中强化外派董事、高管与当地聘请董事、高管并存，由此实现国家电网多层次、全方位地参与目标资产的运营管理，在保障境外投资的安全和收益的同时提高运营效率；同时，开展对外投资时实行多元化的股权设计，为了规避投资风险和满足当地利益相关者需求，可以采取参股、控股、收购、兼并等多种股权结构形式，以保障项目顺利开展并实施。

（三）治理制度现代化，满足制度完善的急迫性需求

　　前文述及，全球能源互联网高度智能特征使国家电网公司面临的市

场环境愈加复杂和充满不确定性，为全球化治理体系设计和路径选择提出了新的要求，比如，应当构建学习型组织，保持对先进理论和技术的适应性和话语权等。公司治理研究的核心问题和逻辑起点即是通过一整套包括正式或非正式的、内部的或外部的制度来协调公司与所有的利益相关者之间的利益关系，以保证公司决策的科学性和有效性，从而最终维护公司各方面的利益（Tricker，2015）。治理制度作为公司治理为现代企业发展提供的重要制度框架，对企业增强竞争力和提高绩效具有重要意义。

全球能源互联网背景下国家电网公司建设现代化的治理制度有利于保持组织先进性，可以满足其在新型治理情境中制度完善的急迫性需求，通过现代化治理制度建设，实现激励与监管并存。具体包括：一是完善激励制度建设。即根据东道国制度环境和项目特征设计科学合理的激励制度，比如，管理层权力配置制度、薪酬激励制度等，通过激励制度的建设与完善激励董事与经理努力为企业创造价值，减少道德风险；二是监督与制衡机制，即如何对经理及董事的经营管理行为进行监督和评价，并建立有效的相互制衡的内部权力机构的一种制度，比如，完善海外项目给管理层监督考核制度，从盈利性、扩张性和风险性等多个视角构建海外项目经营绩效评价。总之，强化现代化治理制度建设可以使海外项目代理人在面对高度动荡的市场环境中保持较高工作积极性和责任感，还可以对代理人实现有效监督，规避跨国运营风险，这是国家电网公司推进全球能源互联网建设的动力保障。

（四）治理措施权变化，满足竞争决策的本源性需求

全球能源互联网对关键技术和产品的要求揭示了国家电网公司全球治理过程中竞争决策机制的本源性，即技术能力提升是国家电网公司占据行业领先地位、实现跨国经营参与市场竞争的根本手段。治理措施的权变化主要是指在全球化治理进程中，国家电网公司应立足于东道国情境，将在公司发展过程中积累的宝贵管理理念、制度经验、核心价值观等与当地特殊的治理情境有机结合，提高公司全球化治理效率。

　　总之，共建、共商、共赢和共享是国家电网公司推行全球能源互联网计划的最终目标，也是国家电网实施全球化治理进程中竞争决策机制的本源性需求。具体的实施要点即是依据具体情况权变选择治理措施和进行竞争决策，以保障本土化的治理结构和现代化治理制度的积极效应得到有效发挥，这是国家电网公司实施全球能源互联网计划的落地保障。

三、研 究 结 论

　　本书通过对全球能源互联网的内涵和特征进行介绍，梳理了国家电网公司推行全球能源互联网计划对治理情境的影响，具体包括：创新竞争决策的本源性、复杂制度环境的挑战性、内部学习机制的必要性和利益相关者需求的多元性。结合国家电网公司特征，构建了全球能源互联网背景下国家电网公司全球化治理路径设计与优化模型，如图 4 - 2 所示。

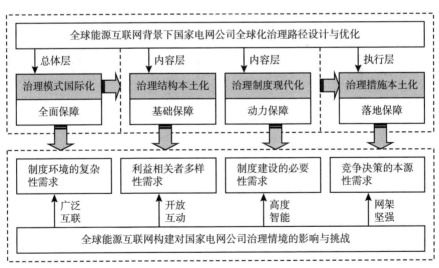

图 4 - 2　全球能源互联网背景下国家电网公司全球化治理路径优化模型

　　国家电网公司应当通过以下四个方式进行全球治理路径设计与优化：一是实现治理模式国际化，满足制度环境的复杂性需求，这是全球能源互联网背景下国家电网实施全球治理的全面保障；二是实现治理结构设计本土化，满足利益相关者的多样性需求，这是全球能源互联网背景下国家电网实施全球治理的基础保障；三是实现治理制度现代化，满足制度完善的急迫性需求，这是全球能源互联网背景下国家电网实施全球治理的动力保障；四是实现治理措施决策本土化，满足竞争决策机制的本源性需求，这是全球能源互联网背景下国家电网实施全球治理的落地保障。四条治理路径具有一定的层次性，即治理模式国际化属于全球能源互联网背景下国家电网公司全球治理路径的总体层要求，治理结构本土化和治理制度现代化属于国家电网公司全球治理的内容层要求，治理措施权变化属于国家电网公司全球治理的执行层要求，由此设计的全球治理路径模型的实施有利于国家电网公司快速适应差异化的市场环境，保障其顺利实施全球能源互联网计划。

当然，本节内容的研究还存在一些不足，比如，全球治理路径实施过程中的权变情境和表现形式有待进一步分析和细化，这都是在未来研究中值得继续思考和分析的课题。

第三节　子公司自主性与股权融资能力

——基于电力行业的经验证据①

在一个集团公司内部，由于内部资本市场支持以及母公司的资源支持，隶属于集团公司的子公司在以更低廉的成本获得相应资源的同时，需要放弃部分的自主权以换取母公司资源配置过程中的有利位置（Tong et al.，2012）。但是，为了应对外部市场环境日益增加的不确定性，子公司逐渐被赋予一定程度的自主性（Ambos & Mahnke，2010），旨在强化子公司对于外部环境变化的适应能力。随着子公司自主性增强，子公司高管团队获得了更大的自主性空间，这就可能引起两种迥异的治理效果，

---

① 本节内容刊于经济管理，2016（10）.

即子公司高管积极制衡母公司过度控制行为，从而提升治理机制的有效性；或者子公司高管摆脱母公司干预后凭借"内部人控制"侵占股东的利益。由于中国情境下的代理问题主要表现为控制性股东的"剥夺"行为（Claessens et al.，2006；Peng et al.，2011），本书认为，子公司自主性虽然可能诱发高管的机会主义行为，但也可以弱化控制性股东的影响，即呈现积极的治理效应。为了验证子公司自主性的积极治理效应，本书期望探析其对于股权融资能力的影响，即维持着较高水平的自主性，子公司获取来自母公司及其内部资本市场支持的能力则相应减弱，是否依旧可以保持较强的股权融资能力？其作用机理为何？

长期以来，债务融资是电力行业的主要融资渠道（张健，2006；王含春等，2014），但是随着中国上市公司债务结构失衡（段云、国瑶，2012），电力行业企业单纯依靠债务融资已经无法满足融资需求。而随着股权融资渠道的选择逐渐增多，股权融资成为缓解电力行业上市公司融资压力的可行路径，如何提高股权融资效率成为优化资本结构、降低融资成本的待解难题。由于自然垄断的行业性质以及上市公司大多隶属于集团公司的现状，电力行业上市公司（下文称上市子公司）需要进一步增强市场化水平，为主营业务寻求新的利润增长点（卢刚，2015；宫汝凯，2015），以营造良好的股权融资环境。基于对所处市场环境熟悉和认知程度，上市子公司如果能够获得必要的自主性空间，将有利于其构建新的利润增长点、获取市场的积极评价，进而增强其股权融资能力、降低股权融资成本。

本节内容的创新主要体现在以下几个方面：

首先，在中国情境下，探析子公司自主性对于股权融资成本的治理效应。通过分析子公司自主性治理效应的影响因素，即实际控制人的主导地位、外部监管的强化以及业绩迎合动机的存在，本书认为，子公司高管团队机会主义动机能够得到约束，在获取一定自主性空间后，其更倾向于迎合市场和股东的业绩需求，从而积极优化治理机制的有效性，追求更优的业绩表现。因此，在中国情境下，子公司自主性能够呈现积极的治理效应。

其次，进一步探析子公司自主性对股权融资成本积极治理效应的作用路径，即企业绩效成长性作为有效信号发挥中介作用。由于自主性难以被外部市场和投资者直接量化或者观测，本书预期，子公司自主性需要一个能够向外部市场和投资者提供子公司自主性积极治理效应的有效信号，帮助具有较高自主性的子公司获取更加合理的市场评价，从而降低其股权融资成本。由于能够为外部投资者和实际控制人提供可量化的信息，同时，容易获得其积极评价，本书选取企业绩效成长性作为有效信号之一，证实了其在子公司自主性和股权融资成本的关系中所发挥的中介作用。

最后，结合中国电力行业的融资现状，以及电力企业脱胎于国有企业并且大多隶属于集团公司的特点，本书研究了中国电力企业的子公司自主性在增强股权融资能力方面是否发挥了积极的治理效应，具有一定的理论意义和实践价值，为电力企业优化融资能力提供了可行的治理路径。

一、文献回顾

子公司自主性研究主要集中于跨国公司管理研究中（Bradley et al.，2011；Filatotchev & Wright，2011；Tong et al.，2012；张晓燕，2012），现有研究更多关注子公司如何有效融入东道国市场，或者实现与母公司在战略、财务等管理层面的协同。在公司治理领域中，我国学者们探析了强制性治理机制与自主性治理机制的交互治理效应（马连福、陈德球，2008；陈德球等，2009；钱先航、曹廷求，2012），但是，研究视角集中于"单体公司治理"的范畴，并没有充分考虑中国普遍存在的集团公司或者金字塔结构现象。随着"双向治理"研究视角的提出（方政、徐向艺，2013），子公司自主性开始被引入公司治理研究，并且突破了单体公司治理的研究视角，以探究中国情境下母公司控制行为与子公司自主性互动的作用机理及其治理效应（方政、徐向艺，2013a；方政、徐向艺，2013b）。徐向艺、方政（2015）研究指出，随着自主性水平的提升，上市子公司的信息披露质量显著优化，同时，验证了母公司与子公司在信息披露优化过程中的互动性。

为了进一步深化子公司自主性治理效应研究，本书将探析上市子公司自主性对于其股权融资能力的影响。近年来，学者们关于股权融资成本影响因素的研究视角较为全面，并且提出了诸多提升股权融资能力的可行治理路径，例如，投资者保护水平（Chen et al.，2009；姜付秀等，2008；王晓梅，2013）、实际控制人的影响（Boubakri et al.，2010；肖作平、尹林辉，2015）、信息披露（Francis et al.，2008；程新生等，2012；叶陈刚等，2015）、高管特征或持股（Huang et al.，2009；Suchard et al.，2012；Mishra，2015；邹颖等，2015）、财务政策（王志强、张玮婷，2012）、政治关联（于蔚等，2012）、外部审计师（张学勇等，2014）、社会责任（Ghoul et al.，2011）等，研究都认可了公司治理机制优化能够提升股权融资能力的结论。另外，还有学者探究了细分领域的股权融资成本问题，例如，中小企业（陈建林，2014）、高新技术企业（周艳菊，2014）、文化传媒企业（戴钰，2015）等，为该领域研究提供了不同的情境化结论。尽管有学者探析了上市公司自主性某一个方面的影响，例如，钱先航（2010）研究发现，上市公司如果采用的公司治理标准高于强制性标准，即自主性治理模式，则能够获得市场的正面评价，显著降低自身的股权融资成本的。但是，鲜有研究综合考虑子公司自主性的影响，即子公司自主性是源自实际控制人与子公司互动的结果，而且其影响可以体现在治理和管理等多个方面（自主性治理只是其中某一个方面）。针对这一不足，本书期望探析子公司自主性对于股权融资成本的治理效应及其作用机理，以验证中国情境下子公司自主性的积极治理效应。

虽然国内学者对于电力企业的公司治理机制有效性进行了诸多有益的探索，肯定了公司治理机制的优化有助于提升电力企业的经营效率（卢刚，2015），例如，资本结构（杨华，2015）、监事会（徐向，2014）等的积极治理效应，但是，其研究范式大多还是集中于单体公司治理的范畴，并没有将中国资本市场普遍存在集团公司纳入研究框架，尤其缺乏对于实际控制人与子公司自主性互动的关注。电力行业的子公司自主性是否有助于股权融资能力的提升是一个有待检验的问题，这也体现了本节研究的必要性。

二、理论分析与假设提出

由于中国情境下实际控制人对于上市公司的干预，子公司自主性往往是实际控制人干预与子公司制衡之间的互动结果（徐向艺、方政，2015）。随着子公司自主性的增强，实际控制人与子公司在互动过程中的讨价还价能力可能发生此消彼长的变化，即实际控制人对于子公司的干预难度增大，导致实际控制人削减对于子公司的内部资本市场支持力度，以避免承担风险的不对称性。那么，随着自主性的提升，以及实际控制人干预能力弱化，母公司可能会减少对于自主性较强子公司的内部资本市场支持力度，那么子公司在得到内部资本市场的支持减少的情况下，其融资能力是否会受到影响？针对这一问题，本书认为，子公司自主性水平的提升虽然可能降低其借助内部资本市场融资的能力，但是自主性的提升依旧可以增强其股权融资能力，降低融资成本。

首先，内部资本市场的支持作用虽然可能弱化，但是依旧存在。子公司自主性是实际控制人与子公司互动的适度自主性，而不是绝对的自主性（Tong et al.，2012），即子公司虽然获得了一定的自主性，但是依旧处于实际控制人的控制之下，通过让渡部分自主性，还是可以获得内部资本市场的支持。此时，一方面，子公司服从于集团公司的整体利益分配，从而获得内部资本市场的支持，另一方面，具备制衡实际控制人过度干预的能力，提升子公司决策的科学性以及中小股东利益的保护水平。需要指出的是，具体到电力行业，尤其是国有电力公司，子公司大多是集团公司将其优质资产剥离上市，这就使得集团公司在实际运作中能够给予子公司的资本支持有限。但是，不容忽视的是，集团公司"隐形担保"角色却能够为上市子公司提供类似于资本市场支持的信用背书，有助于子公司良好融资环境的营造。所以，当子公司维系较高水平自主性的时候，虽然内部资本市场的支持力度可能弱化，但是，在提供必要支持的同时，至少还发挥着信用背书的作用，有助于增强子公司股权融资能力，降低其融资成本。

其次，子公司自主性的提升有利于激发高管团队的能动性，提升自主性治理水平。子公司高管团队获得更大的自主性空间，可能引起两种迥异的治理效果：子公司高管积极制衡母公司过度控制行为从而提升治理机制的有效性，或者子公司高管摆脱母公司干预后凭借"内部人控制"侵占股东的利益。本书认为，子公司自主性虽然可能诱发高管的机会主义行为，但也可以弱化控制性股东的影响，依旧可能呈现积极的治理效应。原因主要体现在两个方面：第一，中国情境下的代理问题主要表现为实际控制人对于中小股东的"剥夺"行为（Claessens et al.，2006；Peng et al.，2011），说明实际控制人在子公司治理实践中的主导地位，包括高管的选聘与激励。实际控制人倾向于选聘更为信任的高管，借助信任关系约束高管团队的机会主义动机。同时，日益强化的外部监管不仅可以有效约束高管的机会主义行为，还可以降低实际控制人与高管团队合谋的可能性，即高管的机会主义行为面临着实际控制人和外部监管的双重约束。第二，子公司高管团队需要能够体现自身能力的业绩表现迎合市场，尤其是股东的业绩需求，这能够激励高管团队充分发挥能动性，不仅有助于提升治理结构与机制的合规性程度，还会借助自主性治理提升治理绩效（陈德球等，2009；钱先航、曹廷求，2012），进而呈现子公司自主性的积极治理效应。基于以上分析，本书提出如下假设：

H4 – 1：子公司自主性的提升有利于提升股权融资能力。

信号理论认为，信号发送者需要向外界发送可置信的信号，以实现分离均衡。当子公司维系较高水平自主性的时候，内部资本市场的支持力度可能弱化，这时，就需要子公司向资本市场释放能够证明自主性积极治理效应的信号，以获取更为积极的市场评价。具体来说，这个信号需要具备三个特点：第一，吸引外部投资者的积极关注，以消除外部投资者对于自主性可能导致"内部人控制"的担忧，从而强化自身股权融资能力。第二，由于实际控制人控制和干预的弱化，实际控制人的担忧更多来自资产增值能力以及风险承担方面，即担心可能衍生的子公司高管团队机会主义行为，侵占自身的合理收益以及提升经营风险。所以，子公司自主性的有效信号还需要能够消除实际控制人对于子公司自主性的忧虑，增强实际控制人对于子公司自主性的信心。第三，具有可量化、高易读性。无论是实际控制人还是外部投资者，其对于信号的解读能力都存在差异，子公司需要提供更量化、易读性更强的信号，以增强信号接收者对于信号的解读能力，避免由于解读能力差异导致的信号传递效率损失。

信息披露与自主性治理属于两个被证实能够降低股权融资成本的可能信号（徐向艺、方政，2015；钱先航，2010），但是两者都无法满足上述关于有效信号的条件。其中，信息披露虽然可以降低信息不对称，获得市场合理的评价（Francis 等，2008），也可以通过信息披露约束高管团队的机会主义行为（顾群、翟淑萍，2013），但是其可量化程度不足，可能导致信号传递的效率损失。而自主性治理则仅仅能够满足第一个条件，即向市场释放主动治理的信号，获取更为有利的融资环境，但是自主性治理可能与实际控制人基于集团公司整体利益的治理水平冲突，且由于其难以量化、缺乏标准，也容易影响信号的有效性。本书认为，企业绩效成长性可以充当子公司自主性释放的有效信号。这是因为，公司绩效的提升可以通过声誉传递机制被外部投资者所获取（卢刚，2015），还可以作为子公司自主性的治理效果向实际控制人传递信心，同时，还具有可量化、高易读性的特点，能够便捷地被外部投资者和实际控制人所获取。因此，本书提出如下假设：

H4 -2：企业绩效成长性充当子公司自主性的信号，在子公司自主性提升股权融资能力中发挥中介作用。

三、研究设计

（一）模型构建

为了探析子公司自主性对于股权融资能力的治理效应以及作用机理，

本节构建模型如下：

模型Ⅰ：

$$OJN_{t+1} = \alpha_0 + \alpha_1 Autonomy + \alpha_2 \sum Control + \varepsilon$$

模型Ⅱ：

$$OJN_{t+1} = \alpha_0 + \alpha_1 Autonomy + \alpha_2 ROEG_{t+1} + \alpha_3 \sum Control + \varepsilon$$

其中，模型Ⅰ用以检验子公司自主性对于股权融资能力的影响，即 H4－1。模型Ⅱ将验证子公司绩效成长性对于子公司自主性与股权融资成本的中介作用，即 H4－2。

（二）变量定义

被解释变量：股权融资成本（OJN）。本书以股权融资成本度量子公司的股权融资能力，并采用 Ohlson－Juettner－Nauroth（2005）的 OJN 模型进行计算。其优点在于，数据易得，依据事后风险管理原则更符合中国国情（叶陈刚等，2015），得到了诸多学者认可（Attig 等，2008；Ghoul 等，2011；邹颖等，2015）。计算公式如下：

$$OJN = A + \sqrt{A^2 + \left[\frac{eps_1}{p_n}\right]\left[\frac{eps_2 - eps_1}{eps_1} - (\gamma - 1)\right]}$$

$$A = \frac{1}{2}\left[(\gamma - 1) + \frac{dps_0}{p_0}\right]$$

其中，OJN 表示股权融资成本；$\gamma - 1$ 表示长期盈余增长率（一般取值为 2%）；eps_t 表示分析师预测的第 t 年每股收益；dps_0 表示第 $t-1$ 年的每股现金股利；p_0 表示第 $t-1$ 年的年末收盘价。

为了保证结果的稳健性，本书借鉴叶陈刚等（2015）、邹颖等（2015）的思路，还将采用 Easton（2003）的 PEG 模型计量股权融资成本以进行稳健性检验。该模型也得到了国内学者的认可，在近年来的研究中多有使用（张学勇等，2014）。其计算公式如下：

$$PEG = \sqrt{\frac{eps_2 - eps_1}{p_0}}$$

其中，PEG 表示股权融资成本；eps_t 表示分析师预测的第 t 年每股收益；p_0 表示第 $t-1$ 年的年末收盘价。

另外，为了避免潜在的内生性问题，例如，股权融资成本与子公司自主性的交互影响，本书采用股权融资成本的滞后一期变量进行实证检验，以保证研究结论的合理性。

解释变量：子公司自主性（*Autonomy*）。由于目前测度子公司自主性的量表主要来自跨国公司研究（Birkinshaw et al.，1998；Vachani，1999；Tong et al.，2012），其量表构成涉及诸多东道国的宏观经济因素，并不适用于单个国家的研究情境。本书借鉴方政（2015）的处理方式，采用管理费用率作为子公司自主性的替代变量，因为子公司自主的突出表现为子公司高管团队的决策自主性，而管理费用率反映的恰恰是高管团队这一特征。同时，实际控制人难以有效控制该类支出，通常被学者们用以度量第一类代理成本（Ang et al.，2000）。

中介变量：企业绩效成长性。本书采用净资产收益增长率（*ROEG*）度量企业绩效成长性，验证其是否能够作为子公司自主性积极治理效应的有效信号，强化子公司的股权融资能力。同时，本书还采用净利润增长率（*NPG*）作为补充变量，提供相关的稳健性检验，以确保结果的稳健性。

控制变量：借鉴现有关于股权融资成本的研究文献（叶陈刚等，2015；邹颖等，2015），本书选取两组可能显著影响股权融资成本的控制变量：公司治理变量和公司特征变量。其中，公司治理变量包括两职合一性（*Duality*）、董事会规模（*BSize*）、独立董事比例（*BInd*）、第一大股东持股比例（*First*）；公司特征变量包括 β 系数（*Beta*）、账面市值比（*BM*）、资产负债率（*Lev*）、公司规模（*Size*，采用总资产的对数计量）、主营业务增长率（*Growth*）、销售费用率（*Sales*）和股票年度换手率（*Change*，采用当年日换手率的均值计量）。同时，为了消除组间差异的影响，本书还对年份（*Year*）进行控制。

（三）研究样本

本节选取电力行业的 A 股上市公司作为研究样本，探析电力行业上市子公司自主性对于股权融资能力是否具有积极的治理效应，为电力行业上市公司优化融资渠道和融资结构提供必要的理论探索。由于电力行业上市公司在 2000 年之前没有出现亏损，一直保持着蓝筹能源版块的形象，而在 2000～2001 年中期开始出现亏损和业绩大幅波动的情况，一定程度说明了电力行业市场化程度的加深。本节样本从 2000 年开始，以避免由于 2000 年之前"蓝筹"形象可能存在的组间差异对结果的扰动。通过参照 2012 年中国证监会的行业分类标准，本节选取电力、热力生产与供应（D01）分类下 64 家上市公司 2000～2015 年年报数据作为研究对象（共 65 家上市公司，剔除一家 ST 公司；根据上市公司披露的股权结构关系图显示，样本公司在股权结构关系图中都存在实际控制人或者母公司，可以被认定为上市子公司）。样本数据全部直接取自国泰安 CSMAR 数据库。

四、实证检验

（一）描述性统计

表 4－1 汇总了主要变量的描述性统计结果。股权融资成本（OJN_{t+1}）的均值为 0.181，且离散程度较低，说明电力行业上市公司的融资成本差别并不大。自主性（$Autonomy$）的标准差为 0.84，且最大值与最小值分别为 17.737 和 0.001，说明电力行业上市公司的自主性水平差异较大，存在一定的离散程度。企业绩效增长性（$ROEG_{t+1}$）的均值为 －0.006，且离散程度较大，说明电力行业上市公司的绩效增长水平参差不齐，行业内的绩效水平存在较大差距。

表 4－1　　　　　　　　主要变量描述性统计结果

变量	观测值	均值	标准差	最小值	最大值
OJN_{t+1}	796	0.181	0.126	0.020	0.717
$Autonomy$	770	0.140	0.840	0.001	17.737

变量	观测值	均值	标准差	最小值	最大值
$ROEG_{t+1}$	762	-0.006	3.214	-33.790	22.668
$BSize$	782	10.430	2.359	4	19
$BInd$	782	0.309	0.121	0	0.667
$First$	819	0.317	0.220	0	0.849
$Beta$	775	1.000	0.241	-1.851	2.794
BM	780	1.603	1.440	0.125	8.651
Lev	798	0.519	0.204	0.008	1.556
$Growth$	694	0.533	2.214	-1.981	27.406
$Size$	798	22.127	1.356	19.435	26.405
$Sales$	777	0.014	0.030	0	0.292
$Change$	785	0.019	0.017	0.001	0.174

资料来源：本书笔者整理。

其他控制变量方面，电力行业的上市公司董事会规模适中、独董比例勉强达到上市公司最低要求（虽然样本均值小于1/3，但在2003年之后基本达到最低要求）、第一大股东持股比例偏高（超过30%）、资产负债率较高（说明债权融资仍旧是主要的融资渠道）。另外，β系数均值为1，说明电力行业上市公司股票存在较强的系统性风险，这可能与电力行业的竞争程度较低有关。

表4-2列示了主要变量的Spearman等级相关系数检验结果。子公司自主性（$Autonomy$）与股权融资成本（OJN_{t+1}）显著负相关，说明自主性提升，有助于降低股权融资成本，与预期方向一致。同时，企业绩效成长性（$ROEG_{t+1}$）与股权融资成本显著负相关，说明子公司保持绩效成长性，有助于降低其股权融资成本，也与预期方向一致。而子公司自主性（$Autonomy$）与企业绩效成长性（$ROEG_{t+1}$）的正向关系并不显著，还需要后续实证检验进一步验证。由于多数变量间存在显著的相关关系，

本书继续检验了各变量的方差膨胀因子，结果显示，VIF 值最大为 1.80，均值为 1.28，说明主要变量间并不存在严重的多重共线性。

表 4 - 2　　　　　　　主要变量 Spearman 等级相关系数检验结果

变量	1. OJN_{t+1}	2	3	4	5	6	7	8	9	10	11	12	13
2. Autonomy	-0.22^												
3. $ROEG_{t+1}$	-0.08*	0.02											
4. Duality	0.12^	-0.08*	-0.01										
5. BSize	0.07	-0.24^	-0.03	0.16^									
6. BInd	0.05	0.20^	-0.01	-0.04	-0.17^								
7. First	0.18^	-0.23^	0.03	0.02	-0.07*	-0.10**							
8. Beta	-0.16^	0.23^	-0.04	-0.11**	-0.12^	0.08*	-0.02						
9. BM	0.19^	-0.31^	0.16^	0.12^	0.07	-0.12^	0.08*	-0.24^					
10. Lev	0.12^	-0.22^	0.10**	0.02	0.06	-0.03	-0.09**	-0.14^	0.47^				
11. Growth	-0.16^	0.05	-0.06	-0.17^	-0.14^	0.01	-0.02	0.15^	-0.08*	0.12^			
12. Size	0.47^	-0.42^	0.01	0.15^	0.18^	-0.09*	0.29^	-0.29^	0.56^	0.21^	-0.17^		
13. Sales	-0.18^	0.36^	-0.06	-0.01	-0.07	0.05	-0.20^	0.16^	-0.16^	-0.08*	0.08*	-0.31^	
14. Change	-0.23^	0.22^	-0.12^	-0.13^	-0.23^	0.12^	-0.21^	0.38^	-0.44^	-0.05	0.15^	-0.39^	0.14^

注：^表示 1% 显著性水平，** 表示 5% 显著性水平，* 表示 10% 显著性水平。
资料来源：本书笔者整理。

（二）子公司自主性与股权融资能力

为了验证子公司自主性与股权融资能力的关系以及企业绩效成长性的中介作用，本书通过 Hausman 检验选择了随机效应模型进行相关回归分析，检验结果如表 4 - 3 所示。第（1）列结果显示，子公司自主性（Autonomy）与股权融资成本（OJN_{t+1}）显著负相关，且显著性水平为 5%，说明子公司自主性对于股权融资成本的治理效应主要体现为积极的治理效应，即随着自主性水平的提升，子公司的股权融资能力更强、成本更低，H4－1 得到了验证。

表 4 －3　　　　　　　　子公司自主性与股权融资能力检验结果

变量	（1）OJN_{t+1}	（2）$ROEG_{t+1}$	（3）OJN_{t+1}	（4）NPG_{t+1}	（5）OJN_{t+1}
Autonomy	－ 0.003 ** （－ 2.37）	0.009˙ （3.03）	－ 0.002 ** （－ 2.50）	0.011 ** （2.27）	－ 0.002 ** （－ 2.28）
$ROEG_{t+1}$			－ 0.003˙ （－ 3.06）		
NPG_{t+1}					－ 0.002 * （－ 1.69）
Beta	－ 0.030 （－ 1.08）	－ 0.659 （－ 1.06）	－ 0.026 （－ 0.94）	0.099 （0.18）	－ 0.027 （－ 0.98）
Duality	0.040 * （1.76）	－ 0.706 （－ 1.18）	0.041 * （1.71）	－ 0.419 （－ 1.07）	0.042 * （1.73）
BSize	－ 0.002 （－ 0.54）	－ 0.010 （－ 0.17）	－ 0.002 （－ 0.53）	－ 0.006 （－ 0.11）	－ 0.002 （－ 0.51）
BInd	－ 0.159 （－ 1.07）	1.767 （0.80）	－ 0.161 （－ 1.08）	－ 4.201 * （－ 1.79）	－ 0.161 （－ 1.07）
BM	－ 0.006 （－ 1.21）	0.010 （0.07）	－ 0.006 （－ 1.13）	－ 0.064 （－ 0.45）	－ 0.006 （－ 1.18）
Lev	0.036 （0.87）	1.016 （1.42）	0.034 （0.81）	－ 0.200 （－ 0.14）	0.037 （0.87）
Growth	－ 0.002 （－ 0.43）	－ 0.079 （－ 1.01）	－ 0.002 （－ 0.46）	－ 0.019 （－ 0.29）	－ 0.001 （－ 0.39）

续表

变量	(1) OJN_{t+1}	(2) $ROEG_{t+1}$	(3) OJN_{t+1}	(4) NPG_{t+1}	(5) OJN_{t+1}
Size	0.032^ (4.35)	0.124^ (2.57)	0.033^ (4.46)	-0.009** (-1.96)	0.032^ (4.31)
Sales	-0.031 (-0.26)	-2.985 (-1.03)	-0.037 (-0.32)	2.369 (0.59)	-0.032 (-0.27)
First	-0.034 (-0.17)	1.985 (0.81)	-0.019 (-0.09)	-6.307** (-2.35)	-0.018 (-0.08)
Change	0.783** (2.06)	-1.045* (-1.91)	0.762** (2.03)	-1.749 (-1.22)	0.765** (2.02)
Year	控制				
Cons	-0.605^ (-3.52)	3.520^ (3.48)	-0.622^ (-3.55)	1.987^ (2.59)	-0.618^ (-3.43)
Wald	165.94^	95.67^	357.34^	43.55^	206.74^
$Adj - R^2$	0.3369	0.0437	0.3500	0.1057	0.3345
Group	61	61	61	61	61
N	510	508	510	506	510

注：^表示1%显著性水平，**表示5%显著性水平，*表示10%显著性水平。
资料来源：本书笔者整理。

　　第（2）和第（3）列汇报了企业绩效成长性中介作用的检验结果。第（2）列结果显示，子公司自主性（Autonomy）与企业绩效成长性（$ROEG_{t+1}$）呈现显著正相关关系，且显著性水平为1%，说明子公司自主性在企业绩效成长方面发挥着积极的治理效应，使得绩效成长性可能在强化股权融资能力过程中承担有效信号的作用。第（3）列结果则显示，在企业绩效成长性引入子公司自主性与股权融资成本的关系中以后，两个方面的结果证实了企业绩效成长性的部分中介作用：一方面，子公司自主性与股权融资成本依旧呈现显著负相关关系，且显著性水平为5%，但是系数较第（1）列略有降低；另一方面，企业绩效成长性与股权融资成本呈现显著相关关系，且显著性水平为1%，说明随着企业绩效成长性的提升，上市公司的股权融资能力能够得到显著优化。因此，分析结果符合中介效应检验标准（温忠麟等，2004），企业绩效成长性的部分中介作用得到证实，即 H4－2 得到验证。表 3 的第（4）和第（5）列则采用净利润增长率（NPG_{t+1}）作为企业绩效成长性的替代变量进行补充检验，检验结果与前文分析基本一致。

（三）稳健性检验

1. 替代变量检验

为了确保检验结果的稳健性，采用 PEG 方法计算的股权融资成本（PEG_{t+1}）作为替代变量引入模型，进行稳健性检验，结果如表 4－4 所示。稳健性检验结果与前文分析及结果一致，证实了子公司自主性对于股权融资能力的积极治理效应以及企业绩效成长性的中介作用。

表 4－4　　　　　　　子公司自主性与股权融资能力稳健性检验结果

变量	(1)	(2)	(3)
	PEG_{t+1}	PEG_{t+1}	PEG_{t+1}
Autonomy	－ 0. 003 ** （－2. 20）	－ 0. 002 ** （－2. 28）	－ 0. 002 ** （－2. 11）
$ROEG_{t+1}$		－ 0. 003 ˆ （－2. 96）	
NPG_{t+1}			－ 0. 002 * （－1. 77）

续表

变量	(1)	(2)	(3)
	PEG_{t+1}	PEG_{t+1}	PEG_{t+1}
Controls	控制		
Cons	-0.648^ (-3.66)	-0.664^ (-3.67)	-0.662^ (-3.56)
Wald	177.42^	353.83^	216.05^
$Adj-R^2$	0.3106	0.3226	0.3080
Group	61	61	61
N	510	510	510

注：^表示1%显著性水平，**表示5%显著性水平，*表示10%显著性水平。
资料来源：本书笔者整理。

2. 内生性处理

为了避免可能存在的内生性问题，本书主要采取了两种处理办法。首先，针对可能存在的逆向相关关系问题，即股权融资能力是否可能影响子公司自主性的获得问题，本书通过交换股权融资能力与子公司自主性在模型中的位置，进行了逆向相关关系检验，检验结果并没有呈现显著的相关关系，说明并不存在显著的逆向相关关系。

其次，变量的内生性预处理。由于子公司自主性存在实际控制人的内生性影响，所以，在变量构建过程中，需要选择一个合适的自变量作为子公司自主性的替代变量，而这个变量既要能够体现子公司高管团队的决策自主性，还需要能够独立于实际控制人的控制（即实际控制人不愿意干预或者难以干预的变量）。而管理费用率作为子公司自主性的替代变量，既能够反映子公司高管团队的决策自主性，实际控制人又难以有效控制该类支出。

五、研究结论及管理启示

本节选取电力行业 A 股上市公司作为研究对象,研究了随着自主性水平提升,子公司在获取母公司及其内部资本市场支持的能力可能相应减弱的情况下,是否依旧可以保持较强的股权融资能力及其作用机理,主要研究结论体现在两个方面。

第一,电力行业中,子公司自主性地提升有助于强化其股权融资能力、降低股权融资成本。潜在原因主要源自两个方面:(1)集团公司对于子公司的内部资本市场支持作用虽然可能弱化,但是其提供的信用背书依旧存在。也就是说,子公司虽然获得了一定的自主性,强化了其对于集团公司的讨价还价能力,也能够一定程度的制衡集团母公司或者实际控制人的干预行为,但是依旧处于实际控制人的控制之下,通过让渡部分自主性,还是可以获得内部资本市场的支持。同时,集团公司所提供的信用背书不会因为子公司自主性提升而得到弱化,可以继续在子公司股权融资中扮演着担保人的角色,有助于营造良好的股权融资环境。(2)子公司高管团队能动性的发挥。由于实际控制人倾向于选聘更为信任的高管,辅以日益强化的外部监管,能够有效约束高管团队的机会主义动机以及与实际控制人合谋的可能,即高管面临着实际控制人和外部监管的双重约束,其侵占股东利益的动机也就在"双重约束"下得到了弱化。同时,在机会主义动机得到约束的同时,为了获取必要的收益,以及良好的声誉激和晋升,高管团队还存在迎合动机,尤其体现在对于股东业绩需求的迎合,即子公司高管团队需要能够体现自身能力的业绩表现迎合市场,尤其是股东的业绩需求,这能够激励高管团队充分发挥能动性,进而呈现子公司自主性的积极治理效应。

第二,企业绩效成长性作为子公司自主性积极治理效应的有效信号,在子公司自主性对于股权融资成本的积极治理效应中发挥着中介作用。由于子公司维系一定水平的自主性可能弱化其获得内部资本市场支持的能力,这就需要子公司向外部市场释放自主性积极治理效应的信号,一方面，获得市场的合理评价；另一方面，还能够增强母公司实际控制人对于子公司自主性的信心，从而营造良好的外部融资环境、强化股权融资能力。针对自主性积极治理效应的有效信号，本书提出了有效信号的三个标准：（1）吸引外部投资者的积极关注，以消除外部投资者对于自主性可能导致"内部人控制"的担忧，从而强化自身股权融资能力。（2）强化实际控制人对于子公司自主性的信心，通过降低实际控制人风险的方式，获取更为有利的自主性空间。（3）具有可量化、高易读性的信号，以增强信号接收者对于信号的解读能力，避免由于解读能力差异导致的信号传递效率损失。企业绩效成长性，作为满足以上三个标准的有效信号，不仅能够获得外部投资者的认可，还可以强化实际控制人对于子公司自主性提升的信心，从而从资本市场和集团公司两个层面营造有利于子公司的外部融资环境，所以作为子公司自主性积极治理效应的有效信号引入研究框架，并且证实了其对于子公司自主性和股权融资能力的中介作用。

基于本节研究结论，可以获得如下管理启示：一是集团母公司要转变控制理念，由传统的对于子公司单向管控转向适应市场变化需求的母公司与子公司的双向协同。这就要求母公司赋予子公司适度的自主性空间，寻求传统管控模式与子公司高管团队能动性的合理耦合，同时，依靠集团公司的支持，进一步强化子公司自主性的积极治理效应。电力行业集团公司应该给予成长性较强的上市公司更大的自主性空间，在外部资本市场认可的同时，进一步强化对于子公司的信用背书，以及内部资本市场的支持，为上市公司营造良好的外部融资环境，弱化电力行业上市公司对于债务融资的过度依赖。二是子公司高管团队在获取适度自主性的同时，应通过企业成长等向集团母公司或者外部资本市场提供自主性的有效信号，有利于构建良好的外部融资环境。如果具有适度自主性的子公司能够表现出较强的企业成长能力，一方面，能够弱化对于集团母公司的过度依赖；另一方面，也能增强母公司以及外部资本市场的信心，在集团公司之外进一步拓宽融资渠道，强化子公司的股权融资能力。

第四节　全球能源互联网背景下的母子公司协同治理评价体系研究[①]

随着全球化浪潮的持续推进以及信息技术的迅猛发展，信息传递的速度和效率都得到了革命性的提升，这不仅体现在信息的民主化，例如，日常沟通的即时性、双向性，更挑战着传统的治理与管理模式，呈现出组织结构的扁平化、权力配置的民主化等趋势。学者们也顺应实践的要求，开始反思传统治理与管理理论的适应性，例如，从母公司单向控制转向母子公司双向治理的母子公司协同治理研究（李彬、潘爱玲，2014；徐向艺，方政，2015；陈志军、郑丽，2016）。为了适应理论与实践的发展，本书研究借助全球能源互联网构建的契机，以国家电网公司为例，探析与构建母子公司协同治理评价体系。

一、研究现状

随着传统治理模式受到挑战以及学界关于金字塔结构治理研究结论的不一致，学者们逐步放弃了母公司单向治理、子公司只是被动接受者的假设，开始关注子公司的治理特征。这是因为尽管母公司通过股权控制能够影响子公司的决策和运营，但是治理实践中母公司却不可避免地遇到来自子公司的制衡（Paterson and Brock，2002；Ambos and Mahnke，2010），例如，合理的股权结构（Hughes，2009；Cheung et al.，2009；方政、徐向艺，2013）、较低的现金流权与控制权分离程度（Belkhir，2009；Azofra and Santamaria，2011）、更多的独立董事（Dahya et al.，2008；Lefort and Francisco，2008）、董事长与 CEO 的两职分离（Kim 等，2005）、子公司的重要性（陈志军，2007；Aggarwal and Dow，2012）、子

---

① 本节内容刊于时代经贸，2018（2）.

公司的自主性水平（陈志军、郑丽，2016）以及更高质量的外部审计（Fan and Wong，2002；唐跃军，2011）等。

　　近年来，部分学者开始将母公司控制与子公司治理特征的互动或者协同纳入分析框架。方政、徐向艺（2013）较早发现了学术界从母公司单向治理向母子公司双向治理演进的发展趋势。李彬、潘爱玲（2014）借助问卷调查对母子公司协同效应进行量化研究，并指出同质性与异质性的有序融合是协同效应实现的基础。旨在进一步完善金字塔结构治理，徐向艺、方政（2015）首次系统论述母子公司"双向治理"研究视角，指出上市子公司自主性水平源自实际控制人与子公司的讨价还价，同时还进行了大样本实证研究的尝试，结论发现上市子公司自主性水平的提升有助于其信息披露质量的提升。方政等（2017）还通过该视角探析了中国上市公司高管显性激励的作用机理，指出高管显性激励的治理效应有别于西方治理理论，这是因为中国情境下高管的管理层权力是需要迎合实际控制人意志的。

　　基于母子公司"双向治理"研究视角的发展与完善，公司治理评价体系研究也需要进行相应的调整和补充，因为现有公司治理评价体系主要侧重于单体公司治理的评价（严若森，2009；杨建仁等，2011）。尽管部分公司治理评价体系关注到了控股股东的行为（南开大学公司治理评价课题组，2007），但是其对于母公司与子公司互动性缺乏必要的关注。因此，本书期望基于母子公司"双向治理"研究视角，并结合构建全球能源互联网的契机，以国家电网公司为例，进行母子公司协同治理评价体系的理论探索与研究。

二、母子公司协同治理评价指标体系

　　国家电网公司在践行全球能源互联网的过程中，已经在巴西、葡萄牙、新加坡等国建立了子公司，能够构建合理的母子公司协同治理评价体系、协调好母公司与子公司的权力配置与利益分配，是国网公司顺利构建与参与全球能源互联网的重要影响因素。

由于中国公司治理指数（南开大学公司治理评价课题组，2007）得到了学界的普遍认可，本书将基于该治理指数体系进行必要的优化和完善（见表4－5）。首先，借鉴中国公司治理指数的维度，并结合国网公司现状构建一级指标，即股权结构与股东行为、董事会、监事会、经理层、利益相关者等五个一级指标。其次，结合母子公司"双向治理"研究视角，二级指标体系在中国公司治理指数基础上进行了修改和完善，期望更加合理的衡量实际控制人与上市子公司的协同治理水平。具体来说，在各个一级指标体系下设置了母公司控制能力、子公司自主性和母子公司协同性三个二级指标，以反映母公司与子公司的互动性。随后，根据二级指标设置相关三级指标，以便于协同治理评价体系的量化。由于母公司控制能力与子公司自主性两个二级指标在协同治理中的作用正好相反，评价指标的计算结果为母公司控制能力与子公司自主性指标数值的差值，加上母子公司协同性指标数值即位某一级指标的最终结果。

表4－5 母子公司协同治理评价体系

一级指标	二级指标	三级指标	说明
股权结构与股东行为	母公司控制能力	控制层级	
		持有的子公司股权比例	母公司的风险水平影响其控制强度
	子公司自主性	中小股东积极性	出席股东大会的持股比例减去实际控制人的持股比例
		股权制衡程度	
		内控完备性	
	母子公司协同性	同业竞争	
		外部制度环境	子公司所处的法治等制度环境状况
		子公司股东互信程度	股东社会关联在股权结构形成中的作用

一级指标	二级指标	三级指标	说明
董事会	母公司控制能力	交叉任职董事比例	
		董事长与总经理的两职合一性	
	子公司自主性	外部董事声誉	外部董事的兼职情况或者曾经任职情况
		外部董事比例	
		董事会规模	
		外部董事积极性	出席会议以及行使权力情况
		专业委员会独立性	
		是否承担董事薪酬	
	母子公司协同性	董事绩效评价	董事履职的考核标准如何设立
		董事激励安排	董事激励安排设置程序的合理性
监事会	母公司控制能力	交叉任职监事比例	在母公司或者关联公司任职人员担任监事的比例
	子公司自主性	独立监事比例	
		职工监事任职情况	
	母子公司协同性	监事绩效评价	监事履职的考核标准如何设立
经理层	母公司控制能力	董事长与总经理的两职合一性	
		总经理任免制度	总经理任免的市场化程度
	子公司自主性	高管独立性	非母公司或者实际控制人派驻高管的比例
		高管决策自主性	例如高管财务自主性空间等
	母子公司协同性	高管薪酬标准设置方法	是否设置同业薪酬参考标准
		高管薪酬结构	短期与长期激励安排的合理配置

续表

一级指标	二级指标	三级指标	说明
利益相关者	母公司控制能力	股权集中度	
		实际控制人的现金流权与控制权的分离程度	
	子公司自主性	公司员工参与度	
		中小股东积极性	出席股东大会的持股比例减去实际控制人的持股比例
		股权制衡程度	
	母子公司协同性	投资者关系管理	
		公司社会责任履行	

第五节　股权结构对资本结构动态调整的影响研究

——以我国 A 股电力行业上市公司为例①

近年来，在经济迅猛发展的同时，环境污染问题日益凸显，对清洁能源的需求与日俱增。电能是清洁能源，又是唯一可以大规模利用核能、水能及各种可再生能源的二次能源（董朝阳等，2014），电力企业面临着"构建全球能源互联网，建立绿色低碳能源配置平台"的历史使命（刘振亚，2015）。为完成这一使命，不断强化运营管理，提高治理水平，是电力企业的必然选择（卢刚，2015）。资本结构选择是事关电力企业持续运营的重要决策之一，股权结构安排作为公司治理的基础直接影响公司资本结构水平，为此，深入探索股权结构对资本结构的影响对电力企业改革具有关键性的作用。

得益于计量经济学的发展，学者对公司资本结构决策的研究突破了

---

① 本节内容刊于山东大学学报（哲学社会版），2018（1）.

传统静态分析的框架，更加关注资本结构动态调整过程，并由此形成了动态资本结构理论（Brennan and Schwartz，1978；Jalilvand and Harris，1984）。该理论认为公司应当存在目标资本结构，而资本结构决策是公司不断从实际资本结构向目标资本结构调整的过程，由于这一理论更贴近公司资本结构决策实际情况而被学者广泛接受，对于资本结构调整速度及效果的研究也因此成为近年来资本结构领域最关注的话题（Huang and Ritter，2009）。截至目前，多位学者从企业自身特征、外部环境特征等视角对影响资本结构动态调整速度及效果的因素进行了深入剖析分析。企业自身特征方面，容易陷入财务困境的企业，向目标资本结构调整的速度较快（Titman and Tsyplakov，2007），规模较大并且具有较高现金持有水平的非融资约束型公司的资本结构调整速度较快（常亮、连玉君，2013），而且受公司成长性、负债水平及管理者行为等因素的影响，资本结构调整速度并非恒定不变的，而是表现出异质性特征（龚朴、张兆芹，2014）。外部环境特征方面，研究发现公司面临的产业环境、经济环境、制度环境等方面的状况会显著影响资本结构调整的速度及效果。姜付秀等（2008）研究发现公司面临的产品市场竞争程度显著影响资本结构调整效果，产品市场竞争越激烈，资本结构调整效果越好；泽特肯和弗兰纳里（Ztekin and Flannery，2012）通过比较不同国家的资本结构调整情况发现，不同国家的法律及金融传统显著影响资本结构调整速度，良好的法律环境及金融规则能有效降低融资成本从而有利于资本结构调整速度的提高；黄继承、朱冰等（2014）研究发现，中国情境下法律环境的逐步完善有利于资本结构调整速度及效果的提高；盛明泉等（2016）研究发现，高管股权激励强度与资本结构调整速度显著正相关；武力超等（2017）比较分析了不同公司治理环境对资本结构调整速度的影响。

上述研究从不同视角考察了资本结构动态调整问题，研究结论丰富了动态资本结构理论，为公司资本结构调整提供了理论依据。但现有研究大都忽视了公司内部治理特征对资本结构动态调整的主动作用，然而从企业内部因素出发，通过完善内部治理来促进资本结构动态优化是促进资本结构决策的有效途径，股权结构安排是公司内部治理的关键，分析股权结构安排对资本结构动态调整的影响十分必要。其实，众多学者早已关注股权结构安排对公司静态资本结构水平的影响，研究普遍认为控股股东持股、股权制衡度等股权结构安排不仅影响公司负债水平，而且显著影响公司债务期限结构的选择（杨棉之、黄世宝，2013），但考察股权结构安排对资本结构动态调整影响的研究较为少见。

如何实现电力企业的资本结构动态的优化，促进电力行业的持续发展是亟待解决的问题之一。为此本节采用2003～2015年沪深证券交易所A股电力行业上市公司的面板数据，从调整速度及效果两方面考察了股权结构安排对资本结构动态调整的作用。研究表明，控股股东持股比例、股权制衡度、管理层持股与资本结构调整速度正相关，股权制衡度、管理层持股与资本结构调整效果正相关，而控股股东持股比例与资本结构调整效果呈倒U形关系，并有证据表明相对于非国有上市公司而言，国有上市公司调整速度较慢，调整效果较差。本节主要贡献在于提出通过优化股权结构安排来促进资本结构合理决策的思想，以及推行股权激励、构建有效制衡的股权结构促进企业资本结构合理选择的实施路径，为指导我国电力行业上市公司资本结构动态调整具有理论与实践意义。

一、理论分析与研究假设

随着所有权与控制权的分离，拥有少量所有权甚至是零所有权的管理者掌握了对公司财产的实际控制权，受"理性经济人"的影响，管理者利用公司决策权力进而谋取私利的行为逐渐凸显，其中操控公司资本结构调整过程是管理者达到自身目的重要手段之一。如何遏制管理者私利行为，促进资本结构的积极调整是公司治理的关键，而股权结构作为公司治理的基础，对管理者行为的影响更为直接。拥有所有权的控股股东、制衡股东及控股股东的国有性质能有效监督和限制管理者行为，此外作为激励手段的管理层持股能在一定程度上缓和管理层与股东的利益冲突，从而影响管理者的决策行为。因此，深入分析控股股东持股、股权制衡度、管理层持股及股权性质对资本结构调整速度及效果的影响，有利于更好认识股权结构对资本结构决策的作用。参考现有文献研究，我们将一定时间内公司实际资本结构向目标资本结构调整的程度定义为资本结构调整速度；并用实际资本结构与目标资本结构偏离程度的大小来衡量资本结构调整效果，即偏离程度越小，调整效果越好。

（一）控股股东持股比例

Claessens 等（2000）研究发现控股股东持股的公司治理效应主要表现为激励效应和堑壕效应，我国学者宋小保（2013）也通过实证分析验证了中国情境下控股股东持股的激励效应及侵占效应。

控股股东的激励效应指控股股东对公司的正向影响，其对资本结构动态决策的正向作用主要表现在以下几点：第一，更加关注公司资本结构决策。随着控股股东持股比例的增加，控股股东为获取更高的所有权收益，会更加关注企业决策，资本结构决策作为企业重要财务决策，更是控股股东关注的重点；第二，能有效提高董事会决策速度。随着控股股东持股比例的提高，其控制董事会的愿望更为强烈，并且由其提名的独立董事对董事会决议的异议情况就越发减少（唐建新等，2013），董事会决策速度随之提高；第三，能有效监督管理者行为。控股股东持股比例越大，采用两职合一领导结构的可能性就越大（Mark and Li，2001）。因此，控股股东更有动力及能力监督管理者行为，督促管理者尽到勤勉义务，有效避免管理懈怠问题，实现资本结构的动态调整。因此，随着控股股东持股比例的增加，实际资本结构向目标资本结构调整的速度及效果也会随之增加。

控股股东的堑壕效应或侵占效应是指控股股东受自利天性及机会主义行为影响而导致的对公司的负面作用。当控股股东持股比例达到一定程度时，对企业的负向侵占效应占据主导地位，即控股股东更加追求自身利益最大化及创建企业帝国的行为，因此会过度提高上市公司负债水平，并通过企业内部贷款及关联交易等方式转移资源，进而损害中小股东利益及企业价值（孙健，2008；Liu and Tian，2012）。控股股东的这一行为可能会导致实际资本结构背离目标资本结构的过度调整，导致资本结构偏离程度的增大。由此来看，随着控股股东持股比例的增加，资本结构的调整速度及效果会随之增加，但当控股股东持股达到一定程度之后，控股股东的私利行为会导致资本结构的过度调整，进而加大实际资本结构与目标资本结构的偏离程度，损害资本结构的调整效果。为此，我们提出假设进行后续验证：

假设4-3：控股股东持股比例与资本结构调整速度呈正相关关系，即随着控股股东持股比例的增加，资本结构调整速度逐渐提高。

假设4-4：控股股东的持股比例与资本结构调整效果呈显著倒U型关系，即随着控股股东持股比例的增加，资本结构调整效果先提高后下降。

（二）股权制衡度

拉伯塔等（La Porta et al.，1999）认为除第一大股东之外的股东如果拥有足够股份，就可以在一定程度上监督控股股东的私利行为。因此，在少数大股东联盟的制约下，控股股东的私利行为受到抑制，进行资本结构调整时会充分考虑上市公司及中小股东利益，不会为资源转移而选择较高水平负债，从而有利于实际资本结构向目标资本结构的趋近。此外，克隆维斯特和尼尔森（Cronqvist & Nilsson，2003）认为制衡股东能平衡董事会成员构成，营造董事发表意见的环境，进而提高董事会决策效率，由于我国企业大部分由国有企业改制而成，控股股东持股比例相对较大，为此我们用第二大股东至第十大股东持股比例之和与控股股东持股比例的比值表示股权制衡度，该比值越大股权制衡度越大。根据上述分析，股权制衡度越大时，越有利于抑制控股股东私利行为，监督董事会及管理层的决策，从而促进资本结构动态调整。为此，本书提出假设进行后续验证：

假设4-5：股权制衡度越高，资本结构调整速度越快，调整效果越好。

（三）管理层持股

詹森和麦克林（Jensen & Meckling，1976）的利益趋同假说认为，管理层持股有助于降低管理者在职消费、不良投资等非价值最大化行为的动机，缓解管理者与股东之间的利益冲突，促进管理层与股东利益趋于一致。根据利益趋同假说，管理层持股能够促进资本结构优化及企业价值的提高，同时股价上升带来的收益的增加能起到对管理层正向激励的作用。此外，法玛（Fama，1980）认为管理层以人力资本投入企业经营，面临着更高的非系统性风险，更有动力关注资本结构决策，提高企业价值。弗兰德和朗（Friend & Lang，1988）认为随着管理层持股比例的增加，管理层更有能力调整资本结构决策，以促进企业价值的提高。由此来看，持有上市公司股权的管理者掌握更多资源，更有动力及能力调整资本结构，加快资本结构调整速度，提高资本结构调整效果。因此，提出假设：

假设4-6：实施管理层持股的上市公司，资本结构调整速度更快，调整效果更好。

（四）股权性质

由于上市公司不同性质股东的治理能力、融资能力及对管理层的监督力度等存在差异，因此控股股东性质无疑会影响资本结构动态调整行为。相对于国有上市公司而言，私有产权更有利于改善公司的资本结构（李小军、王平心，2008）。国有上市公司对管理层激励考核制度的缺陷，导致管理层经营动力不足，忽视资本结构的偏离；同时由于实际控制人的缺位导致对管理者控制和监督力度不够，进一步放纵了管理者机会主义及败德主义行为，管理者会利用手中权力调整资本结构，并以此来规避风险，谋取私利。因此，相对于非国有上市公司而言，国有上市公司现有运行体制不利于资本结构动态调整，为此提出假设：

假设4-7：相对于非国有上市公司而言，国有上市公司的资本结构调整速度更慢，调整效果更差。

二、研究设计

(一)实证模型与变量描述

本节的实证研究过程分为两部分:第一,构建资本结构动态调整模型,利用系统 GMM 方法估计股权结构特征对资本结构调整速度的影响;第二,用资本结构偏离程度衡量动态调整效果,利用 OLS 方法估计股权结构特征对资本结构调整效果的影响,即从行为和结果两个方面综合考察股权结构与资本结构动态调整的关系。

1. 股权结构与资本结构调整速度

众多实证研究表明,企业存在目标资本结构,并由企业的规模、盈利能力、偿债能力等自身特征决定,本书首先借鉴(Flannery and Rangan,2006;Faulkender et al.,2012;黄继承、朱冰等,2014)的做法,构建以下资本结构动态调整模型:

$$Lev_{i,t}^* = \alpha + \beta X_{i,t-1} + \varepsilon_{i,t} \tag{4-1}$$

模型(4-1)表示 t 年的目标资本结构 $Lev_{i,t}^*$ 由 $t-1$ 年的企业自身特征 $X_{i,t-1}$ 决定,$X_{i,t-1}$ 包括企业规模 $Size$、盈利能力 $Prob$、偿债能力 $Liqu$、抵押能力 $Mort$、产品独特性 $Uniq$、成长机会 $Grow$ 等变量,$\varepsilon_{i,t}$ 为随机扰动项。

在价值最大化激励下企业会不断向目标资本结构进行动态调整,但由于调整成本的存在及不确定因素的干扰,企业资本结构只能做到部分调整(Byoun,2008;赵兴楣、王华,2011)。

$$Lev_{i,t} - Lev_{i,t-1} = \lambda \left(Lev_{i,t}^* - Lev_{i,t-1} \right) + \varepsilon_{i,t} \tag{4-2}$$

模型(4-2)表示实际资本结构向目标资本结构的部分调整,λ 为实际资本结构向目标资本结构调整的程度,即资本结构的调整速度,$Lev_{i,t}$ 表示 t 年企业的实际资本结构;$Lev_{i,t-1}$ 表示 $t-1$ 年企业的实际资本结构。将模型(4-1)代入模型(4-2)中得到整合的资本结构动态调整模型：

$$Lev_{i,t} = (1 - \lambda) Lev_{i,t-1} + \lambda \beta X_{i,t-1} + \varepsilon_{i,t} \qquad (4-3)$$

模型（4-3）比模型（4-2）的优势在于将目标资本结构的估计进行了内化，Flannery & Rangan（2006）等研究表明利用整合的资本结构动态调整模型估计调整速度，结果更加稳健。

构造了资本结构动态调整模型之后，为进一步考察上市公司股权结构特征对资本结构调整速度的影响，本书借鉴（Cook and Tang，2010；姜付秀、黄继承，2011）的做法，在模型（4-3）等号右边加入股权结构变量 $Gov_{i,t}$ 及股权结构变量 $Gov_{i,t}$ 与资产负债率 $Lev_{i,t-1}$ 的交互项 $Gov_{i,t} \times Lev_{i,t-1}$，得到扩展的整合调整模型（4-4）：

$$Lev_{i,t} = (1 - \lambda) Lev_{i,t-1} + \gamma Gov_{i,t} + \eta Gov_{i,t} \times Lev_{i,t-1} + \lambda \beta X_{i,t-1} + \varepsilon_{i,t}$$

$$(4-4)$$

模型（4-4）中股权结构变量 $Gov_{i,t}$ 包括控股股东持股比例 Con、股权制衡度 Bal、管理层持股 Mag，控股股东性质 $State$，其中控股股东性质为虚拟变量，当性质为国有时定义为1，非国有时为0。需要说明的是，由于模型（4-4）的解释变量中存在被解释变量的一阶滞后值，此时用普通固定效应及随机效应的回归方法无法消除模型的内生性问题，普通的差分 GMM 方法也无法消除弱工具变量的影响，因此本书借鉴 Blundell & Bond（1998）的思想，将水平 GMM 与差分 GMM 结合在一起，利用系统 GMM（System GMM）的方法进行估计。利用模型（4-4）估计出资本结构调整速度可以表示为 $\lambda' = \lambda - \eta \times Gov_{i,t}$，股权结构变量 $Gov_{i,t}$ 为正，如果 η 符号为负，则说明资本结构调整速度会随着控股股东持股比例 Con、股权制衡度 Bal、管理层持股比例 Mag 的提高而加快，如果 η 符号为正，则说明随着以上股权结构变量的提高，资本结构的调整速度会变慢；其中，控股股东性质 $State$ 对资本结构动态调整速度影响的考察运用分样本回归直接比较不同性质的调整速度 λ 的大小。

2. 股权结构与资本结构调整效果

在检验了股权结构特征对资本结构动态调整速度的影响之后，为了解股权结构对资本结构动态调整影响的实质，本书构建了检验资本结构调整效果的模型（4－5），从结果视角考察股权结构安排对资本结构动态调整的影响。由于资本结构动态调整的目的是促使企业实际资本结构接近目标资本结构水平，因此 t 年末企业实际资本结构偏离目标资本结构的大小即为 t 年资本结构动态调整的效果。

$$Dev_{i,t} = \alpha + \rho Gov_{i,t} + \theta X_{i,t-1} + \varepsilon_{i,t} \qquad (4-5)$$

模型（4－5）中 $Dev_{i,t} = \left| Lev_{i,t} - Lev_{i,t}^{*} \right|$ 为 t 年末实际资本结构偏离目标资本结构的绝对值，表示 t 年资本结构动态调整的效果，并且 $Dev_{i,t}$ 越小，资本结构动态调整效果越好。$X_{i,t-1}$ 为控制变量，包括企业规模 $Size$、盈利能力 $Prob$、偿债能力 $Liqu$、抵押能力 $Mort$、产品独特性 $Uniq$、成长机会 $Grow$、负债水平 $Laglev$ 及年份虚拟变量等，股权结构变量 $Gov_{i,t}$ 包括控股股东持股比例 Con、控股股东持股比例的平方 Con^2、股权制衡度 Bal、管理层持股 Mag、控股股东性质 $State$，用来检验股权结构对资本结构动态调整效果的影响，对模型（4－5）的估计采用普通最小二乘法 OLS 进行估计，如果变量 Con 系数为负，并且 Con^2 系数为正则说明控股股东持股比例与资本结构偏离程度呈正 U 形关系，与资本结构调整效果呈倒 U 形关系，即资本结构调整效果随控股股东持股比例先提高后下降；如果变量股权制衡度 Bal、管理层持股 Mag 为负，则说明随着管理层持股实施以及股权制衡度的提高，资本结构偏离程度降低，资本结构动态调整效果更好；若控股股东性质 $State$ 的回归系数为正，则说明相对于非国有上市公司而言，国有上市公司的调整效果较差；如果上述回归系数为正时则结果相反。

需要说明的是，对模型（4－5）估计之前需要估计 t 年的目标资本结构 $Lev_{i,t}^{*}$，以往研究中采用行业资本结构的中位数、固定效应及随机效应模型的估计结果等作为目标资本结构的替代变量，但由于中位数无法体现不同企业之间的差异，普通又估计方法不能保证结果的无偏性，因此本节采用更加稳定的系统 GMM 方法估计模型（4－3），并将估计得到的 $X_{i,t-1}$ 系数 β 代入模型（4－1）中计算获得目标资本结构 $Lev_{i,t}^{*}$。

（二）研究变量的定义及计算方法

资本结构变量采用通用的有息资产负债率 Lev，即（短期负债＋长期负债）/总资产来表示，股权结构变量参考（肖作平、廖理，2008）的研究采用控股股东持股比例 Con、股权制衡度 Bal、管理层持股 Mag、控股股东性质 State 表示，主要变量的定义及计算方法如表4－6所示。

表4－6 主要变量描述及定义

变量类型	变量名称	变量符号	变量定义
被解释变量	有息资产负债率	Lev	（短期负债＋长期负债）/总资产
	资本结构偏离程度	Dev	本期实际资本结构与目标资本结构之差的绝对值
解释变量	控股股东持股比例	Con	第一大股东持股数/股本总数
	股权制衡度	Bal	第二至第十大股东持股之和/第一大股东持股数
	管理层持股	Mag	管理层持股为1，否则为0
	股权性质	State	国有股控股为1，否则为0
控制变量	企业规模	Size	期末总资产的自然对数
	盈利能力	Prob	净利润/总资产平均余额
	偿债能力	Liqu	流动资产/流动负债
	抵押能力	Mort	有形资产/总资产
	产品独特性	Uniq	销售费用/主营业务收入
	成长机会	Grow	营业收入增长率
	时间虚拟变量	Year	以2003年为参照

（三）研究样本与描述性统计

本节采用2003～2015年沪深证券交易所A股电力行业上市公司的非平衡面板数据作为研究样本，并借鉴以往的研究，根据以下标准对数据进行剔除：（1）剔除了观测期间内被 ST、PT 的上市公司；（2）剔除了估计中所用数据无法获取的上市公司；（3）剔除了由于重大事件导致的数据严重异常的上市公司。最终得到观测样本总量683个，其中国有上市公司样本451个，非国有上市公司样本232个。本书对主要变量进行了描述性统计，统计结果如表4-7所示：

表4-7 描述性统计

统计类型	Mean	Median	St. Dev.
Data A：目标资本结构、资本结构偏离程度			
Lev^*	0.5159	0.3402	4.017
Dev	0.0497	0.0063	0.8132
Data B：股权结构特征变量			
Con	39.876	38.045	16.798
Bal	0.6560	0.3863	0.6991
Mag	0.2357	0.0000	0.4248
State	0.8620	0.0000	0.3451
Data C：企业特征变量			
Size	22.191	21.925	1.4848
Prob	0.1674	0.0245	3.4162
Liqu	1.2444	0.7347	2.8235
Uniq	1.1293	0.0051	16.7204
Grow	0.1856	0.0926	0.8324
Mort	0.9743	0.9860	0.0349

从表4-7中 *Data A* 可以看出，我国电力行业上市公司的目标资本结构均值、资本结构的偏离均值与黄继承等（2014）基本相符。*Data B* 描述的股权结构特征变量与程书强、许存兴（2011）等基本相符，这说明

我国电力行业上市公司控股股东持股比例较高，且实施管理层持股的上市公司数量较少。描述性统计结果为进一步实证检验股权结构与资本结构动态调整的关系奠定了基础。

三、统计检验结果

（一）股权结构对资本结构动态调整速度的影响

为考察股权结构对资本结构动态调整速度的影响，本书对模型（5-4）进行系统 GMM 估计，估计时变量进行了异方差处理，并且所有模型均通过了 Abond 及 Sargan 检验，具体估计结果如表 4-8 所示。

表 4-8　　　　　　　股权结构对资本结构调整速度的回归结果

变量	（1）	（2）	（3）	（4）	（5）
Constant	60.84 (1.05)	63.18 (0.99)	65.51 (1.02)	-5.92 (-0.67)	98.73 (1.10)
Lev	1.63 (1.83)**	0.77 (1.84)**	0.49 (1.31)**	0.0155 (0.06)	0.9788 (2.5)**
Con	0.052 (1.05)**				
Con × Lev	-0.02 (-1.5)*				
Bal		1.40 (1.51)**			
Bal × Lev		-0.23 (-0.04)*			

续表

变量	(1)	(2)	(3)	(4)	(5)
Mag			3.61 (1.11)**		
Mag × Lev			−0.82 (−1.16)*		
Size	−0.68 (−1.22)	−0.78 (−1.18)	−0.82 (−1.16)	0.165 (0.84)	−1.04 (−1.38)
Prob	−0.33 (−0.8)**	0.38 (0.98)**	0.302 (0.77)	0.272 (0.07)	0.57 (1.57)**
Liqu	0.02 (0.37)**	0.02 (0.40)*	0.054 (0.89)*	−0.015 (0.48)*	0.14 (0.64)
Mort	−43.8 (−0.9)**	−45.1 (0.88)**	−48.8 (−0.94)**	3.12 (0.31)	−76.22 (−0.99)
Uniq	−0.01 (0.52)	−0.01 (−0.86)	−0.01 (−1.41)	0.114 (0.77)	−0.01 (−2.13)**
Grow	−0.12 (−2.1)**	−0.24 (−1.8)*	−0.31 (−1.57)**	0.051 (−0.14)	−0.09 (−1.19)*
Year	控制	控制	控制	控制	控制
Sample	683	683	683	232	451
Wald	6958.93***	7710.60***	5895.72***	2948.24***	5665.72**
Abond − T	0.4914	0.2203	0.2538	0.9979	0.3572
Sargan − T	0.0578	0.0583	0.2013	0.2139	0.1539

注：统计软件采用 Stata10.0；*** 表示在 1% 的水平上显著，** 表示在 5% 的水平上显著，* 表示在 10% 的水平上显著。

表 4-8 的前三列分别表示控股股东持股比例 *Con*、股权制衡度 *Bal*、

管理层持股 *Mag* 对资本结构动态调整速度的影响。从表4-8可以看出,控股股东持股比例、股权制衡度、管理层持股三个变量与资本结构交互项的系数均在10%的水平上显著为负,说明控股股东持股能够促进资本结构动态调整速度的提高,假设4-3得证;股权制衡有利于资本结构动态调整速度的提高,假设4-5前半部分得证;管理层持股能够在一定程度上有利于缓解代理成本问题,假设4-6前半部分得证。

表4-8中后两列分别表示控股股东性质为国有及非国有时对资本结构动态调整速度的影响,非国有上市公司资本结构动态调整速度明显高于国有上市公司,因此假设4-7前半部分得证。

(二) 股权结构对资本结构调整效果的影响

为进一步从结果角度来考察股权结构特征对资本结构动态调整的影响,本书利用普通最小二乘法对模型(4-5)进行估计,估计时对变量进行了异方差处理,并且豪斯曼检验均显示采用固定效应模型,具体估计结果如表4-9所示。

表4-9　　　　　股权结构对资本结构调整效果的回归结果

变量	(1)	(3)	(3)	(4)
constant	-8.91 (-1.34)	-7.90 (-1.29)	-8.20 (-1.39)***	-7.72 (-1.33)
Con	-0.02 (-1.26)*			
Con^2	0.002 (0.79)*			
Bal		-0.118 (-0.38)**		

续表

变量	(1)	(3)	(3)	(4)
Mag			-0.519 (-2.45)**	
State				0.027 (0.15)**
laglev	0.156 (0.80)*	0.027 (0.43)*	0.044 (0.72)*	0.025 (0.41)*
Size	0.428 (1.39)**	0.39 (1.38)**	0.411 (1.74)**	0.39 (1.41)**
Prob	0.064 (0.79)**	-0.002 (-0.04)**	-0.016 (-0.29)	0.003 (0.01)
Liqu	-0.021 (-1.27)*	-0.030 (-1.55)***	-0.031 (-1.64)*	-0.03 (-1.58)
Mort	0.631 (0.56)*	-0.267 (-0.26)**	0.550 (0.46)	-0.29 (-0.29)
Uniq	0.002 (1.28)	0.002 (1.26)	-0.271 (-0.24)	0.002 (1.32)
Grow	-0.042 (-1.20)	-0.057 (-1.45)	-0.047 (-1.39)	-0.061 (-1.40)
Year	控制	控制	控制	控制
Sample	683	683	683	683
$Adj - R^2$	0.9329	0.9203	0.6846	0.8991
F	0.54***	0.72***	1.09***	0.46***

注：统计软件采用 Stata10.0；*** 表示在 1% 的水平上显著，** 表示在 5% 的水平上显著，* 表示在 10% 的水平上显著。

表4-9各列分别表示控股股东持股比例 Con、股权制衡度 Bal、管理层持股 Mag、控股股东性质 State 对资本结构调整效果的影响。由表4-9第（1）列可知，Con 系数在10%的水平上显著为负，平方项 Con^2 的系数在10%的水平上显著为正，控股股东持股比例与资本结构偏离程度呈正 U 形关系，与资本结构调整效果呈倒 U 形关系，假设4-4得证；第（3）列中股权制衡度 Bal 系数在5%的水平上显著为负，股权制衡能有效促进调整效果的提高，因此假设4-5后半部分得证。第（3）列显示管理层持股 Mag 在5%的水平上显著为负，管理持股有利于提高调整效果，假设4-6后半部分得证；第（4）列显示控股股东性质 State 的回归系数在5%的水平上显著为正，国有上市公司，调整效果较差，因此假设4-7后半部分得证。

四、研究结论与政策建议

研究发现，控股股东持股比例、股权制衡度、管理层持股与调整速度显著正相关；控股股东持股比例与资本结构调整效果呈倒 U 形关系；股权制衡度、管理层持股与资本结构调整效果正相关，此外相对于非国有上市公司而言，国有上市公司的调整速度更慢，调整效果更差。基于以上研究提出以下政策建议：

第一，在电力行业中，上市公司要重视股权结构安排对资本结构决策的影响，构建有效制衡的股权结构。控股股东持股比例过高时会降低资本结构调整效果，而股权制衡能有效监督控股股东的私利行为，从而提高资本结构调整速度及效果，因此要优化股权结构安排，通过增加保险基金、养老基金、金融财团等机构投资者持股比例，同时逐步引入国外战略投资者等方式提高非控股股东持股比例，实现对控股股东的有效制衡。

第二，加强电力行业上市公司的管理层股权激励力度，提高管理层持股比例。管理层持股能促进管理层与股东利益的一致性，进而有效提高资本结构调整效果，增加企业价值。目前西方国家管理层持股比例较高，并且管理层激励的正向效果明显，而我国管理层持股比例较低导致激励效果欠佳，为此应该采取业绩股票、股票期权、虚拟股票、限制性股票等多种股权激励模式，有步骤增加管理层持股比例，提高管理层激励效果。

第三，深化电力行业国有企业改革，完善国有企业公司治理机制。股权结构方面，通过引进战略投资者、向国有投资公司转让股份等方式，逐步降低国有股持股比例，缓解"一股独大"现象及存在的控制人缺位问题，实现对管理者的有效监督；管理人员选拔方面，引入职业经理人制度，面向市场招聘优秀管理人才；此外还要完善激励约束机制，推行股权激励，由市场检验管理者经营状况；完善公司治理，实现权、责、利的有机匹配，提高管理者经营的积极性及主动性。

参 考 文 献

［1］常亮，连玉君．融资约束与资本结构的非对称调整——基于动态门限模型的经验证据［J］．财贸研究，2013（2）．

［2］陈志军，郑丽．不确定性下子公司自主性与绩效的关系研究［J］．南开管理评论，2016（6）．

［3］陈志军．母子公司管控模式选择［J］．经济管理，2007（3）：34－40．

［4］程书强，许存兴．我国上市公司股权结构与债务期限结构关系分析［J］．西安交通大学学报：社会科学版，2011（4）．

［5］董朝阳，赵俊华，文福拴等．从智能电网到能源互联网：基本概念与研究框架［J］．电力系统自动化，2014（15）．

［6］方政，徐向艺，陆淑婧．上市公司高管显性激励治理效应研究——基于"双向治理"研究视角的经验证据［J］．南开管理评论，2017（2）：122－132．

［7］方政，徐向艺．金字塔结构、股权制衡与上市公司股价信息质量［J］．经济管理，2013（3）：45－53．

[8] 方政, 徐向艺. 母子公司治理研究脉络梳理与演进趋势探析 [J]. 外国经济与管理, 2013, 35 (7): 35 - 42.

[9] 龚朴, 张兆芹. 资本结构动态调整速度的异质性研究 [J]. 管理评论, 2014 (9).

[10] 黄继承, 朱冰, 向东. 法律环境与资本结构动态调整 [J]. 管理世界, 2014 (5).

[11] 姜付秀, 屈耀辉, 陆正飞等. 产品市场竞争与资本结构动态调整 [J]. 经济研究, 2008 (4).

[12] 姜付秀, 黄继承. 市场化进程与资本结构动态调整 [J]. 管理世界, 2011 (3).

[13] [美] 杰里米·里夫金. 第三次工业革命: 新经济模式如何改变世界 [M]. 北京: 中信出版社, 2012.

[14] 李彬, 潘爱玲. 母子公司协同效应的三维结构解析及其价值相关性检验 [J]. 南开管理评论, 2014 (1): 76 - 84.

[15] 李小军, 王平心. 终极控制权, 股权结构与资本结构 [J]. 山西财经大学学报, 2008 (5).

[16] 刘振亚. 全球能源互联网 [M]. 北京: 中国电力出版社, 2015.

[17] 卢刚. 公司治理与公司绩效的互动关系研究——基于中国电力上市公司经验证据 [J]. 科技管理研究, 2015 (12).

[18] 南开大学公司治理评价课题组, 李维安. 中国上市公司治理评价与指数分析——基于 2006 年 1249 家公司 [J]. 管理世界, 2007 (5).

[19] 盛明泉, 张春强, 王烨. 高管股权激励与资本结构动态调整 [J]. 会计研究, 2016 (2).

[20] 宋小保. 股权集中、投资决策与代理成本 [J]. 中国管理科学, 2013 (4).

[21] 孙健. 终极控制权与资本结构的选择——来自沪市的经验证据 [J]. 管理科学, 2008 (2).

[22] 唐建新, 李永华, 卢剑龙. 股权结构、董事会特征与大股东掏

空：来自民营上市公司的经验证据 [J]. 经济评论，2013 (1).

[23] 唐跃军. 审计质量 VS. 信号显示——终极控制权、大股东治理战略与审计师选择 [J]. 金融研究，2011 (5)：139 – 155.

[24] 武力超，乔鑫皓，韩华桂等. 公司治理对企业资本结构动态调整速率的影响 [J]. 经济与管理研究，2017 (8).

[25] 肖作平，廖理. 公司治理影响债务期限水平吗？——来自中国上市公司的经验证据 [J]. 管理世界，2008 (11).

[26] 徐向艺，方政. 子公司信息披露研究——基于母子公司"双向治理"研究视角 [J]. 中国工业经济，2015 (9)：114 – 128.

[27] 严若森. 公司治理评价及其灰色关联分析 [J]. 技术经济，2009 (7).

[28] 杨建仁，左和平，罗序斌. 中国上市公司治理结构评价研究 [J]. 经济问题探索，2011 (10).

[29] 杨棉之，黄世宝. 股权结构，董事会治理与债务期限选择——基于中国上市公司的经验证据 [J]. 安徽大学学报：哲学社会科学版，2013 (5).

[30] 赵兴楣，王华. 政府控制、制度背景与资本结构动态调整 [J]. 会计研究，2011 (3).

[31] 周仁俊，高开娟. 大股东控制权对股权激励效果的影响 [J]. 会计研究，2012 (5).

[32] 孙秋野. 能源互联网：能源如何像信息一样自由？ [J]. 中国能源，2015 (8)：103 – 105.

[33] 孙宏斌，郭庆来，潘昭光. 能源互联网：理念、架构与前沿展望 [J]. 电力系统自动化，2015 (19).

[34] 牛禄青. 能源互联网从概念到行动 [J]. 新经济导刊，2015 (7)：44 – 51.

[35] 曹军威，杨明博，张德华等. 能源互联网——信息与能源的基础设施一体化 [J]. 南方电网技术，2014 (4)：1 – 10.

[36] 贾常艳. 能源互联网将实现信息与能源深度融合——访国网能

源研究院首席专家冯庆东 [J]. 电器工业，2015 (6).

[37] 白津夫. 以新经济引领新常态只有新经济才能强中国 [J]. 中国经济周刊，2005 (14)：22 – 23.

[38] 吴磊. 中国能源安全面临的战略形势与对策 [J]. 国际安全研究，2013 (5)：62 – 75.

[39] 徐涛. 全球能源互联网的意义与内涵 [C]. 风能产业，2016.

[40] 曾鸣，王世成. 全球能源互联推动能源社会可持续发展 [J]. 中国电力企业管理，2015 (7)：14 – 17.

[41] 申现杰，肖金成. 国际区域经济合作新形势与我国"一带一路"合作战略 [J]. 宏观经济研究，2014 (11)：30 – 38.

[42] 李朝兴. 关于以一带一路为突破口，积极推进构建全球能源互联网的建议 [J]. 中国科技产业，2015 (5)：48 – 49.

[43] 刘振亚. 我为什么提出建设全球能源互联网 [J]. 中国电力企业管理，2015 (7).

[44] 刘升福，刘昊. 中国电力企业国际化战略研究 [J]. 商，2014 (35)：36 – 36.

[45] 刘拓. 中国电力企业国际化经营战略研究 [J]. 华东经济管理，2012，26 (4)：67 – 72.

[46] 王国顺，郑准，杨昆. 企业国际化理论的演进 [M]. 北京：人民出版社，2010：3 – 27.

[47] 薛晓岑，周保中，孙友源. 能源互联网与发电企业 [J]. 发电与空调，2015，36 (6).

[48] 张小平，李佳宁，付灏. 全球能源互联网对话工业 4.0 [J]. 电网技术，2016，40 (6).

[49] 刘振亚. 共同推动全球能源互联网创新发展 [J]. 当代电力文化，2015 (10)：10 – 12.

[50] 徐鹏. 子公司动态竞争能力培育机制及效应研究 [M]. 北京：经济科学出版社，2016.

[51] 陈志勇，陈思霞. 制度环境、地方政府投资冲动与财政预算软

约束 [J]. 经济研究, 2014 (3): 76 - 87.

[52] 李天籽, 王迪. 东北亚区域能源互联网建设研究 [J]. 东北亚论坛, 2016 (6): 58 - 68.

[53] 潘楚林, 田虹. 利益相关者压力、企业环境伦理与前瞻型环境战略 [J]. 管理科学, 2016, 29 (3): 38 - 48.

[54] 徐向艺, 徐宁. 公司治理研究现状评价与范式辨析——兼论公司治理研究的新趋势 [J]. 东岳论丛, 2012 (2): 148 - 152.

[55] 陈德球, 马连福, 钟昀珈. 自主性治理、投资行为与股票收益——基于上市公司投资者关系管理的研究视角 [J]. 武汉: 经济评论, 2009 (2).

[56] 陈建林. 家族治理与中小企业私募股权融资的互动关系研究述评 [J]. 成都: 软科学, 2014 (6).

[57] 程新生, 谭有超, 刘建梅. 非财务信息、外部融资与投资效率——基于外部制度约束的研究 [J]. 北京: 管理世界, 2012 (7).

[58] 戴钰. 中国文化传媒上市公司投融资行为影响因素研究 [J]. 长沙: 财经理论与实践, 2015 (5).

[59] 段云, 国瑶. 政治关系、货币政策与债务结构研究 [J]. 天津: 南开管理评论, 2012 (5).

[60] 方政. 金字塔结构下的子公司自主性研究 [D]. 济南: 山东大学, 2015.

[61] 方政, 徐向艺. 金字塔结构与股价信息含量——基于审计师声誉的调节效应研究 [J]. 合肥: 华东经济管理, 2013 (7).

[62] 官汝凯. 经济体制改革与中国电力行业增长: 1999 - 2010 [J]. 经济学 (季刊), 2015, 14 (3): 1005 - 1028.

[63] 顾群, 翟淑萍. 信息披露质量、代理成本与企业融资约束——来自深圳证券市场的经验证据 [J]. 北京: 经济与管理研究, 2013 (5).

[64] 姜付秀, 支晓强, 张敏. 投资者利益保护与股权融资成本——以中国上市公司为例的研究 [J]. 北京: 管理世界, 2008 (2).

[65] 马连福, 陈德球. 强制性治理与自主性治理问题探讨与比较

[J]. 上海：外国经济与管理，2008（6）.

[66] 钱先航. 自主性治理与股权融资成本——基于公司治理自查报告的实证分析 [J]. 北京：经济管理，2010（2）.

[67] 钱先航，曹廷求. 强制性与自主性治理：法律、公司特征的交互效应 [J]. 北京：管理评论，2012（9）.

[68] 王舍春，秦曦，郑凯. 我国电力上市公司股权融资成本的测算与分析——基于三阶段剩余收益贴现模型 [J]. 北京：管理现代化，2014（1）.

[69] 王晓梅. 投资者利益保护与股权融资成本研究——基于原始股东视角看融资 [J]. 北京：经济与管理研究，2013（5）.

[70] 王志强，张玮婷. 上市公司财务灵活性、再融资期权与股利迎合策略 [J]. 北京：管理世界，2012（7）.

[71] 温忠麟，张雷，侯杰泰，刘红云. 中介效应检验程序及其应用 [J]. 北京：心理学报，2004（5）.

[72] 肖作平，尹林辉. 终极所有权性质与股权融资成本——来自中国证券市场的经验证据 [J]. 深圳：证券市场导报，2015（7）.

[73] 徐向艺. 电力上市企业监事会治理研究 [J]. 北京：经济研究参考，2014（50）.

[74] 杨华. 资本结构与公司价值非线性门限关系研究——来自A股电力行业2003～2013年的经验证据 [J]. 北京：经济研究参考，2015（20）.

[75] 叶陈刚，王孜，武剑锋，李惠. 外部治理、环境信息披露与股权融资成本 [J]. 天津：南开管理评论，2015（5）.

[76] 于蔚，汪淼军，金祥荣. 政治关联和融资约束：信息效应与资源效应 [J]. 北京：经济研究，2012（10）.

[77] 张健. 电力企业融资方式分析及路径选择 [J]. 太原：经济问题，2006（9）.

[78] 张晓燕. 跨国公司子公司自主性活动研究——从有限理性角度的分析 [J]. 北京：管理评论，2012（1）.

[79] 张学勇，何姣，陶醉. 会计师事务所声誉能有效降低上市公司权益资本成本吗 [J]. 北京：审计研究，2014（5）.

[80] 周艳菊，邹飞，王宗润. 盈利能力、技术创新能力与资本结构——基于高新技术企业的实证分析 [J]. 北京：科研管理，2014（1）.

[81] 邹颖，汪平，张丽敏. 股权激励、控股股东与股权资本成本 [J]. 北京：经济管理，2015（6）.

[82] Aggarwal R, Dow S. Dividends and Strength of Japanese Business Group Affiliation [J]. Journal of Economics and Business, 2012, 64（11 – 12）：214 – 230.

[83] Ambos B, Mahnke V. How Do MNC Headquarters Add Value [J]. Management International Review, 2010, 50（1）：403 – 412.

[84] Azofra V, Santamaria M. Ownership, Control, and Pyramids in Spanish Commercial Banks [J]. Journal of Banking & Finance, 2011, 35（6）：1464 – 1476.

[85] Belkhir M. Board structure, ownership structure and firm performance：Evidence from banking [J]. Applied Financial Economics, 2009, 19（2）：1581 – 1593.

[86] Blundell R, Bond S. Initial conditions and moment restrictions in dynamic panel data models [J]. Journal of econometrics, 1998, 87（1）：115 – 143.

[87] Brennan M J, Schwartz E S. Corporate income taxes, valuation, and the problem of optimal capital structure [J]. Journal of Business, 1978：103 – 114.

[88] Byoun S. How and when do firms adjust their capital structures toward targets [J]. Journal of Finance, 2008, 63（6）：3069 – 3096.

[89] Cheung Y, Jiang P, Tan W. A Transparency Disclosure Index Measuring Disclosures：Chinese listed companies [J]. Journal of Accounting and Public Policy, 2010, 29（6）：259 – 280.

[90] Claessens S, Djankov S, Lang L H P. The Separation of Ownership

and Control in East Asian Corporations ［J］. Journal of Financial Economics, 2000, 58 (8): 81 - 112.

［91］ Cook D O, Tang T. Macroeconomic conditions and capital structure adjustment speed ［J］. Journal of Corporate Finance, 2010, 16 (1): 73 - 87.

［92］ Cronqvist H, Nilsson M. Agency costs of controlling minority shareholders ［J］. Journal of Financial and Quantitative analysis, 2003, 38 (4): 695 - 719.

［93］ Dahya J, Dimitrov O, McConnell J. Dominant Shareholders, Corporate Boards, and Corporate Value: A Cross-country Analysis ［J］. Journal of Financial Economics, 2008, 87 (1): 73 - 100.

［94］ Fama E F. Agency Problems and the Theory of the Firm ［J］. Journal of Political Economy, 1980, 88 (2): 288 - 307.

［95］ Fan J, Wong T. Corporate Ownership Structure and the Informativeness of Accounting Earnings in East Asia ［J］. Journal of Accounting and Economics, 2002, 33 (3): 401 - 425.

［96］ Faulkender M, Flannery M J, Hankins K W, et al. Cash flows and leverage adjustments ［J］. Journal of Financial economics, 2012, 103 (3): 632 - 646.

［97］ Flannery M J, Rangan K P. Partial adjustment toward target capital structures ［J］. Journal of Financial Economics, 2006, 79 (3): 469 - 506.

［98］ Friend I, Lang L H P. An Empirical Test of the Impact of Managerial Self-interest on Corporate Capital Structure ［J］. Journal of Finance, 1988, 43 (2): 271 - 281.

［99］ Huang R, Ritter J R. Testing theories of capital structure and estimating the speed of adjustment ［J］. Journal of Financial and Quantitative analysis, 2009, 44 (2): 237 - 271.

［100］ Hughes J. Corporate Value, Ultimate Control and Law Protection for Investors in Western Europe ［J］. Management Accounting Research, 2009, 20 (1): 41 - 52.

［101］ Jalilvand A, Harris R S. Corporate behavior in adjusting to capital structure and dividend targets: An econometric study ［J］. Journal of Finance, 1984, 39 (1): 127 –145.

［102］ Jensen, M. and Meckling, W. Theory of the Firm, Managerial Behavior, Agency Costs and Capital Structure ［J］. Journal of Financial Economics, 1976, 3: 305 –360.

［103］ Kim B, Prescott J, Kim S. Differentiated governance of foreign subsidiaries in transnational corporations: An agency theory perspective ［J］. Journal of International Management, 2005, 11 (1): 43 –66.

［104］ La Porta R, Lopez-de – Silanes F, Shleifer A. Corporate ownership around the world ［J］. Journal of finance, 1999, 54 (2): 471 –517.

［105］ Lefort F, Francisco U. Board independence, Firm Performance and Ownership Concentration: Evidence from Chile ［J］. Journal of Business Research, 2008, 61 (6): 615 –622.

［106］ Liu Q, Tian G. Controlling shareholder, expropriations and firm's leverage decision: Evidence from Chinese Non-tradable share reform ［J］. Journal of Corporate finance, 2012, 18 (4): 782 –803.

［107］ Mark Y T, Li Y. Determinations of Corporate Oenership and Board Structure: Ecidence from Singapore ［J］. Journal of Corporate Finance, 2001, 7 (3): 235 –256.

［108］ Paterson S, Brock D. The development of subsidiary-management research: Review and theoretical analysis ［J］. International Business Review, 2002, 11 (2): 139 –163.

［109］ Titman S, Tsyplakov S. A dynamic model of optimal capital structure ［J］. Review of Finance, 2007, 11 (3): 401 –451.

［110］ Öztekin Ö, Flannery M J. Institutional determinants of capital structure adjustment speeds ［J］. Journal of Financial Economics, 2012, 103 (1): 88 –112.

［111］ Ang J, Cole R, Lin J. Agency Costs and Ownership Structure

[J]. Journal of Finance, 2000, 55 (1): 81 – 106.

[112] Attig N, Guedhami O, Mishra D. Multiple Large Shareholders, Control Contests, and Implied Cost of Equity [J]. Journal of Corporate Finance, 2008, 14 (5): 721 – 737.

[113] Birkinshaw J, Hood N, Jonsson S. Building Firm-specific Advantages in Multinational Corporations: The Role of Subsidiary Initiative [J]. Strategic Management Journal, 1998, 19 (3): 221 – 241.

[114] Bradley S, Aldrich H, Shepherd D, Wiklund J. Resources, Environmental Change, and Survival: Asymmetric Paths of Young Independent and Subsidiary Organizations [J]. Strategic Management Journal, 2011 (32): 486 – 509.

[115] Boubakri N, Guedhami O, Mishra D. Family Control and the Implied Cost of Equity: Evidence before and after the Asian Financial Crisis [J]. Journal of International Business Studies, 2010, 41 (3): 451 – 474.

[116] Chen K, Chen Z, Wei K. Legal Protection of Investors, Corporate Governance, and the Cost of Equity Capital [J]. Journal of Corporate Finance, 2009, 15 (3): 273 – 289.

[117] Claessens S, Fan J, Lang L. The Benefits and Costs of Group Affiliation: Evidence from East Asia [J]. Emerging Markets Review, 2006, 7 (1): 1 – 26.

[118] Easton P. PE Ratios, PEG Ratios, and Estimating the Implied Expected Rate of Return on Equity Capital [J]. Accounting Review, 2003, 79 (1): 73 – 95.

[119] Filatotchev I, Wright M. Agency Perspectives on Corporate Governance of Multinational Enterprises [J]. Journal of Management Studies, 2011, 48 (2): 471 – 486.

[120] Francis J, Nanda D, Olsson P. Voluntary Disclosure, Earnings Quality, and Cost of Capital [J]. Journal of Accounting Research, 2008, 46 (1): 53 – 99.

[121] Ghoul S, Guedhami O, Kwok C, Mishra D. Does Corporate Social Responsibility Affect the Cost of Capital [J]. Journal of Banking & Finance, 2011, 35 (9): 2388－2406.

[122] Huang H, Wang Q, Zhang X. The Effect of Ceo Ownership and Shareholder Rights On Cost of Equity Capital [J]. Corporate Governance, 2009, 9 (3): 255－270.

[123] Mishra D. The Dark Side of CEO Ability: CEO General Managerial Skills and Cost of Equity Capital [J]. Journal of Corporate Finance, 2014, 29 (12): 390－409.

[124] Ohlson J, Juettner－Nauroth B. Expected EPS and EPS Growth as Determinants of Value [J]. Review of Accounting Studies, 2005, 10 (2): 349－365.

[125] Peng W, Wei K, Yang Z. Tunneling or Propping: Evidence from Connected Transactions in China [J]. Journal of Corporate Finance, 2011, 17 (2): 306－325.

[126] Suchard J, Pham P, Zein J. Corporate Governance and the Cost of Capital: Evidence From Australian Firms [J]. Journal of Applied Corporate Finance, 2012, 24 (3): 84－93.

[127] Tong C, Wong A, Kwok E. Major Determinants Affecting the Autonomy of Multi National Corporation Subsidiaries in China [J]. Journal of Management Research, 2012, 4 (1): 1－33.

[128] Vachani S. Global Diversification's Effect on Multinational Subsidiaries' Autonomy [J]. Journal of International Business Studies, 1999, 8 (5－6): 535－560.

[129] Bloch C, Bomarius F, Brestschneider P, et al. Internet of energy—ICT for energy markets of the future [R], 2010.

[130] Rifkin J. The third industrial revolution: how lateral power is transforming energy, the economy, and the world [M]. New York, Palgrave MacMillan, 2011.

［131］ Yaacob H, Basiuni J. Corporate governance model of a state-owned enterprise: evidence from an Asian emerging market ［J］. Corporate Governance, 2014, 14 (4): 504 – 514.

［132］ Tricker R I. Corporate governance: Principles, policies, and practices ［M］. Oxford University Press, USA, 2015.

第五章

国家电网公司技术、制度与
管理协同创新战略

2015 年，中国政府发布了《推动共建丝绸之路经济带和 21 世纪海上丝绸之路的愿景与行动》文件，正式启动"一带一路"国家顶级战略。在该战略引领下，中国与亚洲、非洲、欧洲地区多个国家在经济、文化等领域展开深度合作。2015 年 9 月，习近平总书记提出"探讨构建全球能源互联网，推动以清洁和绿色方式满足全球电力需求"的倡议①。作为中国重要战略性支柱产业，能源行业也成了"一带一路"建设的重要合作领域之一。

在能源行业中，国家电网公司对于推动产业经济和区域经济发展始终具有举足轻重的作用。而技术创新始终是驱动国家电网公司稳健成长的关键因素，特高压输电技术也为中国国家电网公司拓展海外市场、寻求国际合作的试金石。"一带一路"建设背景下，国家电网公司将如何发挥管理创新和技术创新的独特优势，进而实现国际能源产业合作的战略引擎作用？根据协同理论，序参量（Order Parameter）是驱动系统组织发展和成长的核心，其主要包含彼此影响、相互促进的结构要素。然而已有研究未能从创新协同的核心逻辑出发，揭示管理创新与技术创新的相互作用机理，并且忽略了国家电网公司全球化发展进程中，制度与文化差异对创新协同机制造成的独特影响，进而降低了理论指导性，由此体

---

① http://energy.people.com.cn/n1/2017/0506/c71661-29257905.html.

现了本书探索性研究的必要性。

第一节　"一带一路" 背景下电力企业创新 范式演化路径与协同机理分析①

电力企业对于推动产业经济和区域经济发展具有举足轻重的作用。而技术创新始终是驱动中国电力企业稳健成长的关键因素。在全球能源互联网和国家"一带一路"双重背景下，中国电力企业将通过能源互联的形式深度参与国际竞争格局中。此时，除技术因素以外，管理制度、文化背景等一系列非技术因素将对电力企业全球化战略产生影响。在诸多非技术要素中，管理创新对企业组织核心竞争优势的获取与培育具有重要影响。本书选取国家电网公司作为研究样本，在对电力企业创新范式进行演化分析的基础上，构建并剖析协同视角下的电力企业协同创新机制，并基于全球能源互联网背景，探索了东道国宏观环境对电力企业协同创新机制产生的影响，以期丰富协同创新理论，为推动电力企业全球能源互联网建设和"一带一路"倡议的有效落地提供切实可行的政策建议。

一、文献综述

已有研究形成了"适配假说"和"偏协同假说"两类文献以解释管理创新和技术创新的协同机理。适配假说（Fit Evolution）以适配理论为基础，指出企业能够对"环境－战略－资源－绩效"四种适配路径进行识别和选择苏敬勤和崔淼（2010）以中兴 TD－SCDMA 技术创新为研究案例，认为技术创新和管理创新之间具有适配演化关系，并指出

---

①　本节内容刊于现代管理 ［J］. 2017（5）.

由于技术可变度的不同，两者的主辅关系也将表现出差异化特征。偏协同假说（Partial-synergy）认为管理创新和技术创新存在单向因果关系，能够通过"途径—目标"模型进行阐释。许庆瑞等（2004）认为技术创新与制度创新分别属于生产力和生产关系的范畴，并指出存在技术创新主导、管理创新主导和混合主导三重创新协同机制。实际上，管理创新与技术创新的协同关系具有多层次性特征，管理创新中的品牌创新、组织结构创新、营销创新能够作用于新产品研发、生产、推广整个技术创新过程。陈劲和王方瑞（2005）基于市场创新层面指出技术创新与市场创新协同的影响因素包括协同战略、价值观、业务流程等。林和陈（Lin & Chen，2007）认为技术创新是管理创新的重要影响因素，并且管理创新在技术创新与企业绩效关系中具有显著路径作用。王旭等（2015）建构了管理创新与技术创新的动态协同模型，并从探索性创新和利用性创新双重层面探讨了创新协同对财务绩效和长期竞争优势的影响。

根据协同理论，序参量（Order Parameter）是驱动系统组织发展和成长的核心，其主要包含彼此影响、相互促进的结构要素。多数文献基于管理创新与技术创新的协同视角，认为管理创新与技术创新具有彼此调适与配置的特征，因而表现出情境性主辅关系或单向因果关系。然而已有研究未能从创新协同的核心逻辑出发，揭示管理创新与技术创新的相互作用机理。并且忽略了电力企业全球化发展进程中，制度与文化差异对创新协同机制造成的独特影响，进而降低了理论指导性。因此，本书认为创新协同相关研究应回归"协同学"的核心范式，探究创新机制的相互作用机制，避免单向传导假设或适配假说造成的"协同陷阱"。另外，管理创新具有多维度性，既包含组织文化、管理思想、运营理念又包含组织结构、业务流程等管理实践。同样，根据组织双元性理论，技术创新也包含探索性学习、利用性学习以及其他创新范式。因此管理创新与技术创新协同模型包含的创新机制种类与数量，需要根据企业具体发展实践和战略情境进行权变考量。

二、电力企业创新范式演化分析

(一) 创新范式演化模型

中国本土电力企业创新范式演化路径包括技术创新驱动、管理创新嵌入、创新协同建构、创新协同升级四个阶段。技术创新驱动阶段，企业将通过增加创新投入，建构知识学习机制，利用社会网络等多种形式提升组织技术创新能力，并着重在智能电网、特高压、绿色能源等领域提升技术水平。其目标在于满足国内电力市场的多层次需求。随着技术创新水平的不断提升，企业需要在组织结构、管理流程等多个方面进行相应的升级和完善，以适配和保障高水平的技术能力。因此，文化创新、流程再造等大量管理创新活动开始涌现，企业进入管理创新嵌入阶段。在全球战略的引导下，电力企业海外市场拓展进程加快，此时，不同管理创新与技术创新机制需要通过不断磨合以达到相互促进的协同效果，电力企业进入协同机制建构阶段。最后，电力企业创新协同机制趋于完善，能够根据不同国家、地域的文化和制度差异，权变调整协同创新的运作实践和演化方向，不断促进创新协同机制的升级与完善。电力企业创新范式的演化模型如图 5-1 所示。

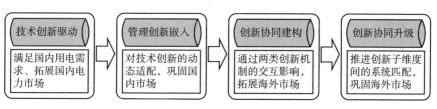

图 5-1　电力企业创新范式演化模型

(二) 国家电网公司创新范式演化进程

作为中国电力行业中的骨干企业，国家电网公司对电力行业发展和国计民生具有重要作用。本书选取国家电网公司作为分析对象，以 2009 ~

2016 年为观测窗口,对国家电网公司的技术创新和管理创新进行连续 8 年的持续观测,进而探索国家电网公司创新范式的演化过程,以及在各个阶段表现出的创新异质性。

1. 技术创新驱动阶段 (2009~2011 年)

国家电网公司在该阶段的战略意图表现为:通过特高压、智能电网等技术创新驱动公司成长,以满足国内的电力市场需求,拓展国内市场份额。其核心技术包括特高压直流、交流系列技术、智能电网与变电站技术等。管理创新方面,国家电网公司重点通过创新企业社会责任管理、开发集约化管理信息系统平台等方式提升品牌价值,提高公司运营效率。在该阶段,管理创新强度和项目个数均低于技术创新。并且管理创新与技术创新之间表现出了较强的独立性,两者缺乏交互影响。

2. 管理创新嵌入阶段 (2012~2014 年)

突破性创新已不是国家电网公司在该阶段的技术创新重点,取而代之的是同塔双回特高压交流工程、分布式电源并网技术等利用式技术创新。创新项目数量和复杂程度均低于前期,并且技术创新对公司成长的整体贡献也低于上一阶段。然而,国家电网公司开始注重管理创新活动,包括创新电网重大反事故措施、成立共产党员服务队、优化公司客服服务中心、建立电网调控中心等。涵盖了品牌创新、组织创新、业务路程创新等多个维度。管理创新强度和项目数显著高于上一阶段。尽管该阶段的管理创新能够解决由于技术创新驱动带来的组织不适应性问题,但管理创新的主要目标还是对固有管理体制、业务流程的优化与升级。

3. 创新协同构建阶段 (2015~2016 年)

在全球化战略的深入推动下,国家电网公司的管理创新和技术创新强度的不断增加,并且开始探索两者之间的相互影响和协同机制问题。技术创新方面,围绕特高压和智能电网核心技术,公司涌现出了电力系统高压开关设备智能化技术、光伏电站集群控制系统、模块化智能变电站核心技术等创新活动。为保障技术创新的持续性，国家电网公司先后开展配网运检精益化管理、发行债券融资工具、改革电力交易中心等管理创新活动，分别从业务流程、融资机制、组织结构的层面来实现技术水平的稳健性提升，同时能够改善技术创新水平快速提升带来的管理机制低效问题。国家电网公司创新范式转型进程与事例引证见表 5 - 1。

表 5 - 1　　　　　国家电网公司创新范式转型进程与事例引证

战略阶段	时间	事例引证		战略意图
		技术创新	管理创新	
技术创新驱动阶段	2009.01	发布电力可靠性指标		通过特高压、智能电网等技术创新满足国内用电需求，拓展国内市场份额
	2009.04	开发灵活交流输电可控串补技术		
	2009.05		完善全面社会责任管理机制	
	2009.06	尝试特高压直流输电带电作业		
	2009.12		资金集约化管理系统和信息安全防御工程	
	2010.01	推进特高压交流试验示范工程		
	2010.02	完成电力系统全数字实时仿真		
	2011.03	完成750千伏智能变电站建设项目		
	2011.07	完成首条柔性直流输电示范工程		
	2011.09	验收首批农网智能化试点工程		

战略阶段	时间	事例引证		战略意图
		技术创新	管理创新	
管理创新嵌入阶段	2012.08		推出十八项电网重大反事故措施	通过升级组织结构、优化管理理念、改善营销机制等管理创新方式适配快速发展的技术范式
	2012.06		成立 27 支统一品牌的共产党员服务队	
	2012.12		成立集中化公司客户服务中心	
	2013.05			
	2013.06	推出同塔双回特高压交流工程		
	2013.07	推进智能变电站试点建设		
	2013.08		建成电网调控中心和三级运营监测中心	
	2014.05	推进特高压工程大气污染防治		
	2014.06		提出全球能源互联网建构理念	
	2014.07	开发分布式电源并网工程	开发电动汽车充换电设施市场	

战略阶段	时间	事例引证		战略意图
		技术创新	管理创新	
创新协同建构阶段	2015.03	开发高压开关设备智能化技术	成功发行 2015 年第一期 100 亿元中期票据	通过磨合技术创新与管理创新机制，为全球化战略提供动力保障
	2015.04	开发配变采集信息共享接口	推进配网运检精益化管理	
	2015.04	开发光伏电站集群控制系统	升级两项"电力民生工程品牌"	
	2015.04	验收统一潮流控制器关键技术	发布《2015 年全面深入推进电能替代行动》	
	2015.04	开发互感器一体化检测设备	成立业扩报装提质提速领导小组	
	2015.04	研制新型移动式智能变电站	启动"新农村新电力新服务"农电发展战略	
	2015.06	开发特高压直流换流阀关键技术	推进国家电网公司企业级大数据平台建设	
	2015.07	开发特高压直流输电关键设备	启动输变电资产运维绩效项目	
	2016.03	推进绿色能源柔性直流送出技术	成立全球能源互联网合作组织	
	2016.03	创建模块化智能变电站	推动推进输配电价改革试点工作	
	2016.07	构建高精度气象数据集成平台	成立 27 家电力交易中心	
	2016.08	完成风光储输技术研发与推广	创新新能源项目配套电网投资机制	

(三) 国家电网公司协同创新变化趋势

根据管理创新和技术创新的强度变化以及两者之间交互作用的强弱，国家电网公司创新协同度在 2009～2016 年整体呈现出了上升趋势（如图 5 - 2 所示）。在技术驱动阶段，国家电网公司采取了以特高压输电和智能电网为核心的技术创新战略，进而满足国内广袤电力市场的多层次需求。而以社会责任为导向的管理创新旨在提升公司公众形象和品牌价值，企业并未通过组织创新、流程再造等形式对特高压、智能电网等突破性技术创新提供良好的组织保障和财务支持。并且，管理创新表现出了短期性和非常态化特点，2010 年和 2011 年未推进任何管理创新项目。以上造成了国家电网公司创新机制相互独立、各自发展的非协同创新格局。

伴随着公司的战略转型，电力市场逐渐从国内延伸至亚洲和非洲。国家电网公司意识到管理创新对解决全球化战略带来的制度差异、文化差异等问题的独特优势，因此大力推进品牌创新、组织创新、文化创新等管理创新举措，以保障全球化战略的有效落地。此时，公司依靠长期积累的经验优势和知识储备已经在上一阶段完成技术飞跃，使得技术创新进入疲软期。2012 年，公司全年几乎没有开展任何具有突破意义的技术创新项目。然而，公司一方面通过升级原有的客户服务中心来满足全球化的客户关系管理需求，另一方面通过出台反事故措施来降低组织整体的运营风险，进而大力促进管理创新。2013 年和 2014 年，国家电网公司提出全球能源互联网构建理念，在该理念的引导下，公司再一次将技术创新纳入创新战略框架，开始基于在特高压和智能电网领域积累的知识和经验开展利用式技术创新，完善和升级原有技术和服务项目。尽管这种非均衡的创新发展方式无法在当期体现协同创新效应，但是为技术和管理的有效协同奠定了基础。

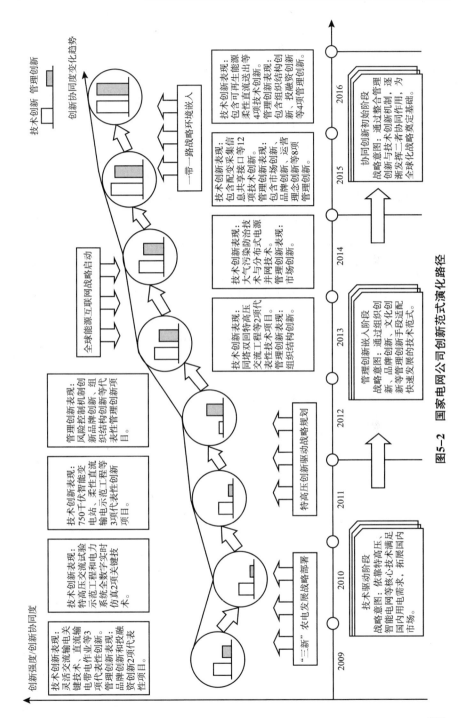

图5-2　国家电网公司创新范式演化路径

2015 年，国家提出"一带一路"顶层设计，进一步强化了国家电网公司通过推进全球能源互联网架构来实现能源经济全球化的动机。在技术创新领域，公司基于双元学习模式，开始通过利用探索式和利用式技术创新手段重点探索绿色能源直流输送、电力系统高精度气象采集、新型移动式智能变电站等方面的创新空间。并且，为了保障技术创新活动的持续性和有效性，国家电网公司采取了投融资创新（发行公司债券）、组织创新（建立全球能源互联网合作组织）等管理创新机制，进而实现了管理创新与技术创新的初步协同。然而，这种协同创新范式尚处于初级阶段，主要表现为管理创新对技术创新起到的保障和促进作用，而技术创新对管理创新的积极影响尚未显现。并且，国家电网公司的协同创新机制属于问题导向的被动式协同，尚未建立起成熟的协同创新框架，因此对不同国家和地区的制度和文化环境的适应能力尚显不足。

三、国家电网公司协同创新模式建构

（一）管理创新与技术创新维度解构

根据组织双元性理论，结合国家电网公司技术创新实践，本书从探索式创新和利用式创新两个维度对技术创新展开探讨。其中，探索式创新是指企业通过对新知识、新技术的探索，开发出新的产品或服务，以满足潜在客户需求，例如，国家电网公司的特高压输电技术和智能电网技术。而利用式创新是指利用已有的知识储备和技术经验，完善已有产品或服务的功能，以更好地满足既定市场的需求，例如，国家电网公司特高压灵活交流输电可控串补技术和新一代智能变电站技术。

伯金肖等（Birkinshaw et al.，2006）认为管理创新主要表现为组织结构变革、业务流程优化等管理实践。克什等（Cosh et al.，2012）认为在动态环境中，管理创新的重点是文化和理念的革新。基于此，本书从理念和实践双重层面对管理创新概念进行解构。其中，理念层面包括文化创新，管理实践层面包括营销创新、组织创新和流程创新。进一步地，按照管理创新对技术创新影响的交互性，将国家电网公司管理创新分为Ⅰ类创新和Ⅱ类创新。其中，前者与技术创新之间存在单向影响关系，而后者与技术创新之间存在交互关系。国家电网公司协同创新模型如图5-3所示。

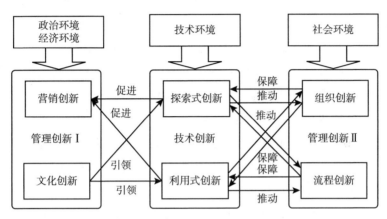

图5-3 国家电网公司协同创新模型

（二）Ⅰ类、Ⅱ类管理创新与技术创新的协同机制

国家电网公司Ⅰ类管理创新与双元性技术创新之间存在单向影响关系。具体而言，文化创新对探索式创新和利用式创新具有引领作用。文化创新主要体现为企业战略理念和管理思想的变革，当国家电网公司企业文化所包含的核心价值体系向技术创新导向进行转化时，公司将据此进行创新战略设计，进而促进创新行为的发生。进一步地，根据公司已有的技术经验和知识储备，结合市场拓展情况和用电单位的需求特点，国家电网公司将有针对性地选择探索式创新或利用式创新，进而拓展潜在市场或满足既定市场的多层次需求。营销创新方面，双元性技术创新对国家电网公司的营销创新具有重要促进作用。当国家电网公司利用探索式创新在特高压领域取得突破性技术成果，并将其相应的转化为新的产品或服务后，公司随即进行营销战略的重构和机制的创新，推出两项"电力民生工程品牌"，以拓展实现新产品的市场份额。

Ⅱ类管理创新与双元性技术创新之间具有交互影响。组织创新与技术创新之间能够表现出动态协同关系。技术创新的持续推进需要部门协同、研发人员配置、研发资金投入等系列组织工作的保障和支持。当国家电网公司通过探索式创新或利用式创新推出新的产品或服务后，原有来自企业组织的支撑体系将与新产品研发、生产、销售等活动产生不匹配问题。在技术创新的推动作用下，公司将通过组织变革来创新组织形式，以满足高水平技术创新的需求。例如，为保障特高压技术的研发条件，国家电网公司对原有组织结进行调整和创新，成立了特高压工程技术实验室、变电技术实验室，以支持特高压技术的突破性创新。当特高压技术成果被成功开发后，技术创新将反作用于管理创新。此时，国家电网公司组建了全球能源互联网组织，以保障新产品和服务在全球市场范围内的战略落地，进而体现了技术创新对组织创新的积极影响。

流程创新与技术创新之间同样具有动态协同关系。首先，在企业通过组织变革来支持技术创新水平不断提升的过程中，必将引起业务流程的优化与调整，以匹配新的组织形式和创新活动。而当技术创新达到一定高度后，与原有的业务流程同样会出现不适应性。例如，特高压技术被成功研发后，围绕该核心技术形成了特高压直流输电带电作业技术等一系列利用式创新形式，公司原有的风险控制机制和管理流程与全新特高压系列技术所引致的多层次风险点呈现出非匹配特点。所以国家电网公司通过出台十八项重大反事故措施，对原有风险控制流程进行优化，以促进技术创新和管理创新的动态协同。

（三）多层次战略情境对创新协同的影响

全球化战略的推进过程中，国家电网公司创新协同机制将受到不同国家和地区文化、制度及其他宏观环境的影响。按照 PEST 分析框架，本书将影响国家电网公司全球化战略的东道国宏观环境划分为政治环境、经济环境、社会环境和技术环境四个维度。四类环境对国家电网公司协同创新的作用点和影响机制具有明显差异。

首先，政治环境和经济环境通过作用于Ⅰ类管理创新的方式对创新协同产生影响。政治环境在双元性技术创新与营销创新之间具有调节效应。在政治局势较为稳定的国家和地区，国家电网公司的技术创新能够正常发挥对营销创新的推动作用。而在政治局势动荡的国家或地区，公司开展营销创新的动机在一定程度上被削弱。并且动荡的政治局势使得地区经济制度和市场制度快速变化，国家电网公司既定的营销策略难以适应波动较大的经济和市场需求。另外，国家电网公司的产品和服务具有战略属性，公司将采取更加审慎的态度在政治局势动荡的国家和地区设计营销战略。外部经济环境主要作用于国家电网公司的战略理念和管理文化。当经济环境较为开放，市场化程度较高时，国家电网公司将以提高竞争能力、鼓励技术创新作为战略理念，进而有效参与当地市场竞争。相反，当经济环境较为保守，市场化程度较低时，企业的文化创新将以稳健发展作为导向，降低对技术创新的引领作用。

其次，技术环境通过影响双元性技术创新选择和创新强度的方式对创新协同产生作用。在电网领域技术较为发达的国家和地区，国家电网公司更加倾向于选择探索式创新方式，不断推出新产品或服务，以参与当地行业竞争。并且公司将会通过构建学习机制、完善社会网络、提升社会资本储备等方式，减小与当地电力企业的技术差距。而在电网技术领域欠发达国家或地区，公司更加倾向于选择利用式创新方式，基于已有的知识储备和技术经验，完善和升级既定能源产品和供电服务，进而满足已有客户群体用电需求，稳健拓展市场份额。

最后，东道国社会环境通过影响Ⅱ类管理创新的方式对国家电网公司的创新协同机制产生影响。Ⅱ类管理创新包含组织创新和流程创新，国家电网公司需要根据东道国的社会制度，选择战略并购、成立新公司或运营中心等组织创新形式，来保障技术创新活动的持续性。并且在人力资源的招聘与配置过程中，也要充分考虑社会环境中的人口因素、劳动力特征和社会流动性等因素，进而实现组织结构的稳定性。在流程创新方面，国家电网公司全球化战略要求其部分业务流程将嵌入当地电力行业产业链条中，需要与上下游企业及其他利益相关者构建良好的合作关系。当地文化传统、社交习惯和主流价值观念等社会环境因素将在较大程度上影响国家电网公司与其他利益相关者的沟通机制和合作方式。可见社会环境对国家电网公司创新协同体系将产生显著影响。

四、结论与政策建议

能源行业的转型发展对于推进"一带一路"国家顶层设计的落地实施具有重要实践意义和理论价值。本书以创新协同为切入视角，选择国家电网公司作为研究案例，在对国家电网公司创新范式进行演化分析的基础上，构建并剖析了公司技术创新与管理创新的协同创新机制，并基于全球能源互联网背景，从政治环境、社会环境、经济环境和技术环境四个维度探讨了宏观环境对国家电网公司创新协同机制的影响。

研究结论显示：第一，国家电网公司创新范式演化过程包括技术创新驱动、管理创新嵌入和创新协同构建三个阶段。公司在技术驱动阶段主要通过推进特高压和智能电网核心技术来实现国内电力市场的多层次需求，公司在管理创新嵌入阶段主要通过组织创新和营销创新来适配快速提升的技术创新能力，公司在创新协同构建阶段通过建构多层次的技术创新和管理创新协同机制以支撑全球能源互联网战略的有效落地。第二，双元性技术创新、Ⅰ类管理创新和Ⅱ类管理创新共同构成了国家电网公司的协同创新体系，并且三者之间协同方式具有明显差异。Ⅰ类管理创新主要包含文化创新与营销创新，前者对探索式和利用式技术创新具有引领作用，而双元性技术创新对营销创新具有推动作用。Ⅱ类管理创新包括组织创新与流程创新，两者与双元性技术创新之间通过交互作用形成了动态协同关系。第三，在"一带一路"建设过程中，东道国社会环境、政治环境、经济环境和技术环境对国家电网公司协同创新体系具有显著作用，并且作用点和影响机制具有明显差异。政治环境对营销创新具有直接影响，能够在双元性技术创新与营销创新关系中产生调节作用，经济环境的作用点主要集中在文化创新。技术环境能够对双元性技术创新方式的选择和强度的设计产生作用。而经济环境将通过影响组织创新和流程创新的方式对国家电网公司创新协同机制产生作用。

本书对于国家电网公司及其他电力企业实施和优化创新战略具有重要指导意义：首先，电力企业应根据创新协同一般演化规律，识别创新演化所处的具体阶段。并在明确阶段性创新战略目标的前提下，结合企业整体发展战略，通过权变调整在技术创新与管理创新的资源投入、建立创新绩效评价体系等方式，推进两者有效协同。其次，在"一带一路"实施背景下，电力企业一方面应强化以特高压和智能电网为核心的技术群优势，以提升技术创新对拓展海外市场的驱动作用。另一方面应通过优化组织结构、升级企业文化、创新品牌营销等管理创新手段，以保障技术创新的持续性和有效性。最后，在全球能源互联网战略实施过程中，电力企业应完善信息披露制度和投资者关系管理平台，加强企业在东道国与供应商、顾客、地方政府等多方利益相关者的有效沟通，并据此动态调整企业技术创新和管理创新机制，进而降低东道国政治环境、市场环境等因素对创新协同产生的不利影响，提升电力企业的环境适应能力和协同创新效应。

第二节　全球能源互联网背景下山东电工电气制造企业战略转型研究：基于动态能力的视角[①]

随着经济的深入发展，全球性的能源问题日益突出，要想实现能源的可持续发展、从根本上解决能源供应所面临的多重约束，就需要大力推动清洁能源的发展，开辟高效、安全、清洁的能源可持续发展之路，"全球能源互联网"的理论与实践应运而生。2015 年 9 月，习近平总书记在联合国大会上发表重要讲话，以全球视野倡议构建全球能源互联网，潘基文会见原国网董事长刘振亚时也充分肯定了此战略构想，表示将大力支持推动全球能源互联网，为世界能源可持续发展开辟新道路[②]。全球能源互联网已经上升至国家战略层面，对能源电力行业将产生颠覆式的

① 本节内容刊于山东大学学报（哲学社会版），2018（1）.
② http：//energy. people. com. cn/n/2015/0929/c71661 - 27646507. html.

影响。

在能源、电力需求迅猛增长的驱动下，世界电网从传统电网向现代电网转型、从孤立城市电网向跨区跨国大型互联网过渡，实现了跨越式的演变与发展，现在已经进入以坚强智能电网为标志的新阶段。随着国网公司有序部署、积极推动全球能源互联网建设，山东电网已迈入特高压时代且成果丰硕，为把山东打造为全球能源互联网的重要支点奠定了扎实的基础。全球能源互联网是坚强智能电网发展的高级阶段，其核心是特高压电网与清洁能源，为配合全球能源互联网的进一步部署与建设，山东省电工电气制造类企业面临着市场需求提出的更高的转型要求：提供特高压配套产品与配套服务、突破新能源发电及并网控制技术、发展清洁能源等，这需要企业延伸产业链、提高研发与营销服务的投入力度才可能实现。而当前多数电工电气制造企业的前身，是 20 世纪七八十年代为了解决返城知青和待业青年就业问题而组织成立的集体企业，特殊的历史背景赋予了其鲜明的时代特征。这些企业绝大多数是由国有企业作为其主办单位进行出资兴办，可较大程度上利用国有企业所拥有的政府政策优势、市场相对垄断地位与丰富的资源和技术优势，这些就构成了企业早期的核心竞争能力，为其快速成长发展奠定了基础。但随着我国国有企业深化改革的不断推进，传统的发展道路越走越窄；技术快速更迭、市场环境变化越发复杂化让这些企业原来的核心竞争力成了转型的绊脚石，竞争优势逐渐丧失，多数企业内部员工流失严重，高端技术人才短缺，生存发展岌岌可危。

面临内忧外患的传统电工电气制造企业如何转变发展思路、实现企业战略转型就成为决定其命运走向的关键问题。诸多理论研究均表明，企业战略转型的整个过程都需要动态能力做支撑。尽管已有很多学者和文献就战略转型问题进行了多方面的探讨，但依旧存在战略转型过程机制不完善、动态能力与战略转型互动机制存在"黑箱"等问题。本书运用案例研究方法从动态能力视角出发来探究电工电气制造企业的战略转型过程，探讨动态能力的各个维度在战略转型中如何体现、如何发挥作用，并探究战略转型成效的检验标准，在此研究基础上初步构建战略转型过程的一般理论模型。同时，本书运用该理论模型分析了山东省电工电气类制造企业的战略转型历程。最后总结了本书的研究结论及后续研究方向。

一、文献综述与理论基础

（一）战略转型

战略转型一直是学术界与企业界讨论的热点问题，但国内外学者对企业战略转型概念与内涵的阐述并未形成一致意见。金斯伯格（Ginsberg，1988）和薛有志等（2012）认为战略转型具有"内容"和"过程"的两方面表现形式，理想的转型战略既要与企业内部各要素协同匹配也要与外部环境要素相适应。有些学者侧重于战略转型的实质与功能等方面，如阿加瓦尔（Agarwal，2009）认为企业为了实现内外部环境间的协调匹配而进行战略转型；邓少军（2011）、唐孝文（2015）等认为企业为实现可持续发展或克服环境中的运营危机而进行方向性、整体性的战略转型。也有很多学者关注战略转型的演进路径及影响因素，如于伦布鲁克等（Uhlenbruck et al.，2003），从资源基础观的理论视角来探讨企业所拥有的资源与能力在战略转型过程中的重要影响作用；欧阳桃花等（2016）、胡查平等（2016）等通过案例研究的方式探讨了不同类型企业战略转型的内在机理及具体过程。战略转型是一项持久复杂的系统性工程，广泛涉及企业的战略目标、产品、人力资源、技术研发、市场布局等多个方面的变化，要求企业要对现有的资源和能力等静态要素体系进行调整、重塑，更是涉及组织认知的突破转变和组织行为实施等动态要素，也就是说企业在战略转型过程中需要动态能力的支撑与配合。

（二）动态能力内涵及构成

动态能力理论是由资源基础论和核心能力理论拓展延伸而来。蒂斯（Teece，2007）等人在提出此概念后引发了广大学者对动态能力探讨研

究的热潮。艾森哈特（Eisenhardt，2000）等学者认为动态能力是一种可
被识别的、持续学习并不断积累的组织惯例和管理过程。国内的很多学
者将动态能力视为企业所拥有的"能力之上的能力"，如董保宝等
（2011）、苏敬勤等（2013）学者认为动态能力是企业对内外部资源与能
力进行重置整合以快速响应环境变化且能够为企业带来持续竞争优势的
能力；江积海等（2014）也强调动态能力是企业对运营能力进行管控的
能力；杜小民等（2015）则认为动态能力的本质属性是搜寻、感知机会
并在组织内部进行创造性的破坏以更好地利用感知到的机会。

　　蒂斯（Teece，2007）等人在提出动态能力的概念后，又从构建能
力、整合能力与重构能力这三个维度对概念进行深层剖析，影响十分广
泛。在总结前人丰硕的研究成果基础上，学术界主要从环境识别能力、
组织学习能力、资源利用能力、社会网络关系能力和整合协调能力等五
个维度来解释动态能力的具体内涵（具体见表5－2）。

表5－2　　　　　　　　　　动态能力维度汇总表

代表学者	对动态能力的划分维度
蒂斯（2007）	感知能力、利用能力和重构能力
王和艾哈迈德 （Wang and Ahmed，2007）	适应能力、吸收能力和创新能力
焦豪等（2008）	环境洞察能力、变革更新能力、技术柔性能力、组织柔性能力
李大元等（2009）	柔性决策能力、动态执行能力
曹红军等（2009）	信息利用能力、资源获取能力、内部整合能力、外部协调、资源释放能力
魏江等（2011）	机会感知能力，资源整合能力、资源重构能力
董保宝等（2014）	环境适应能力、资源整合能力、学习能力
江积海等（2014）	感知能力、学习能力、整合能力、创新能力

代表学者	对动态能力的划分维度
福尼等（Fourné et al.，2014）	发现机会能力、配置协调资源能力、创造并保护价值能力
唐孝文等（2015）	环境洞察能力、规划设计能力、组织学习能力、变革领导能力
蒋军锋等（2016）	感知能力、捕获能力、变换能力

资料来源：作者整理。

也有诸多学者从企业完成抽象组织管理过程的能力以及具体战略与组织过程的能力两个角度入手来理解动态能力内涵。但若将动态能力泛泛定义为组织过程中的能力、资源和流程，可能会在一定程度上导致概念解释的混乱。故本书借鉴巴雷托（Barreto，2010）和魏江等（2011）学者的观点，用抽象的企业组织和管理的过程这种传统的界定方法来解释动态能力内涵，从认知和行为两个角度出发将其划分为：环境识别能力、组织变革能力、学习创新能力、整合协调能力。环境识别能力在于快速洞察、甄选并分析内外部环境中存在的机会与威胁；组织变革能力在于根据环境变化确定转型方向、形成转型思路和实施路径的能力；整合协调能力是对企业所掌控的资源和能力进行识别筛选、重新配置、动态优化的能力；学习创新能力是知识获取利用、共享及转化升级的能力。

（三）模型构建：动态能力与组织战略转型

战略转型是一个非线性、动态的过程，涉及对组织内外部环境变动的感知、组织目标与使命、组织人力资源与制度文化建设、管理模式及业务布局等多个方面的变动。转型动因是战略转型的助推器，转型动因传导至企业高层管理者，促使其认识到"不变则亡"的转型压力，从而推动企业进一步部署战略转型过程的具体安排。企业转型的成功始于对战略转型时机的准确把握和动因的深刻理解，而战略转型的过程需要企业不断解冻僵化过时的认知模式与行为方式，根据发展需要塑造并稳固符合市场需求的业务运作模式，企业的快速响应与适时而变的能力显得格外重要。动态能力强调根据环境变化而灵活调整、重置组织各类资源，从而实现组织能力的不断更新与成长，以创造持久的竞争优势，在企业战略转型过程中动态能力起到了十分重要的支撑与推动作用。

前文提到，本书从认知和行为两个角度出发来理解、界定动态能力的内涵。从企业认知角度来讲，企业利用环境识别能力对内外部环境的变动进行感知与分析，察觉机会与威胁并突破原有的认知凝滞，通过对转型动因的识别，预判未来发展方向进而为组织抓住时机进行恰当的战略转型奠定基础；从企业行为的角度来讲，动态能力决定了企业战略转型能否顺利实施：企业借助组织变革能力制定变革目标与变革方案，通过整合协调能力重置优化企业资源与现有业务，在保证现有主营业务收益的前提下布局未来以应对内外部环境变化所带来的转型挑战，同时，加大创新研发投入以开拓新业务新市场，利用学习创新能力为企业的战略转型提供持续的推动力。另外，学习创新能力又增强了企业对新业务及新技术未来发展的预判，帮助企业进一步对战略转型动因及发展方向有更深刻的理解，让企业对整个战略转型有更全面的把握。总之，企业的战略转型既取决于管理层与员工的共同认知，又深深地扎根于具体的企业管理与运营活动中，只有通过动态能力各维度间的相互作用、相互助力，企业的战略转型才能真正地实现。

综上所述，提出本节的研究框架如图5-4所示。

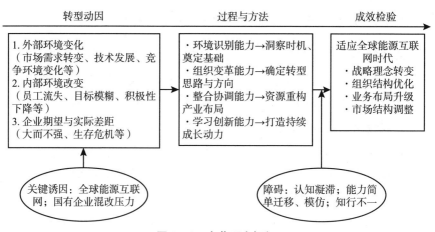

图5-4　本节研究框架

二、研究设计与案例研究

(一) 研究方法

案例研究适合用来观察、描述、解释和探索研究企业所发生的系列性变革。由于对企业战略转型过程的研究通常来说涉及的范围广、时间跨度大且情景依赖性高，国内外很多学者在研究企业战略转型问题时采用了案例研究的方法。本节旨在探索在全球能源互联网的大背景下山东省电工电气制造企业"如何"实现企业的战略转型升级，这属于回答"如何做"问题的范畴，而且为了呈现一个动态的发展战略转型演变过程采用案例研究方法会比较适合。再者本节旨在深入地探讨传统制造企业制定发展战略的一般理论过程，对数据要求程度高，故采用单案例的研究方法，聚焦特定企业以进行深入的探究。

(二) 研究样本

本书选择山东省电工电气制造企业为研究样本，选择理由如下：

从案例的典型性考虑，山东省电工电气制造企业现面临着动态复杂的外部环境，机遇与挑战并存，尤其是在全球能源互联网的大力推进下，行业需求发生巨大转变对企业提出了更高的诉求，要实现跨越式发展就需要进行战略转型；山东是制造大省，国企云集且氛围浓厚，所选择的山东省电工电气制造企业普遍都具有较长的发展历史且在建立初期发展迅速，后期遭遇转型问题，有很强的代表性；中央要求混改要在石油、电力等重点行业迈出"实质性步伐"，本书所选企业属于电力领域，能很好地研究混合所有制改革背景下国有企业的战略转型过程机理。

从数据获取角度来说，本书作者参与山东省电工电气制造企业战略转型设计的研究过程，实地走访调研了省内六家企业及省外六家同行业龙头企业（许继集团、平高集团、西门子中压开关技术有限公司、ABB厦门开关有限公司、天安集团、群力电气有限公司），并且多次参与企业高层战略转型研讨会议，与各企业高层领导者进行过数次的深度访谈，有着丰富的一手数据资料；再者，通过山东电力集团战略规划部下发调查表系统收集了山东省内 13 家市级公司和 23 家县级公司的完整数据资料，囊括生产能力、人力资源、内外部市场营销、技术研发、盈利情况、发展规划等多个方面，数据资料丰富翔实。

（三）案例背景

山东省电工电气制造企业在成立初期凭借电网主业的资源支持和政策倾斜等多种优势，通过每年省网（国网）的招标项目就能轻松完成主业下达的业绩指标，发展迅猛业绩斐然。但随着国有企业改革进程的推进，省网招标逐渐开始放开市场、不断调整招投标规则，出现招标包多量少甚至"压内扩外"的现象；同时省内外私营、合资企业崛起，用低价格、快速更迭等优势来争夺市场，而传统企业在控制生产成本、市场营销等方面不进反退，中标难度在逐步增加且参与竞标的低端产品多为亏损中标。智能电网、特高压等电网建设所需的高端配网产品企业又无力生产，导致省内市场丢失严重，同时，省外市场由于缺乏战略布局和资源投入，只有零星业务不成气候。

发展方式上的路径依赖造成了认知上的僵化凝滞，未能使之意识到严峻的生存发展危机。原有核心能力中"刚性"部分越发凸显，制约着企业对环境变化的动态适应，仍惯性地依靠省网中标来谋发展，花大力气投入到传统的低端产品，对于新兴的代维服务、电能替代等业务缺乏足够关注。仅少数几家企业进行简单的能力迁移与复制，靠模仿和引进消化低端技术为主，未能从战略高度进行业务升级转型的布局。在混改和全球能源互联网的大背景下，高层管理者逐渐意识到企业的发展已不能满足环境的需求，必须要团结一致主动进行战略转型，以克服生存危机、抓住发展机遇获得新的竞争优势。其发展历程可以用图 5－5 简单概括。

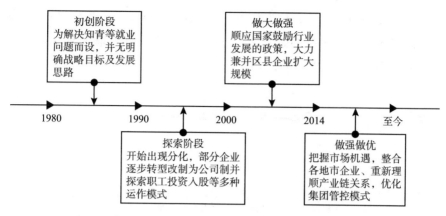

图 5－5　山东省电工电气制造企业发展历程

（四）案例分析

一般来说，企业战略转型通常是由转型动因推动，要经过明确转型方向、确定转型路径及具体实施三个阶段。在复杂变化的环境下，感知内外部环境的变化、分析推动企业战略转型的市场机遇与威胁、结合企业的实际发展情况以明确转型方向并确定转型路径、优化重置资源与能力以推动企业战略转型的顺利实施。其中动态能力的作用具体可以从以下四个方面理解。

1. 奠定战略转型基础的环境识别能力

山东省电工电气企业的战略转型始于对战略转型必要性的正确认识和对转型时机的敏锐感知与准确判断。通过内外部环境变化的识别与分析，对新技术、新业务的发展走向及成长空间做出初步的战略预判，成为企业能力重塑的逻辑起点。在省网改变招标规则、"低价竞争"愈演愈烈且传统主营产品步入成熟甚至衰退期的情况下，企业再走老路子将会被市场淘汰。当前电动汽车及充电桩、光伏发电站及储能电池、电能替代设备等产品正处于初创期或高速成长期，加之全球能源互联网的大力推动让清洁能源及特高压高端配电产品等有着广阔需求，机不可失。

在广泛搜集环境信息及汇总调研信息基础上，山东省电工电气制造企业明确了自身优劣势、行业发展中的机遇与威胁（详见表5-3），正确认识到了实施战略转型的必要性，决定抓住全球能源互联网及国企混合所有制改革的关键机遇进行战略转型。

表5-3　　　　　　　山东省电工电气制造企业SWOT分析表

优势（S）	劣势（W）
鉴于自身的社会使命和服务理念所带来的产品质量与服务优势；熟悉电网系统、提供的产品服务能很好地满足电网建设需要；与电网主业间可进行便捷的沟通，信息通畅、资源丰富	产品低端且结构单一，与市场需求严重脱轨，研发实力不足；人员结构不合理，核心岗位及技术人才资源匮乏；生产装备水平落后，经营成本普遍较高；不重视市场调研与营销
机遇（O）	威胁（T）
全球能源互联网上升至国家战略，特高压输电再次写入中国政府工作报告并成为"十三五"规划重大项目；环保压力推动清洁能源市场迅猛发展；代维市场容量大且与传统制造联系紧密，企业能力迁移难度低且竞争少	行业进入门槛低，产品技术含量低，市场竞争激烈中标难度加大；国网省网对中标项目验收标准低且过度强调"低价"竞争；省外的私营企业、合资企业受当地政府大力支持，但山东省内传统企业发展仍处保守阶段

资料来源：根据调研材料整理。

2. 确定转型思路和方向的组织变革能力

企业凭借自身强大的组织变革能力认识到其面临的机遇虽然大于威胁但自身内部条件不佳，整体上企业处于劣势，在转型战略上应选择由稳定型向发展型转变。企业的组织变革能力具体体现在战略目标的制定与战略定位的确定上。随着企业内外部环境的不断变化，原有的"做大做强"战略目标不再适合当前的发展需要。在2000~2014年的发展中，很多企业规模大、产品线多而全但弊端丛生，"做大"却没有真正实现"做强"。企业依托组织变革能力修正了战略总目标，确定了市场化的运营模式以做强做优电工电气企业，并重新确立自身发展的战略定位，即以产业为基础，推进生产经营方式的集约化、专业化、现代化，建设经营业绩一流、富有社会责任感的多元化综合设备生产服务供应商，实现山东电工电气行业由制造大省向制造强省的跨越。

3. 把握发展机遇的整合协调能力

目前省内的电工电气企业分散于各地市且相互间联系少，无法形成合力。为了稳定发展传统业务，集中力量积极培育新兴支柱业务，需打造省级一体化集团并进行跨平台的整合重组以更快地实现"做强做优"跨越式发展。在发展模式的选择与实施上可以借助企业的整合协调能力从两个层面开展：对内来说，按特定的标准与原则对县市公司进行剥离、整合，释放闲置资源以集中优势力量形成新的核心资源体系；对外而言，可以借助战略联盟、资产重组等方式实现资源的动态积累和优化，还可视时机引入战略投资者进行混改甚至上市，这也符合国有企业不断深化改革的发展趋势。对省内企业的整合、省外企业的联盟不是简单的加减法，而是利用企业的整合协调能力来充分挖掘资源潜力、化解矛盾、扩大利益交集以减少内耗冲突、增大转型成功率。

4. 提供后续发展动力的学习创新能力

企业想保持长久的发展动力就要培育新能力，让持续的学习与创新变为新竞争优势推动企业成长。学习创新是一个递进的过程，可分为利用式和探索式两种类型，利用式强调引进吸收再消化，追求效率和短期效益；探索式强调创新和突破，着眼于长远效益。这要求电工电气企业既要引进技术吸收再消化来延伸传统核心业务以保障基本盈利，更要通过探索式学习为企业长远发展做储备与蓄力。根据外部市场发展机遇，企业要对新兴行业提早布局、开展技术攻关，在资源配置方面向自主创新倾斜。当前电动汽车、光伏发电等多类高端装备制造业正面临重大发展需求且发展飞速，"先占为王"的发展规律激励企业集中优势力量攻克储能并网核心技术，推动车联网、光伏云的平台建设，完善配套基础设施，提高市场响应速度、创新代维管理模式并实现产品全生命周期的闭环管理，培育新的战略增长点。

在动态能力的支撑与配合下，以学习创新能力为核心动力源，环境识别能力、组织变革能力、整合协调能力和学习创新能力相辅相成、互为促进，推动山东省电工电气制造企业进行战略转型以适应全球能源互联网新时代的要求。其转型成效可以从战略定位、组织结构、业务布局、市场结构四个维度进行检验。

1. 战略定位转变

从"探索改制"到"做大做强"，在面临内外环境的机遇与挑战下山东省电工电气企业克服固化认知、积极转变思路，确定以"做强做优"为新时期的战略定位，以优势产品为龙头，以市场需求为导向，以业务转型升级为主线，以深化改革和加大研发为动力，以整合行业内资源和能力为手段，积极应对电力行业体制改革与混合所有制改革所提出的多重挑战以及全球能源互联网发展所带来的广阔机遇，努力建设成为经营业绩一流、富有社会责任感的多元化综合设备生产服务供应商的转型新定位，这既符合市场环境变化的要求，也为企业的后续发展指明了前进方向。

2. 组织结构优化

由原来松散的垂直管理结构向打造省级一体化集团、实行跨平台集团化的结构转型。对县级企业通过资产划转方式，由有实力有潜力的市级公司进行整合；根据需要在合适的县公司设立事业部；在公司经营平台下设立集团母公司、各地市经营平台企业以电工电气类企业的资产作价入股，以治理型集团公司管理模式变革原有的行政管理方式，从根本上释放发展活力，解决企业重复投资、内耗竞争、发展乏力等问题，有利于打开山东省电工电气行业发展的新局面。

3. 业务布局升级

业务布局方面强调"两条腿走路"，一是稳定传统设备制造业务的主体地位，通过能力的延伸、利用式学习创新来拓宽原有中低压配电业务

218

的经营范围，提高生产效率和技术含量；二是企业未来发展的战略重点在于培育电动汽车、光伏发电、电能替代和设备代维这四大新型支柱业务，通过探索式、突破性的学习创新来掌握新技术前沿、把握未来市场走向，向研发和客户服务两个方向集中，着力培育新的核心能力以延长、深化产业链，为未来发展拓宽成长空间。具体的业务布局上要基于整合后的企业集团，既要充分考虑原企业的生产优势也要从集团角度出发根据业务经营发展的实际需要在全省范围内协调各地市企业的资源、整合能力，以进行最优化的生产布局，改变以往分散单一且同质化严重的经营局面。

4. 市场结构调整

借助全球能源互联网的大好机遇推动企业的高端配网设备"走出去"，积极开拓省外市场及海外市场。原来山东省电工电气制造企业的主营业务来源单一，70%～80%的业务依靠省网招标，没有关注到庞大的用户代维市场，对省外及海外市场更是缺乏战略布局。此次战略转型中通过整合县市公司成立企业集团可将原来分散的市场加以整合，对于省内市场可以集中力量占领用户代维市场，统筹布局电动汽车及充电桩和光伏发电等业务；省外市场要通过集团内部协调并综合以往的营销投入及市场开拓经历，从以往做出较好业绩的省市出发再逐步向外围区域拓展；海外市场要抓住全球能源互联网和"一带一路"的机遇，推动高端配网设备走出国门以实现市场结构的多元化。

三、结论与展望

本节通过对山东省电工电气制造企业进行案例研究，从动态能力的视角出发，探讨动态能力的四个维度如何与企业战略转型匹配。即环境识别能力、组织变革能力、学习创新能力和整合协调能力在企业战略转型过程中的作用及表现，通过培育这四种能力可以推动企业不断提高环境敏感度和响应速度，提升自身的动态适应能力，不断培育、创造出新的竞争优势。进而探讨战略转型是否成功的检验和界定标准，即战略定位转变、组织结构优化、业务布局升级和市场结构调整四个维度，这在山东省电工电气企业的转型案例中逐一得到验证。从更一般的意义上来讲，战略转型一般是在企业遭受到重大的冲击或尝试寻找到更合适市场需求的发展机会时才会选择实施。转型动因的清晰程度、驱动力的大小、是否存在关键诱因，会深刻影响企业战略目标选择和方案制定。由于企业战略转型实质上是实现企业内部各要素与外部环境之间的匹配过程，如何对关键的战略要素进行重新构造与升级优化，动态能力都贯穿其中并起到了决定性的作用。由此，本书从动态能力的四个维度研究战略转型，以及所构建的检验转型成效的四个标准，对于企业战略转型的研究具有一定的理论支持和实践指导价值。而深入挖掘动态能力各纬度之间的作用机理、通过跨案例研究进一步提升结论的一般性，则是后续的研究方向。

第三节　债权治理、创新激励二元性与企业创新绩效

——关系型债权人视角下的实证检验

传统研究认为，由于债权人的风险厌恶特征与企业创新的高风险性、研发资产的专用性之间具有尖锐矛盾，债权融资与技术创新之间存在消极关系。然而随着产品市场和金融市场竞争程度的加剧，部分企业的创新投入与负债率呈现出了传统研究无法解释的正相关关系。债务异质理论（Debt Heterogeneity Theory）的兴起拓展了创新融资相关研究，并认为商业银行属于关系型债权人（Relational Creditor），其与企业之间除具有债务关系以外，还包括资金托管、财务咨询等多重经济往来，更希望建立银企长期合作关系，以获得稳健收益。并且，银行的监督干预等治理机制能够抵御企业创新活动引致的风险，保障了创新驱动下的银企共赢。因此，银企之间已经摆脱了传统的契约型治理关系，并逐渐向关系型治

理演化。然而，在创新融资实践取得突破性进展的同时，还存在亟待深入分析的议题：第一，多数文献将"债权融资"等同于"债权治理"，有悖于债务异质理论的分析框架，造成了债权治理作用的有偏估计；第二，尽管债权融资与创新绩效间的积极关系得到部分研究的证实，但债权治理对创新绩效的影响机理仍不清晰；第三，本土情境下，银行债权的治理作用是债权融资产生创新效应的必要前提，而债权治理效果容易受到产权性质、生命周期等诸多情境因素的影响，而已有研究较少涉及情境因素的边界作用。

针对以上关键议题，本书首先基于关系型债权人视角，界定和解构"银行债权治理"关键概念，然后对创新激励的二元性特征进行阐释，并将其作为中介解释机制，揭示债权治理对创新绩效的影响路径，最后，将产权性质纳入分析框架，探索债权治理对创新绩效的作用边界。本书的理论贡献在于：第一，从创新激励的角度揭示债权融资创新效应的作用黑箱，有利于全面把握债权治理影响创新绩效的作用机理，完善债务异质理论。第二，从产权性质的角度给出债权融资创新效应的作用边界，有利于拓展债务异质理论的应用范畴。第三，给出银行债权治理概念的建构逻辑，有利于为后续债权治理相关研究奠定文献基础。

一、研究设计

（一）研究假设

1. 银行债权治理与创新绩效

作为关系型债权人，商业银行与企业之间除具有债务契约以外，还具备财务咨询、资金托管、工资发放等多元化经济关系，使得银行更加关注收益的多源性和长期性，因而具备较强的激励采取多种治理机制支持企业的持续成长，实现银企共赢。首先，债务展期决策可以帮助企业解决清算问题，保护研发资产的价值，同时能够增加管理层的创新激励，保证创新活动的持续性。再者，银行严密的监督机制及银企间多重交易关系，能够降低信息不对称和 R&D 投资不确定性产生的风险。此外，银行的信息优势配合以相机治理机制，能够避免企业逆向选择问题。这一结论同样得到了部分本土化实证研究的证实。

可见，银行债权人围绕企业债权融资所形成的治理机制由契约型治理向关系型治理演变。关系型治理机制可以从相机治理、挤出机制和风险对冲三个维度得到解释。首先，相机治理以银行风险规避为主要驱动要素，是银行对企业进行权变性的主动监督和干预的过程，能够帮助银行解决研发信息不对称问题，并为债务展期或重组决策提供信息基础。其次，挤出机制指银行的固定收益索取权所带来的偿债压力和破产风险，能够经理人私利产生的"挤出"作用，迫使决策者降低代理成本，提高资源配置效率。最后，风险对冲机制保证了债权人对企业风险的包容性，当企业资产结构与清算价值相匹配时，债权人对企业创新风险包容性上升，支持企业创新的动机得到强化。基于上述分析，本书提出以下研究假设：

H5 –1：银行债权治理机制对企业创新绩效具有显著促进作用。

2. 创新激励二元性及其中介作用

（1）创新激励的二元性特征。本书认为，创新激励反映了企业决策者开展技术创新活动的意愿和动机，是企业不断获取、更新知识，增加创新资源投入和配置效率行为的主观能动性整合。创新激励可被划分为鼓励性激励和约束性激励两类。前者是指企业决策者主动关注创新活动、增加创新投入的动机和意愿。该激励方式是以决策者对创新重要性的认知为前提，以主动提高创新投入为直接目的一种内生性激励。由于该激励能够同时促进组织和决策者个体自身收益的增加，并能进一步强化决策者创新意愿，因此其本质上是对决策者的正强化激励（Positive Reinforcer）。约束性激励是决策者通过约束非效率投资或其他私利行为，将相关资源转化为创新投入，并重新配置到创新活动中的意愿和动机。因此，约束性激励是对创新投入的一种间接补充，是以降低代理成本作为内生目标，对创新投入产生的正外部性效应。由于约束性激励能够帮助决策者避免过度私利挖掘和非效率投资导致的财务风险或破产危机，因此本质上属于负强化范畴（Negative Reinforcer）。表 5 - 4 给出了两种激励方式的特征差异。

表 5 - 4　　　　　　　鼓励性与约束性创新激励的特征差异

创新激励方式	前提条件	对创新投入的影响机理	对创新投入的影响方式	激励类型	强化类型
鼓励性激励	决策者对创新活动重要性的主观认知	以推动创新为目的，利用企业可支配资源直接增加创新投入	直接促进	内生性激励	正强化
约束性激励	以降低代理成本为决策目标	将原本产生代理成本的资源进行转移，重新配置到创新活动中	间接促进	外生性激励	负强化

（2）创新激励的中介作用。创新投入是维持企业创新活动得以平稳持续发展的根本要素之一。两类创新激励被激发后，企业创新投入将得到大幅提升。鼓励性激励方面，由于技术创新是推动企业持续成长的必要前提，所以企业创新活动能够引发银行与企业的激励相容。在该条件下，债权人能够向企业创新项目直接融资，或通过债务展期和重组的方式，为企业增加创新投入准备条件。约束性激励方面，企业本身所存在的治理问题是制约企业创新的重要因素。企业原本可以用于技术创新等活动的资源，会被内部人或通过隧道挖掘（Tunneling）途径转化为个人私利。债权治理作用能够使经理人减少非效率投资、"帝国建造"等负面行为。经理人的决策目标由私利挖掘演变为创新驱动下的持续成长，并将原本用于产生私利的资源重新配置到创新活动中，以提升创新绩效。

综上所述，债权治理能够通过对经理人产生鼓励性激励和约束性激励的方式，增加企业创新绩效。本书提出以下研究假设：

H5 – 2：鼓励性激励在银行债权治理与企业创新绩效的关系中具有显著中介作用。

H5 – 3：约束性激励在银行债权治理与企业创新绩效的关系中具有显著中介作用。

（3）产权性质的调节作用。银行债权的治理作用是债权融资促进创新绩效的重要前提，而债权治理效应与企业产权性质的关系十分密切。民营企业更容易受到融资约束的影响，为获得连续的债权融资，企业经理人对债权治理机制更加敏感。并且由于处于激烈的产品竞争环境，民营企业对创新驱动下的企业成长的诉求更为强烈，因而对技术创新项目的选择更加谨慎，风险过高的创新项目会被剔除掉。然而，随着国有股比例的提升，企业将从融资约束向预算软约束演变。预算软约束将一方面稀释偿债刚性带给经理人的行为约束作用，使得经理人对债权治理的敏感性下降，另一方面将弱化市场竞争对企业成长形成的压力，削弱经理人的创新动机。所以，债权治理对民营企业提供的创新激励效应比国有企业更加显著，当企业中的国有持股比例上升时，债权治理所产生的创新激励效应下降，并进一步抑制创新绩效的产出。由此，本书提出以下研究假设：

H5 – 4：企业股权结构中的国有股比例在债权治理与创新绩效关系中具有显著调节作用。

（二）样本选取与数据来源

考虑到技术创新对高科技企业成长和竞争力的独特贡献，本书严格按照中国《上市公司行业分类指引》，以在沪深证券交易所上市的高科技上市公司作为研究样本[①]。为避免动态内生性问题，本书以 2010 ~

---

① 本书选择了分布在电子业、化学原料及化学制品制造业、医药生物制品业、化学纤维制造业、信息技术业、仪器仪表及文化和办公用机械制造业六个行业内的高科技上市公司作为研究样本。

2014 年为观测期，利用纵向追踪的方法，对样本变量数据进行持续跟踪与观测。在剔除 ST 类、未连续经营、变量数据严重缺失的样本后，构建了年度样本数量为 253，有效观测值为 1012 的平衡面板数据库。企业专利面板数据由笔者在中国知识产权网手工收集获得，其他数据来源于国泰安上市公司数据库。为减小数据中强影响点对假设检验造成的影响，本书将库克距离值大于 1 作为删除标准，剔除了数据库中的异常值。

（三）变量测量

1. 创新激励

目前针对创新激励尚无统一的测量方法。本书所界定的鼓励性激励刻画了企业决策者将可支配资源直接转化为创新投入的动机，即创新投入对可支配资源的敏感性，而约束性激励衡量了决策者约束私利，降低代理成本，并将其间接转化为创新投入的动机，即创新投入对代理成本的敏感性。在对"敏感性"的研究领域中，"薪酬—业绩"敏感性的测量较为成熟。陈等（Chen et al.，2012）、陈冬华等（2015）利用薪酬和业绩中位数的曲线，将样本分布于四个象限，并将薪酬和业绩观测值均高于中位数的样本定义为薪酬对业绩反应敏感的企业。尽管该方法操作简便、易行，但容易忽略同一个象限中不同样本的敏感性的差异以及变量之间的内在变动关系，导致信息漏损和估计效率降低。

本书利用马歇尔弹性系数来测算两类创新激励变量。选取留存收益衡量企业可支配资源水平。留存收益是企业经营活动产生的净利润，反映了资金积累情况，是企业投资活动和持续成长必需的主要内部资金来源。选取行业均值调整后的管理费用衡量代理成本。根据马歇尔需求弹性系数的测量方式，利用样本企业当期与下一期创新投入变化量百分比与留存收益（代理成本）变化量百分比的比值来衡量鼓励性激励（约束性激励）。测量公式如下：

$$\rho_{i,t} = \frac{\Delta Input_{i,t}}{\Delta Resource_{i,t}} \cdot \frac{Resource_{i,t}}{Input_{i,t}} \tag{5-1}$$

式（5-1）中，$\rho_{i,t}$ 代表第 i 个样本第 t 个年度创新投入对留存收益或代理成本的弹性系数，$\Delta Input_{i,t}$ 代表相邻两期创新投入变化量，$\Delta Resource_{i,t}$ 分别代表相邻两期留存收益或代理成本的变化量。根据两者的变动方向，有四种情况需要讨论（如图5-6）。[①]

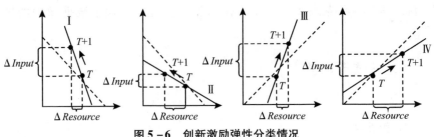

图5-6 创新激励弹性分类情况

当 $\Delta Input/\Delta Resource < 0$ 时，$Resource$ 与 $Input$ 呈反向变动关系（曲线 I 和 II），在从时间节点 T 到 $T+1$ 的变动过程中[②]，随着留存收益或代理成本的降低，创新投入不断提升。此时，创新激励变量 $IINC_{i,t} = -\rho_{i,t}$，曲线 I 中，$\Delta Input/\Delta Resource > 1$，表明 $Input$ 对 $Resource$ 富有弹性，创新激励较强；曲线 II 中，$\Delta Input/\Delta Resource < 1$，表明 $Input$ 对 $Resource$ 缺乏弹性，创新激励较弱。

当 $\Delta Input/\Delta Resource > 0$ 时，$Resource$ 与 $Input$ 呈正向变动关系（曲线 III 和 IV），创新激励变量 $IINC_{i,t} = \rho_{i,t}$。曲线 III 中，$\Delta Input/\Delta Resource > 1$，表明 $Input$ 比 $Resource$ 的增速快，即创新富有弹性；曲线 IV 中，$\Delta Input/\Delta Resource < 1$，表明 $Input$ 比 $Resource$ 的增速缓慢，即创新缺乏弹性。

---

① 实际上，马歇尔弹性系数要求两变量之间具有内在变动关系，即回归系数显著。本书构建了以创新投入为被解释变量，分别以留存收益和代理成本为解释变量，以公司规模、财务杠杆、成长性和股权集中度为控制变量的回归方程。回归方程拟合良好，解释变量回归系数显著。因篇幅原因，在此略去相关结果。

② 在曲线 I 和 II 中，$T+1$ 到 T 刻画了随着 $Resource$ 逐渐增加，$Input$ 在逐渐减少的过程，与本书定义的创新激励概念不符，在此不做讨论。

2. 银行债权治理

本书从相机治理、挤出机制和风险对冲三个维度进行变量筛选，并利用主成分分析方法来建构银行债权治理变量，以衡量银行债权人对企业决策者形成的治理强度。相机治理方面，选取有形净值债务率、权益乘数和资产贷款率三个指标进行测量。有形净值债务率反映了企业的风险程度和偿债能力，指标数据越高，偿债风险越高，债权人越有动机采取严苛的监督和干预等相机治理机制。反之，银行对企业创新风险的包容性较强，越能够采用创新融资或债务展期的方式支持企业技术创新。权益乘数和资产贷款率同样刻画了企业的偿债压力及债权人受企业资产的保护程度，权益乘数或资产贷款率越大，债权人权益的受保护程度越小，相机治理机制越容易引发。

挤出机制反映了负债压力对经理人滥用自由现金流、非效率投资等私利行为的约束强度，采用长短期借款期限结构与短期借款比例进行测量。相较于长期借款，短期借款对企业经理人私利的挤出效应更加显著。当债务期限结构向短期借款倾斜，或短期借款比例较高时，企业经理人在"私利挖掘"和"推动企业成长"间的行为转换动机越强烈。风险对冲方面，用固定资产比例和长期资产适合率进行测量。风险对冲反映了企业资产与债权人风险之间的匹配关系。当长期资产适合率或固定资产比例较高时，表明企业长期资金来源充分，债权人清算价值较高，银行更加具备包容企业创新风险的动机和能力。

3. 其他变量

选取样本企业年度发明专利、实用新型专利和外观设计专利申请数量之和来衡量企业创新绩效。选取样本股权结构中的国有股比例衡量企业产权性质。将企业规模、盈利能力、成长性作为控制变量引入回归方程，考虑到薪酬激励和股权激励契约对创新绩效的影响，因此将该两项指标纳入控制变量组。具体变量定义如表 5 - 5 所示。

表 5 – 5   变量定义及计算方式

变量类型	变量名称与符号	计算方式
被解释变量	创新绩效（INPE）	发明专利、实用新型专利与外观设计专利申请数量之和
解释变量	银行债权治理（DGOI）	对相机治理、挤出机制和风险对冲三个维度的变量进行主成分分析所得
中介变量	鼓励性激励（IINC1）	创新投入对留存收益的弹性系数，样本相邻两个观测期创新投入变化百分比与留存收益变化百分比的比值
	约束性激励（IINC2）	创新投入对代理成本你的弹性系数，样本相邻两个观测期创新投入变化百分比与代理成本变化百分比的比值
调节变量	产权性质（PROT）	股权结构中，国有持股比例
控制变量	公司规模（Size）	资产总额的自然对数
	成长性（Growth）	销售收入增长率，期末与期初销售收入之差与期初销售收入的比值
	盈利能力（Profit）	净资产收益率：净利润与平均股东权益的百分比
	独董比例（Indrct）	独立董事数量占董事总数的比值
	薪酬激励（Salary）	前三位高管薪酬之和的自然对数
	股权激励（Stkopt）	高管持股数量在总股本中的占比

（四）研究方法与模型设计

本书采用了两阶段分层回归的方法，对创新激励的中介作用和产权性质的调节作用进行检验。第一阶段，按照中介效应检验程序，分别检验鼓励性激励与约束性激励在债权治理与创新绩效关系中的中介作用。

回归模型分别为模型（5-2）至模型（5-5）。

$$INPE_{i,t} = c + \beta_1 DGOI_{i,t} + \lambda \sum Control_{i,t} + \xi \qquad (5-2)$$

$$INPE_{i,t} = c + \beta_1 IINC_{i,t} + \lambda \sum Control_{i,t} + \xi \qquad (5-3)$$

$$IINC_{i,t} = c + \beta_1 DGOI_{i,t} + \lambda \sum Control_{i,t} + \xi \qquad (5-4)$$

$$INPE_{i,t} = c + \beta_1 DGOI_{i,t} + \beta_2 IINC_{i,t} + \lambda \sum Control_{i,t} + \xi$$
$$(5-5)$$

第二阶段，按照有中介的调节效应检验程序，分析产权性质的调节作用。首先，进行主调节效应检验，将被解释变量创新绩效 INPE，以及解释变量债权治理 DGOI、调节变量 PROT 两者的交互项 DGOI * PROT 引入回归模型（5-6），交互项系数应显著。其次，进行前段调节效应检验，将被解释变量创新激励 IINC，以及债权治理、产权性质及两者的交互项 DGOI * PROT 引入回归模型（5-7），交互项系数应显著。最后，有中介的调节效应检验，将被解释变量创新绩效，以及债权治理、产权性质、交互项和创新激励均作为解释变量引入回归模型（5-8）。此时，交互项系数不再显著，即证实产权性质变量是通过创新激励这一中介变量实现对债权治理与创新绩效间关系的调节的。

$$INPE_{i,t} = c + \beta_1 DGOI_{i,t} + \beta_2 PROT_{i,t} + \beta_3 DGOI^*_{i,t} PROT_{i,t}$$
$$+ \lambda \sum Control_{i,t} + \xi \qquad (5-6)$$

$$IINC_{i,t} = c + \beta_1 DGOI_{i,t} + \beta_2 PROT_{i,t} + \beta_3 DGOI^*_{i,t} PROT_{i,t}$$
$$+ \lambda \sum Control_{i,t} + \xi \qquad (5-7)$$

$$INPE_{i,t} = c + \beta_1 DGOI_{i,t} + \beta_2 PROT_{i,t} + \beta_3 DGOI^*_{i,t} PROT_{i,t}$$
$$+ \beta_4 IINC_{i,t} + \lambda \sum Control_{i,t} + \xi \qquad (5-8)$$

二、实证分析

（一）银行债权治理主成分分析

表5-6报告了银行债权治理的因子分析结果。KMO 值为 0.664，说

明本书对银行债权治理的测量指标的选取具有较强合理性，适合进行因子分析。Bartlett 检验结果显示统计量观测值为 6304.083，显著性为0.000，表明各变量之间具有相关性，相关系数矩阵与单位阵之间有显著差异，应拒绝零假设。并且，因子累计贡献率达 85.596%，表明选取的变量能够较好地解释银行债权治理构念。

表 5-6　　　　　　　　　银行债权治理因子方差贡献率

因子编号	初始特征值			提取平方和载入			旋转平方和载入		
	特征根	方差贡献率（%）	累计贡献率（%）	特征根	方差贡献率（%）	累计贡献率（%）	特征根	方差贡献率（%）	累计贡献率（%）
1	3.248	46.400	46.400	3.248	46.400	46.400	2.669	38.124	38.124
2	1.535	21.933	68.333	1.535	21.933	68.333	1.896	27.080	65.204
3	1.208	17.263	85.596	1.208	17.263	85.596	1.427	20.392	85.596
4	0.569	8.136	93.732						
5	0.346	4.949	98.680						
6	0.070	0.997	99.677						
7	0.023	0.323	100.00						

注：Approx. Chi - Square：6304.083，Sig：0.000；KMO 检验：0.664。

根据表 5-7 报告的各因子旋转成分矩阵，银行债权治理涉及的三个因子均具有命名解释性。相机治理因子包含资产贷款率、权益乘数和有形净值债务率三个变量，因子载荷均大于 0.5，表明三个变量具有相同的信息指向性。即当企业资产贷款率过高或偿债能力下降时均有可能引发银行债权人的相机治理机制。挤出机制包含债务期限结构和短期借款比例两个指标，因子载荷分别为 0.982、0.926。表明短期债务能够有效衡量经理人在短期内受到的私利挤出效应。风险对冲机制包含长期资产适合率和固定资产比例两个变量。当该两项变量较高时，其所负荷的一致性信息可被解读为企业长期资金较为充沛，债权人清算价值较高，银行对企业风险的包容效应也相应较强。

表 5 - 7　　　　　　　　　银行债权治理成分矩阵与得分系数

指标	旋转成分矩阵			得分系数矩阵		
	相机治理	挤出机制	风险对冲	相机治理	挤出机制	风险对冲
资产贷款率	0.845	0.112	0.151	0.339	-0.081	0.006
权益乘数	0.951	0.165	0.065	0.388	-0.070	-0.069
有形净值债务率	0.950	0.169	0.076	0.386	-0.067	-0.061
债务结构	0.062	0.982	-0.006	-0.147	0.578	0.009
短期借款率	0.320	0.926	0.031	-0.027	0.500	0.002
长期资产适合率	-0.005	0.033	-0.860	0.101	0.002	-0.634
固定资产比例	0.199	0.055	0.808	-0.023	0.014	0.573

注：提取方法为主成分，旋转方法为正交旋转，并在 5 次迭代后收敛。

（二）创新激励的中介效应检验

表 5 - 8 报告了两类创新激励在银行债权治理与创新绩效关系中的中介效应检验结果。主效应检验方面，银行债权治理对创新绩效的回归系数为 0.029，且通过了 0.1 水平的显著性检验。表明银行能够通过相机治理、债务展期等治理机制，促进企业技术创新，以实现创新驱动下的银企共赢。假设 5 - 1 得证。把鼓励性激励变量引入模型后，回归系数为 0.008，T 检验值为 5.57，表明鼓励性激励对创新绩效具有显著促进作用。然而，债权治理对鼓励性激励的回归系数却未通过显著性检验。约束性激励变量对创新绩效同样具有显著的促进作用，回归系数为 0.007。并且债权治理变量能够显著增加约束性激励，回归系数为 0.011，显著性水平为 0.05。在将债权治理和创新激励变量均引入回归模型后，债权治理回归系数不再显著，而约束性激励却依然表现出对创新绩效的显著促进作用。证明约束性激励在债权治理与创新绩效的关系中具有显著的中介效应。假设 5 - 3 得证。

表 5 – 8 创新激励的中介效应检验

变量	INPE	INPE	IINC1	INPE	INPE	IINC 2	INPE
DGOI	0.029 * (1.83)		−0.071 (−1.65)	0.030 * (1.91)		0.011 ** (2.23)	0.011 (0.23)
IINL		0.008 *** (5.57)		0.010 *** (5.20)			
IINC 2					0.007 ** (2.45)		0.027 * (1.76)
Size	0.074 ** (2.29)	0.079 ** (0.29)	0.043 (1.05)	0.074 ** (2.27)	0.085 *** (3.48)	0.007 (1.01)	0.067 ** (2.08)
Growth	0.008 * (1.64)	0.009 * (1.66)	0.000 (0.01)	0.009 * (1.64)	0.007 (0.95)	−0.013 ** (−2.47)	0.008 * (1.63)
Profit	−0.011 (−1.17)	−0.015 (−1.45)	−0.013 (−0.34)	−0.012 (−1.18)	−0.002 (−0.25)	−0.001 (−0.05)	−0.010 (−1.05)
Indrct	−0.010 (−0.81)	−0.010 (−0.87)	0.005 (0.13)	−0.010 (−0.81)	−0.011 (−0.91)	0.003 (0.91)	−0.007 (−0.65)
Salary	−0.01 (−0.44)	−0.009 (−0.33)	−0.032 (−0.83)	−0.013 (−0.45)	0.030 (1.29)	0.000 (0.02)	−0.016 (−0.57)
Stkopt	−0.001 (−0.03)	−0.001 (−0.04)	−0.015 *** (−4.62)	−0.002 (−0.04)	0.038 (0.96)	−0.005 (−1.22)	0.001 (0.03)
R^2	0.01	0.03	0.11	0.01	0.11	0.04	0.01
F/Wald 检验	F = 7.47 P = 0.00	F = 6.19 P = 0.00	Wald = 25.48 P = 0.00	F = 4.53 P = 0.00	Wald = 19.05 P = 0.01	Wald = 12.32 P = 0.01	Wald = 19.98 P = 0.01
Hausman 检验	Fixed Effects	Fixed Effects	Random Effects	Fixed Effects	Random Effects	Random Effects	Random Effects

注: *** 、 ** 、 * 分别表示1%、5%、10%的显著性水平; ( ) 内为 T 或 Z 检验值; Hausman 检验: P 小于 0.05 时, 采用固定效应模型 (FE), 否则拒绝原假设采用随机效应模型 (RE); 数据已做中心化处理。表 5 – 9 同。

（三）有中介的调节效应检验

依据对两类创新激励中介效应的检验结果，将约束性激励作为中介变量，将产权性质作为调节变量，引入有中介的调节效应检验模型进行实证分析。分析结果如表5－9所示：将调节变量产权性质及其与解释变量的交互项引入模型后，交互项对创新绩效的回归系数为－0.033，显著性水平为0.1。表明产权性质对债权治理与创新绩效的关系具有显著负向调节作用。接着，将交互项对约束性创新激励变量进行回归，回归系数为－0.032，T值为－1.91，说明产权性质在债权治理对约束性激励的促进过程中，同样产生了显著的负向调节作用。然而，在将约束性激励以及交互项均引入回归模型后，交互项不再显著。这一结果意味着约束性激励在交互项与创新绩效关系中具有显著中介作用，即产权性质对债权治理与创新绩效关系中的调节效应，是通过约束性激励这一中介变量实现的。当企业国有持股比例升高时，受到预算软约束等因素的影响，经理人行为选择对债权治理的敏感性下降，债权治理机制无法为经理人提供充分的约束性激励效应，进而抑制了更多的创新绩效产出。假设5－4得证。

表5－9　　　　　　　　　　产权性质的调节效应检验

变量	INPE	INPE	IINC 2	INPE
DGOI	0.029 * (1.83)	0.057 * (1.80)	0.014 * (1.76)	0.063 (1.63)
PROT		0.003 (1.23)	0.075 (0.48)	0.021 (0.76)
DGOI * PROT		－0.033 * (－1.87)	－0.032 * (－1.91)	0.034 (1.29)
IINC 2				0.002 ** (2.56)

变量	INPE	INPE	IINC 2	INPE
Size	0.074 ** (2.29)	0.089 ** (2.06)	0.012 (0.48)	0.087 ** (2.03)
Growth	0.008 * (1.64)	0.010 * (1.69)	0.017 (0.08)	0.010 * (1.64)
Profit	−0.011 (−1.17)	−0.011 (−1.13)	−0.049 (−0.54)	−0.01 (−1.26)
Indrct	−0.010 (−0.81)	−0.014 (−1.00)	−0.015 (−1.16)	−0.013 (−0.91)
Salary	−0.01 (−0.44)	0.005 (0.14)	−0.054 (−0.04)	0.002 (0.07)
Stkopt	−0.001 (−0.03)	0.070 (0.93)	−0.022 (−1.03)	0.067 (0.92)
R^2	0.01	0.03	0.10	0.12
F/Wald 检验	F = 7.47 P = 0.00	F = 8.46 P = 0.00	F = 14.01 P = 0.00	F = 7.53 P = 0.00
Hausman 检验	Fixed Effects	Fixed Effects	Fixed Effects	Fixed Effects

三、主要研究结论与启示

(一) 主要研究结论

本书基于银行债权人由契约型治理向关系型治理演化的实践背景，在对银行债权治理构念进行维度解构和分析的基础上，引入创新激励二元性作为中介解释机制，对债权治理与创新绩效的关系和作用机理进行深入探讨，并将产权性质作为调节变量纳入整合分析框架，探索了债权治理促进创新绩效的作用边界。研究结果显示：

第一，银行债权人围绕债权融资所设计的治理机制能够显著促进企业创新绩效。这一结果证实了戴维等（David et al.，2008）提出的债务异质理论在中国本土情境下的适用性，即商业银行具有典型的关系型债权人，其更关注从企业多元化的经济往来中获得长期稳定的收益，因此能够采取债务展期、相机治理等治理机制来帮助企业实现创新驱动下的持续成长，促进银企共赢。

第二，银行债权治理机制能够为企业经理人提供充分的约束性创新激励，进而提升企业创新绩效。出于风险规避动机，债权治理机制能够造成经理人的鼓励性激励不足。但债权治理的约束性激励作用能够使经理人将原本用以产生私利的资源，重新配置到创新活动中，进而提升创新绩效。该结论揭示了债权融资促进企业创新绩效的作用路径，进而丰富了温军等（2011）、李后建和刘思亚（2015）等学者对债务异质理论的本土化研究系列。

第三，产权性质在银行债权治理与创新绩效关系中具有显著调节作用。当企业中的国有持股比例升高时，企业受到的预算软约束效应更加明显，更加充分的资源获取和被不断淡化的竞争意识使得经理人对债权治理的敏感性和创新动机均表现出下降趋势，约束性激励效应逐渐消失，债权治理对创新绩效的贡献也被削弱。该结论从产权性质视角下补充了债权治理对企业创新的作用边界研究，为拓展债务异质理论的本土化应用范畴提供了科学依据。

（二）政策启示

研究结论对创新实践的重要启示表现在：首先，企业创新融资战略应由股权融资向股权、债权混合融资转型。银行债权人由创新风险厌恶开始向风险包容演进，银企双方均应考虑通过债权融资来支持企业稳健的技术创新项目，以实现企业持续成长和银企共赢。其次，银行应针对不同创新融资项目设计权变性的债权治理机制，充分发挥二元性创新激励对创新绩效的积极影响。银行应在构建企业创新项目综合评价体系的基础上，就创新风险和预期收益进行预评估，针对高风险的创新项目，实施以约束性激励为主、鼓励性激励为辅的治理机制。针对低风险稳健型的创新项目，实施以鼓励性激励为主、约束性激励为辅的治理机制，进而构建基于创新风险的权变型相机治理机制。最后，针对企业产权性质的不同，设计差异化的创新激励政策。对国有持股比例较高的企业，银行应强化约束性激励机制，实施紧缩型的债权融资政策，以提升经理人对债权治理的敏感性，促进创新资源配置效率和创新绩效。对于拥有较好的创新项目、稳健的财务质量的民营企业，可采用创新项目专项融资、债务展期等宽松的融资政策和鼓励性激励机制，进而提升经理人的创新动机和创新能力，促进创新绩效和银企联盟的持续成长。

第四节　单兵作战，还是团结一致？
——山东省电工电气行业发展调查

在国有企业混改的大背景下，山东电力下属 13 家电工电气企业该如何发展？是上级主管部门主导下以适度合并形成合力，还是该完全交由市场自主发展，通过竞争实现优胜劣汰？这个问题的决策，不仅仅是一个企业的兴衰，实际上是关系一个行业发展的重大问题。为此，我们对山东电力下属有代表性的 6 家集体企业做深入调研，以 13 家企业整体经营情况做对比分析，以期在了解实际情况的基础上，对行业内 13 家企业的发展方式进行探讨。

一、调研企业概况

所调研企业为潍坊山东五洲电气股份有限公司、烟台东源电力电气设备有限公司、威海鲁能电气有限公司、青岛鲁能恒源电气有限公司、临沂山东鲁能超越电气有限公司、枣庄山东鲁能力源电器设备有限公司。调查发现：（1）6 家电工电气制造企业多成立于 20 世纪 80 年代末 90 年代初，经过多年的发展，均成长为当地市规模较大、市场占有率较大的企业。（2）员工人数在 100～500 人不等，专科及以上学历在大部分企业中能达到 50% 以上。其中局属职工所占比例较少，约为 10%，企业的社会用工约占 90%，这与集体企业的特殊性密切相关。（3）各企业现有组织结构差距较大，但正逐步按照上级单位的集体企业典型组织机构设置方案建设要求进行改制，其中山东鲁能力源电器设备有限公司（枣庄）、山东鲁能超越电气有限公司（临沂）已逐步实现班组的变更改制。

（一）生产能力

（1）各地市 6 家电工电气制造企业 2016 年的产值在 1 亿～10 亿元不等，利润率在 7%～10%。

（2）年总生产能力各企业差距较大。营业收入占比中国网、省网招标在各企业中均占有较大比例，约为 70%～80%，剩余的收入主要来自政府采购与业扩工程。

（3）在主要生产制造装备方面，大多数企业的设备虽各有侧重，但在省内同行业中均处于先进水平，但也有部分企业设备较为陈旧，如烟台东源电力电气设备有限责任公司的主要生产制造装备均为 20 年以上的设备。

（4）为了确保产品质量，各企业均设有专门的质检岗位，确保产品一次检验率和出厂合格率。多数企业具备全套质检项目，但也有部分企业在某些产品检验上缺乏技术与设备，如烟台东源电力电气设备有限责任公司暂不具有变压器和断路器的试验能力。

（二）研发能力

（1）各企业的普遍重视自主研发能力。通过对 6 家制造企业的调研，发现各企业除了设立专门的研发机构外，还采取借助外脑与大学进行合作的方式进行创新，例如，山东鲁能力源电器设备有限公司（枣庄）与济南大学合作，成立"力源——济大电力技术研究所"，下设几个研发室来为公司研发助力；山东鲁能超越电气有限公司（临沂）与临沂大学合作进行创新；山东爱普电气设备有限公司建有山东省企业技术中心和博士后科研工作站，并计划申报国家级企业技术中心。

（2）各企业重视研发人才的培养，企业的研发人员在6~32人不等。

（3）研发资金主要根据市场情况进行调整，从几十万到几百万不等。

（4）各企业不约而同地将未来的研发重点聚焦于充电桩，以图谋在充电桩市场占据先机。

（三）营销能力

（1）各制造企业的销售业务紧紧围绕"服务主业，服务社会"的原则，均设有专门的销售部门，一方面，尽力维持国网、省网的中标率；另一方面，注重产品质量和品牌建设，维持原有客户，开发新客户。

（2）在售后服务方面，坚持以服务质量为本，多设有专门的售后服务部门，对客户需求及时反映，并由此拓展了代维服务。

（3）在新产品及策略产品的推广方面，主要途径是产品推广会推介会等。

（4）在市场开拓方面，各企业均表示应在立足于当地的基础上，以省内为根据地，向省外如苏北、冀北、安徽等地进行市场开拓，主要通过积极参加省网层面招投标的方式进行。

（四）企业文化

（1）各调研企业在长期的实践积累中，吸收借鉴国网公司统一文化理念的同时，结合自身实际，初步发展了自己的企业文化。

（2）各企业的文化归结为几点：首先，坚持服务为第一要务；其次，以人为本，尊重知识、尊重个性、集体奋斗；最后，讲求奉献，在各企业员工自愿地加班加点工作、赶进度是家常便饭。

（五）人力资源状况

（1）薪酬结构方面，主要有两种工资计算方式，管理人员是定岗定级工资，分为不同等级按季度或年度进行考核，车间员工是计件工时制度，与生产绩效挂钩。

（2）各企业的工资水平在当地均处于中等水平。

问题：①参与调研企业在人才问题上出现两种现象，第一种是企业面临人才"只出不进"的尴尬局面，骨干人才不断流失，一个主要的原因是在职称认定方面国网自身的职称评定社会不予承认，另一个重要原因在于社会用工的党员关系得不到解决，例如，威海鲁能电气有限公司、烟台东源电力电气设备有限责任公司。另一种现象虽然也面临人力资源短缺问题，但是重点岗位人才流失较少，背靠主业让员工有很大的自豪感，加上员工追求稳定的心态，使人才不易流失，如山东鲁能超越电气有限公司（临沂）、山东鲁能力源电器设备有限公司（枣庄）。这两种现象均面临人员无法满足企业发展需求的问题，这与集体企业固定薪酬总额、企业用工自主性差有关。②企业中局处职工面临高龄化的问题，活力不足；社会用工的发展缺乏人才梯次培养计划，职业发展道路受阻，导致员工流失问题。

二、宏观环境分析

（一）政治环境

1. 经济体制

经济体制的不断深化改革使得习惯于计划体制的国有集体企业面临着能否在新形势下继续生存及如何发展的问题。在目前形势下，国有集体企业与外资企业、合资企业、私营企业同台竞争，如何进行国有集体企业改制工作，如何引导集体企业最大程度发挥体制优势，成为制约电工电器集体企业的主要问题。

2. 政府政策

政府帮扶政策、政府购买行为等对行业内集体企业的发展意义重大。国家"十三五"规划中就明确提出要"优化现代产业体系""实施制造强国战略""支持战略性新兴产业"等作为行业积极政策指示的信号。

政府近年来重视城市基础设施的建设，为建筑建材行业、能源行业等带来了新的发展机遇。就山东省而言，不少地市每年都会有新的市政投资项目，其中会有很多地方会涉及电气配套设备的安装与使用，为电工电气集体企业提供了新的订单和发展机会。很多企业也提到当地政府的发展规划中有时会提出关于城建或相关高新区等建设的规划，企业就会根据当地政府规划项目提前做出准备，争取订单。再比如，走访的几家企业中，有的企业是高新技术企业，可以享受政府退税补贴等相关优惠政策，有几家还不是高新技术企业的正在努力争取，希望通过此项措施为企业发展助力。故而企业在制定战略时，需要对政府政策的长期性或短期性进行准确的判断，并做出相应的应变措施。

（二）经济环境

1. 经济形势

中国经济长期向好的基本面并没有改变，虽然经济增速由高速转为中高速，但与世界其他国家或世界经济增速相比仍处于领跑状态，中国经济发展前景依然广阔，但提质增效、转型升级的要求更加紧迫。电工电气行业属于制造业范畴，制造业是中国的支柱产业，在经济新常态下，通过不断的产业升级调整，电工电气行业在未来发展中仍然大有可为，空间无限。在实地走访调研中，各企业对行业前景和发展潜力均呈现较为乐观的态度，认为行业仍然大有作为，需要在不断创新突破下发现更多的新增盈利点。

2. 人均收入

随着人民收入水平不断提高，人们越来越注重提高生活品质，更多地在休闲娱乐方面进行消费，这就为旅游业、地产业、家用车等行业带来了巨大的发展机会，间接地带动电工电气制造行业的发展。比如，随着人们的消费观念愈加环保，电动汽车成为越来越多的家庭购车的备选之一，这就带动了各大电工电气企业积极部署电动汽车及相关配套设施的研发、运维工作，成为电工电气行业新的拓展领域，成为业务发展的新的利润点，省内企业中爱普、青岛恒源等企业已经开始参与电动汽车和充电桩等新业务。

（三）社会文化环境

省内的集体企业鉴于企业性质，深受"为社会服务，为主业服务"的企业文化的影响，在这样的文化氛围下，这些集体企业的员工比起利益更重视产品质量，更重视客户服务，更重视集体企业所肩负的社会责任，使企业产品真正做到质量过硬，树立起了良好的市场口碑。各集体企业也受到所处地区的地域风俗文化影响，形成各自具有特色的亚文化，但仍有很多企业在文化建设上缺乏科学体系，没有发挥出优秀企业文化对发展的促进作用。

（四）技术环境

近几年信息技术、新材料技术、新能源技术等都有突破性进展，尤其是互联网＋的兴起带动了"全球能源互联网"的深入发展、"云计算"大数据的广泛运用助力于物力集约化的开展，国网的特高压技术不断成熟并广泛推广，这些都很大程度上改造着电工电气产业的发展。企业必须预测技术环境的发展变化，特别是要在增加技术投入费用和缩短技术商业化的开发时间上给予高度重视，善于发现并抓住技术机遇加以利用以促进企业发展壮大。

调研中得知，省内集体企业均有自己的新技术新产品的研发方向，主要集中在充电桩的生产与运维、光伏设备配套制造、电能替代等方向上。激烈的市场竞争让各企业都很重视研发创新，部分企业设有专门的研发机构并积极与当地大学合作成立研发中心，根据企业发展的需要，结合各地市场的不同需求进行数百万以上的研发投入，倡导全员集思广益改进生产效率，都在争取让研发创新成为企业生存发展的突破点、着力点。

三、SWOT 分析

结合对省内 6 家电工电气集体企业的实地调研走访和其他集体企业的相关资料，对省内集体企业自身的优势与劣势，面临的机会与威胁进行分析，现在汇总如下。

（一）优势（Strength）

（1）集体企业性质所带来的优势，主要体现在集体企业对于产品质量和用户服务的保障上。鉴于集体企业自身的社会使命和服务理念，众企业对产品质量要求很高，政治要求使得企业注在质量、安全和服务上远远强于普通私营企业，能够真正做到让用户放心，无后顾之忧。

（2）国网供电公司下属企业所带来的天然优势，体现为对系统内工程的要求更为了解，生产制造的产品更符合供电公司要求，还能够针对性地对供电公司新要求做出及时的调整，这是一般企业做不到的。不仅如此，还体现在集体企业在运营资金上具有优势，相互间可以进行资金支持；作为供电公司下属单位，在信息资源上具有得天独厚的优势，能够更早更准确地获取一手信息；在技术上也具有优势，这些集体企业最为清楚电网真正需要的产品和技术。

（3）各大集体企业与各地用电处的职工有天然的亲近感，可以代为用户在线路、送电等方面与供电公司方面进行良好及时的沟通，为用户提供便捷服务。

（4）集体企业在营销方面能力较强，大多数集体企业成立年限长，品牌知名度高，长期的优质服务积累了大批老顾客，企业信誉好，营销更加接地气。

（二）劣势（Weakness）

（1）大多数电工电气制造类集体企业仍处于价值链的下游，相对来说技术含量较低，与国内大企业或合资大品牌很难抗衡。

（2）省内电工电气类集体企业员工的工资收入与当地收入相比一般位于中游位置，薪酬较低导致很多企业人员流失严重，限制了人才的输入，导致企业在生产、研发、营销推广上人员不足，极大地限制了企业的进一步发展壮大。

（3）与私营企业和外资、合资企业相比，集体企业在决策、经营方面自主性较低，政策上的约束较多，使得企业运营成本较高，加之市场上低价竞争风气盛行，企业盈利水平不断降低。如开拓市场需要一定的费用支持，但相关的资金与主业挂钩受到限制，此种问题同样影响员工绩效工资，造成一定的问题。现在国网和省公司加快推进集体企业人财物集约化管控和考核，各集体企业在自主经营方面不太乐观。

（4）与主业的交流不到位。双方在的人员或其他资源方面流动相对不足，在资源的统筹协调上存在很多问题，主业很多方面的资源相对过剩，而各地市的集体企业在人才引入、专业培训等多方面存在资源不足，限制了各集体企业的进一步壮大。

（三）机会（Opportunity）

（1）新能源市场需求相当的广阔，充满着机遇，各大集体企业目前大都还处于研发布局阶段，尽早介入空白的市场点，开发及掌握新技术，充分发挥"先行者为王"的优势，将决定将来的市场结构，创造新的盈利点。

（2）大数据时代的到来给予行业新的发展机遇，互联网＋应用广泛，让企业积极搭建电工电气行业的互联网平台进行资源整合成为可能。目前省内的集体企业都意识到只靠传统产品的生产制造已经不能支撑企业后续发展，将突破点转向研发创新。各企业都在努力加大研发力度，加强人才的引入与培养，争取提高生产率降低生产成本，让研发创新成为企业的突破点。

（3）很多集体企业都在重新定位自己在产业链中的位置，争取延伸产业链，积极整合相关零散资源，打造自身核心竞争力，向研发、运维等方向努力，争取创造更多利润。

（4）各大集体企业都在努力拓展市场，加强营销，在立足当地市场的情况下，根据自身资源等相关优势向省内外市场进行拓展，争取进入更多新的地域市场和产品细分市场。

（四）威胁（Threat）

（1）电工电气制造行业由于进入门槛较低，市场竞争越发激烈，众多的私营小企业由于不受政策制约，生产经营更灵活，但产品质量良莠不齐，扰乱了市场秩序。其生产成本也比集体企业的正规生产低很多，导致在国网省网的竞标过程中，众多的私营小企业打低价竞争策略，极大地压缩了集体企业的市场份额，挤压了利润空间，让集体企业在很多产品销售上处于亏损状态。

（2）国网省网对中标项目的验收存在验收标准低的问题，同时，对价格的过于看重导致"低价竞争"愈演愈烈，产生了消极影响。很多私营小企业甚至是家庭式手工作坊只求降低成本但不对产品质量负责，而集体企业本着为主业负责，为社会负责的态度，严守质量关，这必然导致生产成本较高，在市场竞争中处于不利地位。

（3）省外的很多私营企业、合资企业发展迅速，已经渗透进山东市场，与现存的集体企业进行激烈竞争。这些企业经营方式灵活，紧跟国家政策指示，加上当地政府的积极引导和帮助，发展迅速，实力强大，很多已经做到上市规模。相比之下，山东的集体企业发展还处在较为保守，并不占优势。

四、价值链分析

（一）行业价值链分析

一个行业从原材料投入到最终产品完成转交给消费者便构成了整个行业的价值链。行业价值链分析是从行业角度，包括上游供应商和下游客户与企业价值链之间的联系分析，分析价值链各环节的盈利能力，从战略的高度看待自己与供应商和客户的关系，寻求利用行业价值链来降低成本和提高收入的方法。对上游供应商价值链分析主要目的在于建立战略伙伴关系，寻求降低成本的机会；对下游客户价值链分析主要是与之建立合作伙伴关系，形成稳定的销售渠道，扩大产品的市场份额。

1. 省内电工电气制造行业价值链模式

省内电工电气制造行业的产业结构大致可分为上、中、下游三个层次。上游是整个电工电气制造工业的基础，是公司生产电工电气产品所需的原材料的供应。中游包括生产制造及产品，是核心环节，由设备生产厂家组成。下游则指产品的市场销售，是连接电工电气制造行业和广大消费者的重要环节。省内电工电气制造行业的价值链可简要用图 5 – 7 来表示。

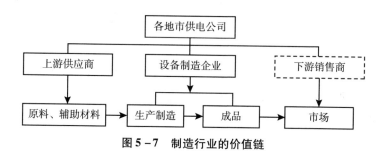

图 5 – 7 制造行业的价值链

受集体企业特殊性的限制，各设备制造企业往往只集中于设备的组装生产，而对于企业外部的价值链视而不见，忽视了对上游供应商和下游销售商的管理，对采购与销售环节考虑不多。这种管理观念远远不能适应市场经济环境的要求。通过行业价值链分析，可以明确公司在行业中所处的位置，并根据其行业所处的生命周期来决定所采取的竞争战略，进而明确成本管理的重点；获取自身所处产业和相关产业的信息，根据外部环境的变化来修正自身的成本管理模式。

2. 行业上游价值链的分析

通过实地调研，各企业纷纷反映企业利润被甲方和元器件供应商挟持，一边是甲方低价，一边是元器件供应商高价，最终导致价格虚高丧失市场，对公司长期发展极为不利。因此对上游价值链中的原材料分析是各设备制造企业进行"节流"的重点。在国网和省公司加快推进集体企业人财物集约化管控的前提下，可以考虑从以下几个方面改进集体企业的成本管理，建立新型的供需战略合作关系。

首先，帮助供应商进行价值链的再造。面对基础原料和能源价格持续上涨的不利形势，从长期来看，采购成本降低的空间非常有限。在实现物力集约化管控的前提下，国网、省公司需要和供应商建立深层的战略合作关系，深入供应商内部、帮助供应商改善采购和生产，把供应商成本发生的各项组成当成是公司供应商管理的重点内容，降低供应商供应链上的无效成本、改进整体的供应链，以便为各分属企业提供可以持续发展的采购成本降低空间，让公司采购成本的降低实实在在地建立在供应商成本降低的基础上。

其次，与供应商实现经营信息共享。采取即时供应管理，供应链管理等新的管理方式。在采购环节上，原材料可以实行统一采购，通过采购量的增加，与供应商进行价格谈判，降低采购成本；实行仓库集中式管理，可考虑将大宗物资统一运输到一个仓库，如可以利用临沂的大物流优势建立仓库，然后根据各生产点的需求分送到各生产点的立体库；同时与供应商探讨原材料的寄存模式，将公司的仓库租给供应商使用、管理等。通过实现经营信息的共享，可以帮助原材料提供商及时反应，以稳定采购价格。

最后，还可以采取寻求与行业内优秀的供应商进行长期合作，供应商获得稳定的大量订单实现价值链增值，而公司获得质优价廉的材料形成低成本优势；利用集体企业雄厚的资金优势，对供应商实施兼并等手段，通过价值链体系的前移，以促进企业的采购成本可持续降低，增强竞争力。

3. 行业下游价值链的分析

由于各设备制造企业多采取自产自销的方式进行市场的拓展，因此各企业基本上实现了对下游价值链价值增值环节的掌握，目前，要想获得更多的利润，需要各企业制定合理的营销战略以及切实可行的激励政策，以保证产品销售市场的扩大和利润的持续增加。

（二）企业价值链分析

企业内部价值链分析可以帮助企业了解每项活动的价值创造性及在价值创造过程中的重要程度，帮助企业确认价值链优化重点并进行改进和提升，从整体上降低组织成本，开发新的利润增长点，提高经营效率并实现价值最大化。内部价值链分析通过对企业生产经营活动和基本职能活动区分增值与非增值的作业，探索提高增值作业效率的途径，从而实现价值增值最大的目标。

企业的经营活动涉及从研发一直到售后整个价值增值环节，通过对电气制造类集体企业的走访调研，发现各设备制造企业多数是采购元器件，然后按照图纸进行组装。部分企业能够自己设计加工一些机械部件，但产品技术含量相对较低，产品的档次取决于客户需求和技术人员的设计能力，产品的赢利能力差，企业多数属于组装型企业。

为了获得价值增值，提高赢利水平、开拓盈利环节。各个企业均表示下一步的工作计划均是以现有产品为核心，通过研发和售后开拓新的利润点（如图5-8所示）。

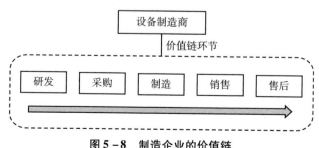

图5-8　制造企业的价值链

1. 研发环节

各企业的研发工作主要聚焦于产品制造的前端，大力推进科技创新，紧跟市场形势，重点积极关注充电桩、智能配网、光伏发电等前端领域的新技术新动向，以研发带动生产、销售和服务，以提升科技创新对产业发展贡献度为目标，不断研发适应市场需求的新产品并尽快投放市场，支持新业务领域拓展；持续推动传统优势产品的更新升级换代，保持产品的竞争力和技术优势；深化研发管理、研发绩效考核和信息化建设，加强核心技术的专利申请和知识产权保护。

目前，各企业进行研发的主要方式有以下几种：首先，企业内部重视研发，开辟专项研发资金，引进高素质人才，鼓励全员研发，对成功应用的创意及时奖励；其次，通过合作、合资甚至兼并一些小型企业，消化吸收其技术并加以改进，逐步实现打造具有自身特色的品牌；最后，借助外脑，通过与高等院校进行合作为企业的发展带来活力。

2. 售后环节

售后涉及商品出售以后所提供的各种服务活动，售后服务已经成了各调研企业保持或扩大市场份额的要件，售后服务的优劣直接影响消费者的满意程度。

各企业接下来的工作重点如下：第一，依托现有产品开拓增值服务市场如代维和衍生服务市场如售电业务，延伸的服务市场又可以引导客户产生新的产品需求如维修零配件的供应，从而形成整个价值链各环节的相互补充、相互促进的良性循环局面；第二，通过良好的售后服务为企业赢得口碑，树立良好的企业形象，从而维持老客户，并吸引新的客户。

第五节　全球能源互联网背景下 A 公司电工电气制造企业战略变革案例分析

长期以来，传统电工电气制造类企业因拥有政策、资源等方面的竞争优势而发展迅速。但随着市场化改革愈演愈烈，外部环境巨变，这类企业以往的资源和能力优势中的"刚性"部分越发凸显，进而遭遇转型危机。采取案例研究方法，探讨在当前混合所有制改革和总公司大力推动全球能源互联网的背景下，山东省电工电气制造企业如何重置资源、优化能力来创造新的核心竞争力以实现战略转型，借此对传统制造企业战略转型提供一些启发和借鉴。

一、案例背景

2017 年 2 月 10 日，在 A 公司（以下简称公司）的 202 会议室里，公司集体企业发展规划小组组织公司领导班子与部分员工，公司系统内各行业集体企业代表参与了山东省集体企业发展规划课题研究项目的讨论，作为电工电气制造集体企业的代表，B 公司的总经理 W 庄重地接受公司领导班子的委托，作为带头企业，结合公司近几年实施全面深化改革的实际经验，对省内电工电气制造集体企业面临的困境做出总结并提出破解路径，进而探索电工电气制造集体企业下一步的发展战略。伴随着公司集体企业发展规划小组的成立和各行业发展规划小组的组建，我们看到了各级领导的重视。对此，或许只有公司老员工才能深切体会到，集体企业发展历程的百转千回，磨难重重。

窗外大雪覆盖，几乎难见行人，济南这样的低温天气已经持续了 10 天之久，正好契合了公司电工电气制造集体企业持续走低的发展势头。"电工电气制造集体企业面临的困境是什么？出路又在哪里？" W 自言自语道，轻轻地吹了吹水晶杯里的碧螺春，旋转的茶叶将 W 的思绪带回到集体企业半个世纪的发展历程中。

二、公司集体企业发展历程

公司电工电气制造集体企业的发展与电网主业以及电力行业改革的进程紧密相关，从创办至今大致经历了 5 个阶段：起步摸索、发展分化、沉寂低迷、恢复增长、改革整合。

（一）起步摸索阶段

20 世纪 70 年代末，为解决返城知青和待业青年就业问题，电网企业开始兴办劳动服务类集体企业。其后，电网企业所属的各类集体企业围绕服务主业的经营宗旨，积极拓展与主业安全生产和优质服务相关联的业务，逐渐成长为涵盖电力施工安装、工程咨询、电工电气制造和后勤服务等众多行业的企业群体。电工电气制造集体企业就是在这一阶段逐步发展起来的，此时电工电气制造集体企业的功能主要定位于福利安置型企业，主要目标是配合公司主业减人增效，分流主业富余职工，安置职工子女，并利用体制优势提高职工福利。

（二）发展分化阶段

从 20 世纪 90 年代开始，电网集体企业开始出现分化，部分集体企业改制为公司制企业，并逐渐出现职工投资入股集体企业和集体股权量化至个人的现象，其间市公司层面集体企业普遍按照国家政策要求开展了清产核资，取得了集体资产产权证书，但鉴于政策传递不规范以及组织惯性等原因，县公司层面集体企业普遍未开展清产核资工作。这种在股权上做文章的方式使电工电气制造集体企业获得了第一阶段的跨越式成长与迅速分化，提高了集体企业的市场化程度与经营的科学性、灵活性。

（三）沉寂低迷阶段

自 20 世纪 90 年代末至 2010 年 7 月，国家鼓励多种经济成分发展政策的颁布与推广，使得职工持股的多经企业迅速发展，并逐渐取代集体企业成为电网多种经营产业发展的主体，为顺应发展趋势，重新获得发展活力，公司系统集体企业绝大多数改制为职工持股多经企业，加上职工出资新设的多经企业，多经企业在资产规模、经济效益、业务范围和吸纳人员数量方面远超集体企业。这一时期，由于多经企业的冲击，导致未改制的集体企业普遍出现经营效益不佳、业务规模萎缩、发展速度放缓甚至停滞的局面。

（四）恢复增长阶段

2010 年 7 月至 2013 年上半年，按照总公司深入开展主多分开和加强集体企业规范管理工作的要求，公司各单位积极组建集体企业经营平台企业，收购完成近 300 户资产优良、效益较好和人员安置能力较强的多经企业，并出资设立了供电服务企业。其间，公司开展了集体企业管理优质化提升"3231"工程，在管控体系构建方面，省、市、县三级单位分别成立了集体资产监督管理委员会并搭建了集体资产经营平台，清晰界定省、市、县三级单位监管权限，明确划分各专业部门监管职责，初步形成归口管理与专业管理相结合的监管模式；在制度体系建设方面，省公司制定下发了 22 项监管制度，各单位制定 2100 余项监管细则和 2700 余项企业内控制度，集体企业初步形成了监管与内控相结合的制度保障体系。

（五）改革整合阶段

2013 年 7 月至今，按照总公司要求，公司相继完成了集体企业重组整合和改革改制等工作，目前，正在开展平台企业法人治理结构规范工作和僵尸及亏损企业清理处置工作。在重组整合工作中，大力清理三级投资，实现同一主办单位下集体企业"两级法人、一级管理"的治理结构，公司电工电气制造集体企业压减至 36 户。在改革改制工作中，完成平台企业公司化改组，建立市县层面资本纽带关系，形成"两级产权、两级平台"的治理结构。

三、公司电工电气制造集体企业现状

当前，电工电气集体企业在公司的指导下基本完成重组整合和改革改制等工作，淄博、聊城、莱芜等地区集体企业相继脱离，目前，省内电工电气企业共36家，其中地市级13家、区县级23家。截至2016年底，资产总额达34.62亿元，净资产14.66亿元。营业收入25.03亿元，利润总额1.78亿元（见表5－10）。在员工构成方面，全省电工电气企业共有全民职工555人，集体职工78人，劳动合同直签和劳务外包2953人（见表5－11）。这就导致，与同行业社会企业相比，公司集体企业的人力资源存在一些问题：一是人员类型多，结构复杂，管理难度相对较大。各类用工的劳动合同、薪酬社保管理方式存在较大差别。二是员工队伍整体素质不高，人员队伍总体存在学历层次偏低（中专学历约65%，大专学历约20%，本科学历约10%，其他约5%），专业技术资格和技能等级低、高层次管理和专业技术人员短缺的问题。全民职工和集体职工年龄老化，平均年龄为40～50岁。三是薪酬激励体系不完善，未建立与行业相适应的分类管理的薪酬激励制度，收入水平居于当地同行业平均水平线。

表5－10　　　　　　　　　　　　**财务情况**

企业行业	财务状况（亿元）			
	汇总资产额	汇总净资产	营业收入	利润总额
电工电器制造	34.6	14.66	25.03	1.78

资料来源：课题组整理。

表5－11　　　　　　　　　　　　**人员情况**

企业行业	人员总数	全民职工	集体职工	外聘人员
电工电气制造	3647	555	78	2953

资料来源：课题组整理。

四、机遇与挑战并存

面对行业发展环境与竞争环境的不断变化与更迭，电工电气集体企业必须充分挖掘自身的独有优势，打造并巩固企业核心竞争力，抓住市场机遇，培育新的坚强的利润增长点，才能在激烈的市场竞争中立于不败之地。但是，究竟如何才能走出当前发展缓慢甚至停滞的困境？破局的关键切入点又在哪里？诸如此类的问题近几个月内一直萦绕在总经理W某和副总经理L某为代表的B公司高层管理者的心头。

（一）为生存而战

2017年4月11日，B公司的会议室内，当总经理W某再一次向规划小组成员抛出"电工电气集体企业发展的困境是什么，集体企业未来的出路在哪里"一系列核心问题时，副总L慢慢托了托下滑的眼镜，充满坚定地汇报了为期一个月的省内电工电气集体企业以及省外优秀的各类所有制电工电气企业的调研结果。

经过一个多月的调研与讨论，调研组发现，省内电工电气集体企业对企业未来的出路一直比较重视，只不过囿于时间、精力以及人才等方面的限制，未能形成一个明确的思路与框架。经过调研组前期的资料收集以及一个月的实地调研，对公司系统内电工电气集体企业的发展环境与现状形成了一幅蓝图。

（二）各项政策频出

集体企业的性质决定了其发展必须时刻关注政策变动。2011年4月，国务院办公厅发布了《关于在全国范围内开展厂办大集体改革工作的指导意见》。要求从2011年开始的3~5年内，完成厂办大集体与主办国有企业彻底分离，成为独立法人实体和市场主体，职工得到妥善安置，合法利益得到切实维护，明确了集体企业改革的目标和时间表。同时，明确了集体企业改革的处理办法：将系统内所有集体资产性质的企业均纳入工作范围，主要方式为清算关闭、对外转让和公司化改制，其中清算关闭和对外转让适用厂办大集体改革政策，公司化改制则主要在集体企业系统内部进行重组整合。当前，公司系统内电工电气集体企业未实现与主办国有企业彻底分离的目标。根据 2016 年国务院印发的《加快剥离国有企业办社会职能和解决历史遗留问题工作方案》，厂办大集体作为国有企业的主要历史遗留问题之一，面临 2020 年前与主办国有企业彻底分离的形势。

2015 年以来，以《中共中央国务院关于进一步深化电力体制改革的若干意见》为核心的国家电力体制改革重启，明确了下一步的改革思路。首先，在中央及地方政府要求释放电改红利的压力下，输配电价不断降低，公司自身的投资能力不断降低；其次，随着电改的推进，电网企业的投资面临着逐渐严格的事前审批和事后监督，而由于电工电气集体企业的业务主要依赖于公司的需求，这将导致电工电气集体企业的市场不断萎缩。

2015 年 8 月《中共中央、国务院关于深化国有企业改革的指导意见》的下发，为集体企业改革发展提供了模式借鉴和路径参考，等等。在以上种种政策背景下，总公司总会计师 2 月带队在公司调研时，进一步明确了集体企业的改革目标是通过混合所有制改革等方式实现"三无"（无集体企业、无集体资产、无集体员工），提出了剥离非核心业务瘦身健体的工作要求，并指出了山东公司集体企业数量多、人员多的问题，要求下一步围绕精干、精简、高效的原则来开展集体企业改革和管理工作。

（三）宏观环境利好

在实地走访调研中，各企业对行业前景和发展潜力均呈现较为乐观的态度，认为行业仍然大有作为，需要在不断创新突破下发现更多的新增盈利点。

首先，"全球能源互联网"上升至国家战略，总公司正在积极搭建全球能源互联网平台，强调电力装备的走出去。"全球能源互联网"推动着中国能源电力装备制造企业进行战略优化，是电力设备"走出去"的一个最好的抓手。

其次，随着"一带一路"经济圈建设对电力市场的带动、智能制造的不断深化、特高压技术的成熟、智能电网建设的推动及总公司的大力支持，很多集体企业都在重新定位自己在产业链中的位置，争取延伸产业链，抓住机遇，向特高压、智能电网、新能源、先进储能方面拓展，积极整合相关零散资源，打造自身核心竞争力，向研发、运维等方向努力，争取创造更多利润。

最后，大数据时代的到来给予行业新的发展机遇，"互联网＋"应用广泛，让企业积极搭建电工电气行业的互联网平台进行资源整合成为可能。目前，省内的集体企业都意识到只靠传统产品的生产制造已经不能支撑企业后续发展，将突破点转向研发创新。各企业都在努力加大研发力度，加强人才的引入与培养，争取提高生产率降低生产成本，让研发创新成为企业的突破点。

（四）集体企业自身发展条件

"当然，除了宏观上这些环境，就电工电气集体企业自身而言，半个世纪以来的发展既积攒了有利条件，也有众多积重难返的问题存在"，经过 10 分钟的休息，会议继续进行，L 忧心忡忡地说到。

在优势方面，电工电气集体企业的产品质量优势、服务优势和品牌优势。鉴于集体企业自身的社会使命和服务理念，众企业对产品质量要求很高，政治要求使得企业对质量、安全和服务的要求远远强于普通私营企业，能够真正做到让用户放心，无后顾之忧；总公司供电公司下属企业带来的天然优势，体现为对系统内工程的要求更为了解，生产制造的产品更符合供电公司要求，还能够针对性地对供电公司新要求做出及时的调整，这是一般企业做不到的。不仅如此，集体企业在运营资金上具有优势，相互间可以进行资金支持；作为供电公司下属单位，在信息资源上具有得天独厚的优势，能够更早更准确地获取一手信息；在技术上也具有优势，集体企业最为清楚电网真正需要的产品和技术；集体企业员工与各地用电处的职工有天然的亲近感，可以代替用户在线路、送电等方面与供电公司方面进行良好及时的沟通，为用户提供便捷服务；集体企业成立年限普遍较长，区域内品牌知名度高，长期的优质服务积累了大批老顾客，企业信誉好。

在劣势方面，电工电气制造集体企业大多数仍处于价值链的下游，相对来说技术含量较低，产品多属于低端行列，且众企业产品结构单一，与市场脱轨比较严重，与国内大企业或合资大品牌相比，公司集体企业研发实力不足，难以与之抗衡；集体企业人员缺口较大，薪酬机制和营销开拓机制激励性不足，员工流动率相对较高。电工电气类集体企业员工的工资收入与当地收入相比一般位于中游位置，薪酬偏低且缺乏有效激励机制致使企业人员流失严重，并限制了人才的流入，导致企业在研发、营销推广上人员相对较缺乏，限制了企业的进一步发展壮大；与私营企业和外资、合资企业相比，集体企业工装设备普遍较为落后，运营成本较高。在省外先进企业中，流水生产线已经成为基本配备，而省内企业基本上还是主要靠人工作业，自动化、机械化水平较低；其次，企业管理水平低，行业发展意识薄弱，发展方向模糊，应对市场化经营的灵活性较低，加之市场上低价竞争风气盛行，企业盈利水平不断降低；与主业的交流不到位。双方在人员或其他资源方面流动相对不足，在资源的统筹协调上存在问题。主业很多方面的资源相对过剩，而各地市的集体企业在人员专业培训等多方面存在资源不足，但主业过剩的资源集体企业无法利用。"还有一点，主业支援集体企业的全民职工需要回归主业，集体企业的管理将受到较大的不利影响。"人力资源部的小 M 补充道："在电改不断深入推进的背景下，输配电价成本监审工作将越来越严格，主业支援集体企业的全民职工回归主业是大势所趋，而这将进一步减弱集体企业的发展动力，集体企业面临骨干管理队伍从全民职工为主向外聘人员为主的转变压力，也对电网企业如何监管集体企业提出新的挑战。"

五、路在何方

"从当前政策与环境来看，国家和总公司关于集体企业与电网主业彻底分离的终极改革目标已经明确，但改革任务繁重艰难，省内集体企业的改革路径和改革方式目前尚未明确。"W 总结道，"据我所知，省内这 13 家市级集体企业目前只有济南、潍坊、临沂等几家具备较强的盈利能力，其余的多发展乏力、积重难返，而 23 家区县级集体企业只能从市级放弃或者利润率低的项目上分一杯羹。如果 36 家企业个个孤军奋斗，在与民营、外企、合资甚至是省外同性质企业的市场竞争中，必然是不堪一击"。

"是这样的，所以在电力体制改革的大环境中，集体企业的生存将会越来越困难。对区县级集体企业来说，要想更好的发展，摆在面前的路看来只能由各属地市公司集体企业吸收合并，也就是说现有的县公司集体企业作为事业部等独立的核算部门，保留核算单元，作为市公司制造企业的分支机构。全民和集体员工回归县公司，聘用的员工由市公司企业酌情聘用或解聘。同时，资产划归市公司。"L 将调研组的意见如实陈述出来。

"关于市一级的集体企业，结合前几天 W 某的建议，我们总结出了这样的方案。"L 将笔记本连接在投影仪上，阐述了大家的头脑风暴的成果。将省内的集体企业按照行政区域划分，打造成四个跨平台集团公司。根据规模实力、生产加工能力、年利润等多个指标将省内 13 家地市级集体企业划分为"优质、存续、撤销"三个档次，筛选出省内发展较好的 4 家企业作为优质类，4 家有发展潜力的企业作为存续类，剩下的 5 家作为撤销类。鼓励四家优质类企业作为区域集团的核心企业，存续类企业作为企业集团的支撑企业，暂且保留，撤销类企业统一进行撤销关闭。如以 a 公司、b 公司为中心，将鲁中地区的存续类集体企业整合为两个集团企业；以 c 公司为中心，将鲁东地区的存续类集体企业整合为第三个集团企业；以 d 公司为中心，将鲁西南地区的存续类集体企业整合为第四个集团企业等。通过地域上的划分与整合，将山东省内的集体企业基本划分为四个大板块，集中区域优势力量发展壮大。

"嗯，看来要想起死回生，也只能大刀阔斧了，可是这阻力不小啊。"W 凝重地说。

六、发展重点

"虽然对于 36 家集体企业未来的发展有了大体思路，但是要想真正破局，还得拓展新的业务范围与盈利点，不能故步自封，只从公司招标中寻求生机。"W 接着说到，"对，整合省内优质资源并且开发新的赢利业务才是集体企业新的生机。"办公室 C 提议道，"这是目前我们梳理出的比较有前景的几块业务。"一幅未来发展的图景展现在白色幕布上。

（一）前景无限的新能源汽车行业

根据《山东省"十三五"电动汽车充电基础设施发展规划》，结合山东省电动汽车发展目标，根据各应用领域电动汽车对充电基础设施的配置要求，经分类测算，2020 年，省内需建设充换电站约 900 座，其中，公交车充换电站 240 座，出租车充换电站 30 座，环卫与物流等专用车充电站 80 座，城市公共充电站 390 座，城际快充站 160 座；建设充电桩 32.5 万个，其中，居民区专用充电桩 17 万个，单位内部停车场专用充电桩 8.5 万个，分散式公共充电桩 7 万个。这为充换电基础设施的研发与生产提供了广阔的市场。

电动汽车充换电设备生产制造产业结构大致可分为上、中、下游三个层次。上游是充换电设备生产制造的基础，是公司生产充换电设备设施所需的原材料的供应。中游包括生产制造及产品，是核心环节，由设备生产厂家组成。下游是产品的市场销售与运营，是连接企业和广大消费者的重要环节。电动汽车充换电设备生产制造产业链可简要用图 5-9来表示。

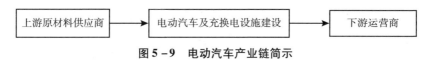

图 5 - 9 电动汽车产业链简示

资料来源：作者整理。

短期来看，公司的主营业务及主要盈利来源必然放在中游电动汽车充换电设备的生产制造上。长远来看，随着电动汽车充换电设备市场的逐步饱和以及下游运营盈利模式的逐步清晰，公司需要努力向下游渗透，相应的，长远盈利主要来自充电收入、运营服务，还有车辆租赁、销售、代维等后市场相关业务的收入。与此同时，还可以向上游供应商方向发展，从而在原材料的供应上获得主动权与灵活性，进而降低生产成本。通过对整个产业链的发展与渗透，最终促进整个行业的共同发展，协同进步。

"对了，正好 2017 年总公司'两会'要求全面提升车联网功能，积极开展电动汽车租售、充电桩建设运维、接入缴费等一条龙服务，打造功能齐全、技术先进、竞争力强的电动汽车综合服务平台。我们可以把握好这一机会，省内电工电气集体企业整合后可以进行统筹规划，集中优势力量研发核心技术，接入车联网平台后借助平台资源，设计更明确合理的充换电基础设施建设方案，填补市场空白点，培育这一重大利润增长点。"W 补充道。

（二）大力推广的光伏发电业

《山东省"十三五"战略性新兴产业发展规划》指出，2020 年，山东省光伏发电装机容量达到 1000 万千瓦时，占全省总装机容量的比重达到 6.1%。强化先进技术对低碳产业的支撑能力，重点突破太阳能电池及组件产品产业化。

公司正大力发展光伏云平台，这对集体企业来说也是新的机遇，公司集体企业可以积极响应政府的清洁能源利用及电能替代政策，集中力量开展光伏发电相关业务，建设基础设施，研发核心技术，提供高效发电设备，提高能源利用率。入驻光伏云平台，在物资采购、项目来源及设备代维方面获取优势，培育新的利润增长点，推进能源技术革命和清洁能源的利用。

对于电动电器类集体企业在其发展改革中应该拓宽思路，充分打通上下游的供应链，积极建立社会网络，打通与其他利益相关者的价值链。电动电器集体企业应该积极依托总公司商城采购原料，打造价格优势，对于购买成套设备的用户要强化产品质量与服务，拓展市场；同时，企业应该向价值链上游拓展，积极开拓利润率较高的施工安装与运维业务，打造新的利润增长点；最后，可以与当地的供电营业厅建立战略合作关系，向其提供运维服务，合作共赢。

（三）后劲充足的设备代维业

近年来，随着智能电网不断发展推进，提高电网供电可靠率、系统运行效率以及终端管理水平成为各方共识，可以预测"十三五"期间，代维服务将是电力行业内企业利益争夺的焦点，所以公司系统内集体企业需要统筹规划，实现售前、售后及专业代维三位一体的全过程闭环管理。完成由生产制造型向制造服务型企业转型的目标，提高企业知名度，树立客户导向型"大服务"企业形象。

（四）提升传统产业核心竞争力

听了L和C的阐述，W十分满意，表情也从刚才的凝重逐渐变得轻松起来，端起茶杯，喝了一口凉掉的茶，语气坚定地接着说道："这都是我们需要抓住的机遇，当然，我们还不能丢了根本，必须稳定传统设备制造业务的主体地位，坚持以传统中低压配电业务为中心，在此基础上培育新型支柱业务才有坚实的后盾。"

随着特高压电网和智能电网建设的不断推进，电网技术装备水平持续提高，对电力设备的技术要求越来越高，电力智能设备制造市场呈快速增长趋势，集体企业以中低压设备简单加工为主的运营模式难以适应电网建设的新潮流，目前来看，相当部分企业产品转型难度大，难以将电力智能设备制造市场的快速增长趋势转化为企业的市场优势。

因此，公司电工电气企业需要持续提升与主业配套的传统设备制造业务，围绕高中低压设备建设，以提升核心技术水平、增加附加值为重点，促进传统优势产业高端化、特色化和规模化，全面发展智能电网调度、变电站、配用电等设备领域，大力推广整体解决方案，打造支撑电网安全运行的设备制造业务。创造更大的经济效益，使服务主业发展和电网建设的能力越来越强。

"总之，立足行业基础，对内强化管理、提升装备自动化水平、创新研发，打造核心竞争力，对外积极应对市场变化和需求，抓住智能电网建设、新能源汽车以及光伏发电建设的契机，实现跨越式发展。就是接下来集体企业发展的重点！" W 总结道。

七、在路上

2017 年 4 月 26 日，公司集体企业发展规划讨论会如期举行，公司数次讨论的场景一幕幕展现在 W 面前，回忆起大家思想碰撞、激烈讨论的场景，W 笑了笑，起身走向台上。手里拿着凝聚大家智慧结晶的《电工电气集体企业发展规划》，映入眼帘的是标题"直面改革，迎接新挑战"。

参 考 文 献

[1] 曹红军，赵剑波，王以华. 动态能力的维度：基于中国企业的实证研究 [J]. 科学学研究，2009（1）.

[2] 陈冬华，范从来，沈永建. 高管与员工：激励有效性之比较与互动 [J]. 管理世界，2015（5）：160 – 171.

[3] 陈劲，王方瑞. 再论企业技术和市场的协同创新——基于协同学序参量概念的创新管理理论研究 [J]. 大连理工大学学报（社会科学版），2005（2）.

[4] 邓少军，焦豪，冯臻. 复杂动态环境下企业战略转型的过程机制研究 [J]. 科研管理，2011（1）.

[5] 董保宝，葛宝山，王侃．资源整合过程、动态能力与竞争优势：机理与路径 [J]．管理世界，2011（3）．

[6] 杜小民，高洋，刘国亮等．战略与创业融合新视角下的动态能力研究 [J]．外国经济与管理，2015（2）．

[7] 贺正楚，潘红玉，寻舸等．高端装备制造企业发展模式变革趋势研究 [J]．管理世界，2013（10）．

[8] 胡查平，汪涛．制造业服务化战略转型升级：演进路径的理论模型——基于3家本土制造企业的案例研究 [J]．科研管理，2016（11）．

[9] 江积海，刘敏．动态能力重构及其与竞争优势关系实证研究 [J]．科研管理，2014（8）．

[10] 蒋军锋，袁野，程小燕．动态能力与创新类型——战略导向的调节作用 [J]．科学学与科学技术管理，2016（4）．

[11] 焦豪，魏江，崔瑜．企业动态能力构建路径分析：基于创业导向和组织学习的视角 [J]．管理世界，2008（4）．

[12] 李大元，项保华，陈应龙．企业动态能力及其功效：环境不确定性的影响 [J]．南开管理评论，2009（6）．

[13] 李后建，刘思亚．银行信贷、所有权性质与企业创新 [J]．科学学研究，2015，33（7）：1089－1099．

[14] 李宁娟，高山行．环境扫描对探索式创新和新产品绩效影响的研究：被调节的中介效应 [J]．管理学报，2017（2）．

[15] 李小玉，薛有志，牛建波．企业战略转型研究述评与基本框架构建 [J]．外国经济与管理，2015（12）．

[16] 陆建芳，戴炳鑫．企业技术中心技术创新资源配置效率评价 [J]．科研管理，2012，33（1）：19－26．

[17] 罗仲伟，任国良，焦豪等．动态能力、技术范式转变与创新战略——基于腾讯微信"整合"与"迭代"微创新的纵向案例分析 [J]．管理世界，2014（8）．

[18] 马鸿佳，董保宝，葛宝山．创业能力、动态能力与企业竞争优势的关系研究 [J]．科学学研究，2014（3）．

［19］欧阳桃花，崔争艳，张迪等．多层级双元能力的组合促进高科技企业战略转型研究——以联想移动为案例［J］．管理评论，2016（1）．

［20］欧阳桃花，曾德麟，崔争艳等．基于能力重塑的互联网企业战略转型研究：百度案例［J］．管理学报，2016（12）．

［21］苏敬勤，崔淼．核心技术创新与管理创新的适配演化［J］．管理科学，2010（1）．

［22］苏敬勤，林海芬，李晓昂．产品创新过程与管理创新关系探索性案例研究［J］．科研管理，2013（1）．

［23］苏敬勤，张琳琳．动态能力维度在企业创新国际化各阶段中的作用变化分析——基于海尔的案例研究［J］．管理学报，2013（6）．

［24］唐孝文，刘敦虎，肖进．动态能力视角下的战略转型过程机理研究［J］．科研管理，2015（1）．

［25］王鹤春，苏敬勤，曹慧玲．第三方物流企业管理创新的适配路径分析［J］．科学学与科学技术管理，2013（4）．

［26］王旭，张晓峰．组织双元性、创新协同与企业绩效：基于战略一致性的调节作用［J］．南京师大学报（社会科学版），2015（1）．

［27］王旭．从创新厌恶到创新包容：银行债权治理的创新效应研究［J］．科研管理，2015，36（11）：184－191．

［28］魏江，冯军政．国外动态能力维度划分及测量研究综述与展望［J］．外国经济与管理，2011（7）．

［29］温军，冯根福，刘志勇．异质债务、企业规模与 R&D 投入［J］．金融研究，2011（1）：167－181．

［30］肖静华，谢康，吴瑶等．企业与消费者协同演化动态能力构建：B2C 电商梦芭莎案例研究［J］．管理世界，2014（8）．

［31］许晖，许守任，王睿智．网络嵌入、组织学习与资源承诺的协同演进——基于 3 家外贸企业转型的案例研究［J］．管理世界，2013（10）．

［32］许庆瑞，谢章澍．企业创新协同及其演化模型研究［J］．科学学研究，2004（3）．

［33］薛有志，周杰，初旭. 企业战略转型的概念框架：内涵、路径与模式［J］. 经济管理，2012（7）.

［34］庄学敏. 基于华为的战略转型分析［J］. 科研管理，2017（2）.

［35］Agarwal R. Strategic Renewal of organizations［J］. Strategic Direction, 2009, 20（10）：281 - 293.

［36］Albert D, Kreutzer M, Lechner C. Resolving the Paradox of Interdependency and Strategic Renewal in Activity Systems［J］. Academy of Management Review, 2015, 40（2）：210 - 234.

［37］Barakat A, Hussainey K. Bank governance, regulation, supervision, and risk reporting：Evidence from operational risk disclosures in European banks［J］. International Review of Financial Analysis, 2013（30）：254 - 273.

［38］Barreto I. Dynamic Capabilities：A Review of Past Research and An Agenda for the Future［J］. Journal of Management, 2010, 36（1）：256 - 280.

［39］Baum W M. Rethinking reinforcement：allocation, induction and contingency［J］. Journal of the Experimental Analysis of Behavior, 2012, 97（1）：101 - 124.

［40］Belloc F. Corporate governance and innovation：A survey［J］. Journal of Economic Surveys, 2012, 26（5）：835 - 864.

［41］Birkinshaw J, Mol M J.. How management innovation happens［J］. Sloan Management Review, 2006, 47（4）：81 - 88.

［42］Boot W A. Relationship banking：what do we know? ［J］. Journal of financial intermediation, 2000, 9（1）：7 - 25.

［43］Brown J R. Petersen Bruce C. Cash holdings and R&D smoothing［J］. Journal of Corporate Finance, 2011, 17（3）：694 - 709.

［44］Chen D, Fan C, Shen Y. Executives and employees：Comparison and interaction of incentive effectiveness［J］. Management World, 2015（5）：160 - 171.

[45] Chen D, Shen Y, Xin F, Zhang T. Over Employment, Executive Pay-for-performance Sensitivity and Economic Consequences: Evidence from China [J]. China Journal of Accounting Research, 2012, 5 (1): 1 – 26.

[46] Cosh A et al.. Organization structure and innovation performance in different environment [J]. Small Business Economics, 2012, 39 (2): 301 – 317.

[47] Croby M. Patents, Innovation and growth [J]. The Economic Record, 2000, 76 (234): 255 – 262.

[48] David P, O'Brien J P, Yoshikawa T. The Implications of Debt Heterogeneity for R&D Investment and Firm Performance [J]. The Academy of Management Journal, 2008, 51 (1): 165 – 181.

[49] Dewatripont M, Tirole J. Macroeconomic Shocks and Banking Regulation [J]. Journal of Money. Credit and Banking, 2012, 44 (2): 237 – 254.

[50] Diamond D. Financial Intermediation and Delegated Monitoring [J]. Review of Economic Studies, 1984, 51 (3): 393 – 414.

[51] Eddie C, Conor M, O' Tooleb. Bank lending constraints, trade credit and alternative financing during the financial crisis: Evidence from European SMEs [J]. Journal of Corporate Finance, 2014, 27 (341): 173 – 193.

[52] Eisenhardt K, Martin J. Dynamic Capabilities: What Are They [J]. Strategic Management Journal, 2000 (21): 1105 – 1121.

[53] Fourné S, Mom T. Strategic Agility in MNEs: Managing Tensions to Capture Opportunities across Emerging and Established Markets [J]. California Management Review, 2014, 56 (3): 13 – 28.

[54] Ginsberg A. Measuring and Modeling Changes in Strategy: Theoretical Foundations and Empirical Directions [J]. Strategic Management Journal, 1988, 9 (6): 559 – 575.

[55] Jensen M C. Agency costs of free cash flow, corporate finance and takeovers [J]. American economic review, 1986, 76 (2): 323 – 329.

［56］ Li Houjian, Liu Siya. Bank credits, ownership nature and firm innovation ［J］. Studies in Science of Science, 2015, 33 (7): 1089 – 1099.

［57］ Lin C Y, Chen M Y.. Does innovation lead to performance? An empirical study of SMES in Taiwan ［J］. Management Research News, 2007, 30: 115 – 132.

［58］ Lu Jianfang, Dai Bingxin. Efficiency evaluation of technology innovation resource allocation for the technical centers in enterprises ［J］. Science Research Management, 2012, 33 (1): 19 – 26.

［59］ March J G.. Exploration and Exploitation in Organizational Learning ［J］. Organization Science, 1991 (2): 71 – 87.

［60］ Myers S C. Capital Structure Puzzle ［J］. Journal of Finance, 1984, 39 (3): 575 – 592.

［61］ O'Sullivan M. The Innovation Enterprise and Corporate Governance ［J］. Cambridge Journal of Economics, 2000, 24 (4): 393 – 416.

［62］ Sungyoon A, Wooseok C. The role of bank monitoring in corporate governance: Evidence from borrowers' earnings management behavior ［J］. Journal of Banking& Finance, 2009, 33 (2): 425 – 434.

［63］ Taiyuan W, Stewart T. R&D investment and financing choices: A comprehensive perspective ［J］. Research Policy, 2010, 39 (9): 1148 – 1159.

［64］ Teece D. Explicating Dynamic Capabilities: The Nature and Microfoundations of (Sustainable) Enterprise Performance ［J］. *Strategic* Management Journal, 2007, 28 (13): 1319 – 1350.

［65］ Uhlenbruck K, Meyer K, Hitt M. Organizational Transformation in Transition Economies: Resource-based and Organizational Learning Perspectives ［J］. Journal of Management Studies, 2003, 40 (2): 257 – 282.

［66］ Wang C, Ahmed P. Dynamic Capabilities: A Review and Research Agenda ［J］. International Journal of Management Reviews, 2007, 9 (1): 31 – 51.

［67］ Wang Xu. From innovation aversion to innovation tolerance: A study of influence of bank debt governance towards technological innovation ［J］. Science Research Management, 2015, 36 (11): 184－191.

［68］ Wen Jun, Feng Genfu, Liu Zhiyong. Heterogeneous debt, company size and R&D input ［J］. Journal of Financial Research, 2011 (1): 167－181.

第六章

政 策 建 议

第一，国家电网公司应当综合现有治理模式的优缺点和适用条件，在不违背中国政治条件和政策背景的前提下从治理结构本土化和治理制度现代化出发，探索具有权变性的治理措施，建设符合自身特征的国际化治理模式。其中，治理结构设计本土化是国家电网公司实施全球能源互联网计划的基础保障，具体实施手段和要点包括：在海外投资公司或项目的治理结构设计中强化外派出董事、高管与当地聘请董事、高管并存，由此实现国家电网多层次、全方位地参与目标资产的运营管理，在保障境外投资的安全和收益的同时提高运营效率；开展对外投资时实行多元化的股权设计，为了规避投资风险和满足当地利益相关者需求，可以采取参股、控股、收购、兼并等多种股权结构形式，以保障项目顺利开展并实施。治理制度现代化有利于使国家电网公司在全球能源互联网推进过程中保持组织先进性，具体手段包括：一是完善激励制度建设，即根据东道国制度环境和项目特征设计科学合理的激励制度，通过激励制度的建设与完善激励董事与经理努力为企业创造价值，减少道德风险；二是监督与制衡机制，即对经理及董事的经营管理行为进行监督和评价，建立有效的制衡制度，比如，完善海外项目给管理层监督考核制度，比如从营利性、扩张性和风险性等多个视角构建海外项目经营绩效评价。

第二，国家电网公司应当基于全球能源互联网框架完善商业模式，并梳理出价值增值点与利益相关者介入路径。除此之外，还应关注企业内外部环境，比如，政策导向、国家战略、市场环境等等因素对商业模式的影响，进而实现经济、社会、环境三者效益激增。

第三，在绿色创新导向下，国家电网公司应一方面构建以债权融资为主，风险投资为辅的融资结构，降低股权投资者较强的风险偏好造成的绿色创新抑制。另一方面，应通过调整股权认购协议条款、完善股东治理制度等方式，限制股权投资者的绿色创新决策权。并为经理人设计绿色创新长效激励机制，进而优化绿色创新内部治理体系，推动企业实现创新发展。

第四，国家电网公司在技术驱动阶段应当主要通过推进特高压和智能电网核心技术来实现国内电力市场的多层次需求，在管理创新嵌入阶段应当主要通过组织创新和营销创新来适配快速提升的技术创新能力，在创新协同构建阶段应当通过建构多层次的技术创新和管理创新协同机制以支撑全球能源互联网战略的有效落地。

第五，全球能源互联网推进实施过程中，电力行业集团公司应该给予成长性较强的上市公司更大的自主性空间，转变控制理念，承认子公司自主性的积极治理效应，在外部资本市场认可的同时，进一步强化对于子公司的信用倍数，以及内部资本市场的支持。而且，母子公司协同治理评价指标体系应该兼顾母公司控制能力、子公司自主性和母子公司协同性三个方面，既跳出传统母公司单向控制思维的框架束缚，又充分利用子公司自主性的积极治理效应实现母子公司的有效协同。

附录 1：

课题组撰写分报告一览表

1. 《全球能源互联网架构下国家电网公司全球治理与制度创新战略研究》
2. 《能源互联网背景下国家电网公司全球化治理路径选择》
3. 《国家电网公司技术、制度与管理协同创新战略研究》
4. 《国家政策环境下政府规制对国家电网公司运营发展的影响》

附录 2：

课题组发表主要论文一览表

1. 徐向艺，方政．子公司自主性与股权融资能力——基于电力行业的经验证据 [J]．经济管理，2016（10）：55 - 65.

2. 方政，李新梅．全球能源互联网背景下的母子公司协同治理评价体系研究 [J]．时代经贸，2018（2）：40 - 42.

3. 张晓峰，李晓彤，苏建军等．全球能源互联网背景下山东电工电气制造企业战略转型研究：基于动态能力的视角 [J]．山东大学学报（哲学社会科学版），2018（1）：130 - 137.

4. 杨英英，徐向艺，张磊．全球能源互联网商业模式透析 [J]．企业研究，2017（8）：55 - 59.

5. 张虹霓，张磊．基于能源互联网条件下的中国电力企业国际化战略研究 [J]．时代经贸，2017（34）：31 - 36.

6. 张虹霓，张磊．能源互联网嵌入下国家电网企业发展模式及成长路径研究 [J]．企业研究，2017（12）：56 - 59.

7. 李海石，徐向艺，张磊．"一带一路"背景下全球能源互联网运行机制构建 [J]．山东大学学报（工学版），2017，47（6）：134 - 142.

8. 白贵玉，徐鹏，徐向艺等．全球能源互联网背景下国家电网公司全球治理路径设计与优化研究 [J]．科技和产业，2017，17（11）：67 - 71.

9. 白贵玉，徐向艺，刘洪正．基于财务绩效变化的企业社会责任战略决策倾向及权变思考 [J]．财会月刊，2017（36）：3 - 9.

10. 李海石，张磊．新机遇下国内能源互联网建设－以燃油车禁售为契机［J］．电力设备，2017，26．

11. Wang X，XU Xiangyi，Wang F. Innovation synergy and Corporations' value：A study based on electricity corporations' empirical data［J］. Journal of Residuals Science &Technology，2016，13（7），245. 1－245. 7.

12. 王旭，褚旭，赵岩．"一带一路"背景下电力企业创新范式演化路径与协同机理分析［J］．现代管理，2017（7）：235－244．

13. 王旭，徐向艺，褚旭等．绿色金融：均衡发展还是择善而从？——权利博弈视角下基于电力企业的实证研究［J］．经济与管理研究，2018（1）：93－104．（CSSCI）

10. 徐鹏，徐向艺，苏建军．行业变革背景下先发企业合法性的获取机制——基于扎根理论的国家电网公司案例［J］．经济管理，2017，39（11）：39－53．被人大复印资料2018年第3期全文转载。（CSSCI）

11. 徐向艺，张虹霓，房林林等．股权结构对资本结构动态调整的影响研究——以我国A股电力行业上市公司为例［J］．山东大学学报（哲学社会科学版），2018（1）：120－129．（CSSCI）

附录3：

课题组撰写案例一览表

1. 《全球能源互联网背景下山东电工电气制造企业战略转型研究：基于动态能力的视角》

2. 《行业变革背景下先发企业合法性的获取机制——基于扎根理论的国家电网公司案例》

3. 《单兵作战，还是团结一致？——山东省电工电气行业发展调查》

4. 《山东省电工电气制造行业发展战略规划》